한림신서 일본학총서 97

복안(複眼)의 영상
―나와 구로사와 아키라(黑澤明)

복안(複眼)의 영상

—나와 구로사와 아키라(黑澤明)

하시모토 시노부 지음 · 강태웅 옮김

小花

차례

일러두기

- 이 책은 『複眼の映像―私と黑澤明』 2006년 1쇄 발행본을 번역한 것이다.
- 표기는 한글 맞춤법 및 외래어 표기법을 따랐으나 '토호(東寶)'의 경우 회사명일 때 그 자체가 고유명사로서 더 널리 쓰여 그대로 두었다.
- 본문 중 잡지나 단행본은 『 』 단편은 「 」 시나리오와 영화는 〈 〉로 구분하였다.
- 각주는 모두 옮긴이가 작성한 것이다.

프롤로그— 도쿄행진곡

> 시네마를 보시겠습니까, 차를 마시겠습니까.
> 차라리 오다큐선을 타고 도망가시겠습니까.
> 변해 가는 신주쿠…

내가 태어나 자란 곳은 간사이(關西), 효고(兵庫)현의 외딴 시골이다.

그런 내가 도쿄에 오다큐(小田急)라는 민영 철도회사(私鐵)가 있음을 안 것은, 국영 철도회사(國鐵, JR의 전신)에 근무하는 직원이었기 때문이 아니라, 쇼와(昭和) 초기… 1929~30년경에 유행한 '도쿄행진곡(東京行進曲)'[1]의 영향으로, 경쾌하고 활기 넘치는 가락에 맞춘 가사의 구절구절이, 아직 보지 못한 도쿄의 안내장이었기 때문이다.

---

1) '도쿄행진곡'은 사이조 야소(西條八十) 작사, 나카야마 신페이(中山晋平) 작곡의 노래로, 1929년 개봉된 동명 영화[미조구치 겐지(溝口健二) 감독]의 주제가이다. 이 노래는 일본의 영화주제가 제1호로 알려져 있다.

하지만 내 눈앞에 나타난, 그로부터 십 수년 후의 도쿄는, 가사에 나오는 '사랑의 마루빌딩(丸ビル)'도, '멋스런 아사쿠사(淺草)'도, '변해 가는 신주쿠(新宿)'도, 모든 것이 황량한 불타버린 들판이었다.

나는 1938년에 현역병으로 돗토리(鳥取)에 있는 연대에 입대하였지만, 폐결핵으로 복역면제가 되어, 육군병원과 일본적십자병원을 거쳐 상이군인 요양소에서 4년을 지내다가, 어찌어찌해서 바깥 세상에 나왔다. 그러나 크게 손상이 간 몸으로 국철로 돌아가기에는 무리여서, 군수회사의 샐러리맨으로 전직하여 패전을 맞이했다. 그 직후에 출장을 가서 동경하던 도쿄의 땅을 처음 밟았다.

행선지는 신주쿠 이세탄(伊勢丹) 백화점의 별관에 위치한 전쟁 중의 군수성(軍需省) ― 현재의 산업경제성(産業經濟省) 같은 관청이다. 엘리베이터가 고장이라 터벅터벅 6층까지 걸어 올라가면서, 이따금 계단 참에서 숨을 가다듬으며 맑게 갠 푸른 하늘 아래에 끝없이 펼쳐지는 도쿄의 불타버린 흔적을 바라보고, 혹시 '도쿄행진곡'의 가사에 나오는, "변해 가는 신주쿠, 무사시노(武藏野)의 달도 백화점 지붕에 뜬다"에서의 백화점이, 이 이세탄이 아닐까라고 생각하기도 했다.

이때로부터 얼마 지나지 않아, 다이토(台東)구의 오카치마치(御徒町)역에서 가까운 쇼와도오리(昭和通り)에 회사 출장소가 생겼기에, 이후의 도쿄 출장은 그곳을 거점으로 삼았다.

"넓은 도쿄도 사랑에는 좁다"는 구절이 '도쿄행진곡'에 나오는데, 그러한 도쿄에 나에게도 단 한 명 아는 사람이 있었다. 신토호

(新東寶)의 영화감독 사에키 기요시(佐伯淸)였다.[2] 사에키는 내 각본 스승인 이타미 만사쿠(伊丹万作)[3]의 조감독으로, 교토 우즈마사(太秦)의 J. O.스튜디오[4]에서 이타미와 함께 토호영화로 스카우트되어 상경하였다. 그러나 몇 년 뒤에 이타미는 폐결핵으로 몸져누워, 살기 익숙한 교토의 다이에이(大映)[5]로 돌아갔다. 사에키는 그대로 토호영화에 남아 신토호 설립 때에 신인감독으로 발탁되었다.

사에키의 집이 세타가야(世田谷)구 가라스야마(烏山)라서, 오카치마치부터 야마노테(山手)선으로 간다(神田)에 가서, 주오(中央)선으로 신주쿠로, 신주쿠부터는 게이오(京王)선으로 지토세카라스야마(千歲烏山)역 또는 야마노테선으로 시부야(澁谷)에 가서 이

---

2) 신토호는 토호노동쟁의 중에 토호에서 나온 영화인들을 주축으로 만들어진 회사로, 1947년부터 1961년까지 존재했다.

3) 이타미 만사쿠(1900~1946)는 영화감독 및 평론가로 이름을 떨쳤다. 일독방공협정을 기념하는 일독합작영화 〈새로운 땅(新しき土)〉(1937)의 일본편을 감독하기도 하였다. 〈장례식(お葬式)〉〈단포포(タンポポ)〉〈마루사의 여자(マルサの女)〉 등의 작품으로 유명한 이타미 주조(1933~1997) 감독은 그의 아들이다.

4) J. O.스튜디오는 1933년 설립된 영화회사로, 1937년 P. C. L.영화제작소 등과 합병하여 토호영화주식회사가 된다. J. O.스튜디오는 토호영화 교토촬영소가 되었으나 대부분의 영화 촬영이 도쿄촬영소에서 이루어져 1941년 폐쇄되었다.

5) 다이에이의 정식명칭은 '대일본 영화제작주식회사'로, 1942년 영화계 전시체제를 위한 회사통합으로 닛카쓰(日活), 신코키네마(新興キネマ), 다이토(大都) 영화 등이 병합하여 만들어진 회사이다. 경영부진으로 1974년부터는 도쿠마쇼텐(德間書店)의 자회사로 존재하다가, 2004년 가도카와(角川) 영화로 흡수되어 버렸다.

노카시라(井の頭)선을 타다가 메다이마에(明大前)역에서 게이오선으로 갈아타고 가서 자주 신세를 졌다. 이타미 만사쿠와 연고가 있는 사람은 사에키를 친근하게 사에키 형님으로 불렀다. 그러니까 사에키 집에 가기 위하여 게이오선과 이노카시라선은 자주 탔지만, 오다큐선은 한 번도 탄 적이 없었다.

1949년 초봄이었다.

겨울의 여운을 가진 바람이 쇼와도오리 거리에서 소리를 내며 지나가고, 우에노(上野) 방향에서 불어오는 북풍이 몸속에 스며들었다.

나는 외투를 입고 가방을 들고 도쿄출장소를 나와, 오카치마치에서 야마노테선 외선순환을 탔다. 그리고 시부야에서 내려 이노카시라선으로 갈아탔다. 전동차가 시모키타자와(下北澤)역으로 들어가기 직전에, 고가 위를 달리는 이노카시라선과 교차하며 아래로 스쳐 지나가는 오다큐선 하행열차의 커다란 지붕이 인상적이었다.

나는 시모키타자와역에서 내리자, 두리번두리번 안내도를 의지하여 오다큐선 플랫폼으로 이동하여, 다음 하행열차를 기다려 탔다. 처음으로 타는 오다큐선이다. 행선지는 세이조(成城) 학원의 다음 역인 고마에(狛江)역으로, 고마에시에 사는 구로사와, 영화감독 구로사와 아키라를 찾아가기 위해서이다.

내가 쓴 영화각본 〈자웅(雌雄)〉(이후 〈라쇼몬(羅生門)〉으로 제목이 바뀜)을, 구로사와가 영화로 하겠다고 하여, 프로듀서인 모토키 소지로(本木莊二郎)로부터 구로사와와 만날 날짜를 연락받았다. 오늘이 처음으로 얼굴을 마주하는, 첫 번째 만남이다.

구로사와는 어떤 사람일까? 무언가 운명의 기로에 선 듯한 만남이라는 예감도 들지만, 만나보지 않으면 모르는 일이다. 어찌되었든 뭘 생각해도 뾰족한 수가 없기 때문에, 나는 단지 오다큐선차 안에서 스쳐 지나가는 창밖의 풍경을 볼 뿐이었다.

공터, 밭, 나무, 집, 집… 선로 근처에는 공습이 할퀸 상처가 그다지 보이지 않았다. 건널목, 역, 상점가, 아파트, 야채밭, 수확이 끝난 검은 논, 집, 집, 공터, 건널목 또 새로운 아파트 뒤죽박죽 끝없이 집, 집, 집… 무언가가 아까부터 머릿속에서 조용히 꼬리를 물며 울리고 있다가 차차 확실해졌다. "넓은 도쿄도 사랑에는 좁다, 멋스런 아사쿠사…. " 처음 탄 오다큐선 차 안에서 나는 창밖의 풍경에 눈을 둔 채로, 머릿속에서는 20년 전의 유행가가 카세트테이프를 틀어 놓은 것처럼 반복해서 들려왔다. '도쿄행진곡'이었다.

시네마를 보시겠습니까, 차를 마시겠습니까.
차라리 오다큐선을 타고 도망가시겠습니까.
변해 가는 신주쿠, 무사시노의…

〈라쇼몬(羅生門)〉의 탄생

상이군인 요양소의 전우

나와 이타미 만사쿠 선생이 맺어진 것은 우연이거나, 어쩌다가라거나 또는 모든 것을 필연으로 하는 운명론조차 뛰어넘는, 참으로 운이 좋아서라고밖에 할 수 없다.

더운 날이었다. 찌는 듯한 그날의 더위는 지금도 잊을 수 없다.

상이군인 오카야마(岡山) 요양소는 고지마(小島)반도가 세토나이(瀨戶內)해로 돌출한 그 근원에 가까운, 오카야마현 쓰쿠보(都窪)군 하야시마(早島)마을에 있다. 구릉지라 할 수 있는 낮은 산이 연이은 곳으로 부지는 약 6만 평, 적송(赤松)이 우뚝 솟은 동쪽 산과 서쪽 산에 병동이 늘어서 있고, 그 중간에 본관, 서쪽 산에는 요양병동이 있는 후생성 소관의 결핵요양소로 입소자는 육해군 복무 중에 발병한 장병이다.

물집처럼 비대화하는 전쟁 중의 육해군 — 실시하는 작전과 그 전투훈련으로 다발하는 흉부질환 병사 때문에 애를 먹던 육군과 해군이, 내무성의 일개 부국(部局)을 후생성으로 격상시켜 그 뒤처리를 떠맡긴 시설로, 전국 각 부현에 1개소씩 설치를 목표로 한 상이군인 요양소였지만, 오카야마현이 건설을 비교적 서둘렀기에 오카야마, 효고, 돗토리, 시마네(島根) 네 현을 본적지로 하는 부상병이 이곳으로 모였다.

나는 군병원으로부터 직접 이송된 것이 아니라, 일본적십자병원에 있다가 일시 귀향하여, 고향에서 일주일 정도 있은 후의 단독입소로, 제1병동을 겸하는 동쪽 산의 수용병동에 입소했다. 처음에는 누구라도 여기서 일주일 정도는 절대안정하며 검사를 받았다. 군병원으로부터 차트가 이송되지 않아 엑스레이 촬영과 객담검사, 발열기록 등을 새로이 종합 판단하여 환자를 동쪽 산과 서쪽 산으로 나누었다.

입소한 날도 더웠지만 하룻밤을 지낸 다음날 오후는 더 더웠다.

내 자리는 한쪽에 침대가 세 개씩 놓여 있는 6인실의 한가운데였다. 군대의 계급은 더 이상 통용되지 않기에, 비어 있으면 창 쪽이나 복도 쪽을 강하게 주장하겠지만, 병실은 마쓰에(松江) 지역 연대의 이송자 다섯 명이 이미 점령하고 있고, 비어 있는 침대는 하나밖에 없어 어쩔 수 없이 맨 가운데를 침상으로 하였다.

오전에는 조금 바람이 있어 창밖의 우뚝 솟은 적송이 매미가 시끄럽게 우는 속에서 멀었다 가까웠다 파도와 같은 소리를 내었다. 바람은 아득한 세토나이해로부터 불어왔다.

'여기서 솔바람 소리를 들으면서 죽는 것인가?'

하지만 오후가 되자 바람이 딱 멈추고, 매미소리가 마치 소낙비와 같이 들리는 찌는 듯한 더위가 되었다. 그러나 절대안정이라 움직일 수는 없다. 마쓰에에서 온 다섯 명은 수용병동 생활에 예비지식이 있었는지, 모두 읽을 것을 준비하여 잡지와 단행본으

상이군인 오카야마 요양소 입소시절의 저자.
1941년경

로 시간을 때우고 있었지만, 나는 책 따위는 가져오지 않았기에 꼼짝 않고 누워서 천장이라도 볼 수밖에 없었다.

그러자 옆의 복도 쪽 침대에서 부스럭부스럭 인기척이 났다. 내가 돌아보자 작은 몸집의 남자가 책을 한 권 손에 쥐고 침대에서 일어나 "괜찮으시면 이거라도 읽으시지요"라며 내밀었다. 생각지도 않은 호의에 "아, 감사합니다"라고 꾸벅 머리를 숙이고 받아들어 보니, 조금 두꺼운 잡지로 표지에는 『일본 영화(日本映畵)』[6]라 쓰여 있었다. 펼쳐 보았지만 흥미 있는 기사가 없어 페이지를 넘기다가 끝부분에 실린 시나리오를 발견하였다. 나는 처음 서너 장면을 읽고 고개를 갸우뚱했지만 그대로 읽어나갔다. 다 읽고 나서 옆의 병사에게 확인했다.

"이게 시나리오…. 영화의 시나리오라는 건가요?"

"그렇죠."

6) 『일본 영화』는 1936년부터 1945년까지 대일본영화협회에서 발간된 잡지이다.

"너무나도 간단해서 좀 놀랐는데… 정말 간단하네요."

작은 몸집의 남자가 의아한 얼굴을 지었다.

"이 정도라면 저도 쓸 수 있을 것 같네요."

침대 위에서 책상다리를 한 작은 몸집의 남자는 희미하게 쓴웃음을 지었다.

"글쎄, 그렇게 간단하지는 않을 텐데요."

"아뇨, 이 정도라면 제가 더 잘 쓸 수 있어요. 시나리오를 쓰는 사람으로 일본에서 가장 뛰어난 이는 이름이 무어라 하는 사람입니까?"

마쓰에 육군병원, 63연대에서 온 작은 몸집의 남자, 나리타 이스케는 좀 망설이다가 당혹함이 섞인 쓴웃음으로 얼굴을 일그러뜨리며 대답했다.

"이타미 만사쿠라는 사람입니다."

"이타미 만사쿠?"

라고 상대의 말을 되풀이하자 나는 조금 투지가 생겼다.

"그럼 저는 시나리오를 써서 이타미 만사쿠라는 사람에게 보여 주겠습니다."

그러나 나리타 이스케가 말한 대로 시나리오는 그렇게 간단히 쓸 수 있는 것이 아니었다.

내가 주변의 상이군인 요양소 생활을 주제로 한 〈산의 병사(山の兵隊)〉를 써서 이타미에게 보낸 것은, 태평양전쟁이 시작한 다음해 요양소를 무단으로 퇴소하여 고향으로 돌아와서니까, 한 편을 끝내는 데 3년 이상이나 걸린 셈이다. 나에게는 불치병이라 하

는 속립결핵(粟粒結核)이라는 걸림돌이 있다고 하여도, 영화설계도인 시나리오는 단순히 벼락치기로 그럴듯하게 만들어지는, 그런 간단하고 손쉬운 것은 아니었다.

나는 이타미 만사쿠로부터의 답신을 기대하지 않았다. 그간 이삼년 사이에 영화잡지 등을 통해 얻은 지식으로 감독 겸 각본가인 이타미의 인품을 어렴풋이 알게 되었기 때문이다. 그는 하늘을 향해 우뚝 솟은 절벽 위의 거인, 다가가기 어려운 거성으로, 그의 한마디가 끼치는 영화계에 대한 영향은 컸다. 토호의 일개 조감독에 지나지 않는 구로사와 아키라를 〈달마사의 독일인(達磨寺のドイツ人)〉[7] 시나리오 한 편으로 장래 일본 영화를 짊어질 인재가 될 것이라고 투철한 분석력으로 예언하여 사람들에게 비상한 주목과 기대감을 안겨준 것도 이타미 만사쿠이다. 아마 내가 쓴 것 따위는 무시, 아니 눈길도 주지 않을 것이다.

하지만 이타미 씨로부터 예기치 못한 회답이 왔다.

나는 낭패와 흥분으로 처음에는 무엇이 쓰여 있는지 알지 못했다. 하지만 두 번, 세 번 다시 읽어 보는 사이에 가슴이 뜨거워졌다. 이는 뜻밖에도 정중하면서 성실함과 꼼꼼함을 엿볼 수 있는 글로, 작품의 결점을 정확히 지적하고 수정할 곳과 개정방향까지가 구체적으로 쓰여 있었다.

---

7) 〈달마사의 독일인〉은 『영화평론』 1941년 12월호에 발표된 시나리오로, 구로사와 아키라가 감독 데뷔작으로 계획하였으나 끝내 영화화되지 못했다. 원작은 1930년대 일본에 체재했던 독일 건축가를 소재로 한, 우라노 요시오(浦野芳雄)의 수필 『브루노 다우트의 회상(ブルーノ・タウトの回想)』이다.

격심한 낭패와 같은 흥분으로, 이타미 씨로부터의 회답을 서너 번 완독하였을 때, 나는 끓어오르는 환희와 기쁨을 억누를 수 없었다.

'이스케다! 이스케에게 바로 이, 이 일을!'

나는 상이군인 오카야마 요양소로 전화했다. 하지만 나리타 이스케는 없었다. 시마네현에도 상이군인 요양소가 생겼기에 전송을 희망하여 출신지인 마쓰에로 돌아갔지만 이는 벌써 꽤 오래전의 일이라고 한다. 퇴소 전의 일 년 동안에는 나는 요양병동이었지만, 이스케는 제1병동이라서 그다지 만나지 못했다.

내가 마쓰에의 상이군인 요양소로 전화하여 잠시 기다린 후 전화를 받은 것은 이스케가 아니라 병동의 주임간호사로, 그녀가 전한 소식은 암담한 것이었다. 오카야마로부터 이송된 나리타 이스케 씨는 이송 후에 병세가 악화되어 사망했다는 것이다.

32년의 세월도 한순간처럼 느껴질 때가 있다.

희미한 어두운 저녁에 쭉 늘어서 있는 하얀 묘석들, 앞에서 안내하는 백발의 자산가로 보이는 이는 나리타 이스케의 아버지. 이스케에게는 형이 있었지만 전쟁에서 전사하여, 두 자식을 잃은 이스케와 꼭 닮은 작은 몸집의 아버지는, 시마네현 전사자 유족회 회장이다.

해는 저물었지만 좀처럼 밝음이 가시지 않는 마쓰에 시내에 있는 사원의 묘지. 내가 이스케 아버지의 안내로, 늘어서 있는 묘석 중의 하나, 나리타 이스케의 묘표 앞에 서서 두 손 모아 합장한 것은, 내가 제작하는 〈모래그릇〉의 이즈모(出雲) 로케이션 때였다.

언젠가는 이스케의 묘 앞에 서고 싶다. 하지만 거기에는 조건 같은 것이 세월이 갈수록 조성되었다. 〈모래그릇〉은 시나리오를 업으로 삼은 지 얼마 되지 않은 시기의 작품으로, 드라마의 본 무대가 이즈모 지방, 이스케가 태어나서 자란 곳이다. 그 연고지에서 카메라가 돌기 시작한 때가 이스케에게도 나에게도 재회에는 안성맞춤이었다.

하지만 〈모래그릇〉은 제작을 시작하지 못하고 창고에 들어가 버려, 숙원하던 제작 시작은 나와 지인들이 세운 하시모토 프로덕션(橋本プロダクション)이 세워져, 쇼치쿠(松竹)와 합작하게 되는 1974년. 그의 죽음으로부터는 실로 32년이 경과한 초가을의 황혼으로, 이 세상에 시나리오라는 것이 있음과, 탁월한 작가이고 또한 지도자이기도 한 이타미 만사쿠의 존재를 가르쳐준 감사를, 상이군인 요양소의 전우인 나리타 이스케에게 말하고 머리를 숙여 합장한 것은, 〈모래그릇〉의 이즈모 로케이션에서 잠깐 틈을 내어, 지는 해가 아직 밝은 마쓰에 시내의 사원에서였다.

32년의 세월도 한순간처럼 느껴질 때가 있다.

일생의 은사, 이타미 만사쿠(伊丹万作) 선생

그렇다, 그날도 더운 날이었다.

세토(瀨戶)시의 저녁뜸도 참기 힘들지만, 교토 분지의 더위도 보통이 아니다. 열기에 흔들림도 없고 움직임도 없다.

나는 이불 속에 누워 지내는 이타미 만사쿠의 머리맡에 앉아 있다. 교토시 가미교(上京)구 고야마기타오노(小山北大野)에 있는 이타미 집의 네 평짜리 방이다. 이타미의 베개 옆에는 2주 정도 전에 보낸, 원고지에 쓰인 꽤 부피가 있는 영화각본이 놓여 있다.

이걸로 일곱 편째인가? 아니 여덟 편째? 나의 나쁜 버릇이다. 작품을 쓸 때는 울적함을 배출하는 것처럼 몰두하지만, 완성되어 이타미에게 보여 주고 무언가 평을 받으면, 그 후는 싹 잊어버리고, 내용은커녕 제목조차도 가물가물해진다.

때로는 〈사부로 쇼(三郎床)〉처럼 시나리오를 좀 고쳐서 건강해지면 직접 영화로 만들겠다고 의욕을 보인 적도 있지만, 대다수의 작품이 이타미의 심기를 건드렸고, 노하게 만들었고, 갑갑하게 만들어, 〈산의 병사〉를 계기로 이타미 집에 출입하게 된 지 3년이 지났고 패전으로부터는 1년 정도의 시간이 지난, 햇볕이 강하게 내리쬐는 더위가 이어지던 1946년 8월 초순의 오후이다.

이타미가 고개를 살짝 돌려, 오른손을 뻗어 베개 밑의 원고를 집었다. 가늘고 긴 손가락이다. 이타미는 원고지의 표면을 쓰다듬었다.

"오리지널이지."

"네."

"이렇게 긴 걸 쓰다니, 기운 있어 좋아."

"네…."

나는 책상다리를 고쳐 무릎을 꿇고 앉았다. 평을 받을 때에는 반드시 무릎을 꿇고 앉는다.

그런데 이타미는 원고지로부터 손을 떼고 다시 천장을 쳐다보았다. 아무 말도 하지 않았다. 나는 정좌하며 말을 기다렸다. 하지만 이타미는 천장을 바라본 채로 아무 말도 하지 않았다. 침묵이 이어졌다. 긴 침묵이다. 이타미는 몸 상태가 좋지 않아, 2주일이라는 시간으로는 원고를 다 읽지 못했는지 모른다.

나는 원고에 대해서는 언급하지 않고, 신변 이야기를 하였다.

"한 달 전쯤에 자식이 태어났습니다. 여자아이입니다."

"장녀지?"

"네."

"이름은 뭐라고 지었나?"

"아야(綾)⋯ 외자로 하시모토 아야입니다."

"아야⋯."

라 하며 이타미는 검지로 허공에 아야를 썼다.

"좋은 이름이네. 코(子)를 붙이지 않아 좋아."

차를 끓여 가져온 이타미의 부인, 기미코(キミ子)가 미소를 지었다.

"어머, 따님이라서 잘되었네요. 하시모토 씨는 첫째가 도련님이니까 일남일녀네요."

"네."

나는 머리를 숙여 차를 받았고, 이타미는 일어나지 못하고 천장을 바라본 채였다. 무언가 먼 곳을 보고 있는 눈동자이다.

"하시모토 군, 자네는 오리지널만 쓰는데⋯ 각색에는 관심이 없나."

"아니요, 그런 건 아니고⋯ 단지 오리지널로 쓰고 싶은 작품이 여럿 있어서요. 재미있는 작품이 있으면 각색도 해보고 싶습니다."

"각색에 손을 댈 경우에는, 어떤 마음가짐이 필요하다고 생각하나?"

순간이지만 나는 정좌인 채로 팔짱을 끼었다. 이타미에게는 전전전후(戰前戰後)를 통틀어 최고 걸작이라 불리는 〈무호마쓰의 일생(無法松の一生)〉이 있다.[8] 원작자 이와시타 슌사쿠(岩下俊作)는 규슈(九州) 야와타(八幡)제철소의 직원으로 집필활동을 병행하던 이로, 이 소설은 나오키상(直木賞) 후보작품이었다.

각색에 임한 이타미의 고민이나 그 경과는 나도 잘 알고 있고, 이타미의 저작 『정와잡기(靜臥雜記)』에도 일부분이 실려 있다. 요는 테마가 난해해서는 안 된다는 것이다. 완결된 형태의 가장 짧은 이야기, 〈무호마쓰의 일생〉의 경우에는 '한 인력거꾼의 미망인에 대한 독특한 연애영화', 이처럼 응축되고 완결되어 알기 쉽게 한다. 이타미의 테마 설정에 관한 이러한 제언이 시나리오 작가 사이에서 논란을 일으켜, 이후에는 각색을 하는 경우의 가장 중요한 과제가 되었던 것이다. 하지만 나는 그 점에 대해서는 언급하지 않았다.

"소가 한 마리 있습니다."

"소…?"

"울타리가 있는 목장 같은 곳이기 때문에 도망 나올 수 없습니다."

이타미는 의아한 얼굴을 지으며 나를 쳐다보았다.

"나는 이 소를 매일 보러 갑니다. 비 오는 날도 바람 부는 날

---

8) 이와시타 슌사쿠(1906~1980)의 소설 『도미시마 마쓰고로전(富島松五郎傳)』(1939)을 영화화한 작품이다. 1943년, 1958년, 1963년, 1965년, 네 번에 걸쳐 영화화되었다. 1943년도 작품에서 이타미 만사쿠가 각색을 담당하였고, 이나가키 히로시(稻垣浩)가 감독을 맡았다. 이나가키는 이 작품을 1958년 다시 찍어 베니스 국제영화제에서 금사자상을 수상하였다.

도… 이쪽저쪽 장소를 바꾸어 소를 쳐다봅니다. 그리고 급소를 알게 되면, 울타리를 열어 안으로 들어가 둔기 같은 것으로 일격에 죽입니다."

"…"

"만약 죽이다 실패하면 소가 난동을 부리기 때문에, 일격에 죽이지 않으면 안 됩니다. 그리고 예리한 칼로 경동맥을 끊어, 흘러나오는 피를 양동이에 담아 이걸 가지고 돌아와 작업을 합니다. 원작의 모습은 어찌되어도 좋고, 원하는 것은 생피뿐입니다."

이타미는 나에게서 시선을 거두어 천장을 보았다. 예리한 눈이다. 아무 말도 하지 않았다. 천장의 한곳을 응시한 채로, 숨 막힐 듯한 긴 침묵이 이어지다가 이윽고 나직이 말하였다.

"자네 말대로일지도 몰라… 아니 그런 과감한 방법이 손쉽고 성공률도 의외로 높을지 몰라. 작가가 원작에 손을 댈 경우에는 말이야… 그러나 하시모토 군."

이타미는 시선을 나에게 향했다. 그 엄한 눈동자에는 미진하나마 부드러운 자애와 같은 것이 배어 있다.

"이 세상에는 죽이거나 하지 않고, 함께 동반자살하지 않으면 안 되는 원작도 있네."

내가 이타미의 죽음을 안 것은, 그로부터 약 40일이 지난 신문 사회면의 부고란이었다. 사망일은 9월 21일 향년 47세였다.

일순간 머릿속이 진공상태가 되어, 다음 순간에는 어질어질하여 쓰러질 듯하였다. 형용할 수 없는 충격이었다. 나는 집을 나섰다.

내 고향은 효고현 중앙부 서쪽의 주고쿠(中國)의 산간지역으로,

집을 나서면 강이 흐른다. 주고쿠 산계(山系)의 분수령에서 흘러 나온 골짜기의 지류가 합쳐져 세토나이해로 향하는 이치카와(市川)이다. 나는 다리를 건너 휑한 강가의 자갈밭에 갔다.

전전(戰前)에는 강가를 따라 소나무숲이 있어, 어릴 적 부모님 에게 혼나면 인기척 없는 이곳에 와서 자주 울었지만, 전쟁 중의 송근유(松根油)의 공출로 소나무는 한 그루도 남지 않고 잘려, 보기에도 처참한 발가숭이 풍경으로 변했다.

갑작스러운 충격으로 망연자실한 나는, 유아기로 퇴행이라도 했는지 소나무가 없는 소나무숲으로 몽유병자처럼 들어갔다. 그러나 기묘하게도 이성이 남아 있다. 휑하게 펼쳐진 자갈밭이라서 다리 위에서나 양쪽 강가로부터 사람 눈에 잘 뜨인다. 쭈그리고 앉거나 얼굴을 가리지 않으면 안 된다. 어슬렁이슬렁 걷거나, 아니 선 채로도 괜찮았다. 우는 소리는 아무리 커도 거리가 있어 들리지 않는다.

나는 참을 수 없어 울었다. 맑게 갠 가을날 이치카와의 강가에서 우뚝 선 채로 소리 높여 울었다. 그렇게 큰소리로 운 것은 태어나서 처음이었다.

봄처럼 따뜻한 겨울날이었다.

해가 바뀌어 1월 하순으로, 어제까지 불던 차가운 북쪽바람이 거짓말처럼 멈추고 신들의 은총처럼 쾌청하였다.

나는 휴직 중이었다. 가을의 니시하리마(西播磨)지구 실업팀 야구대회에서 거래처 회사와의 시합에 주자로 나가, 타자의 내야 땅볼로 홈으로 뛰다가 포수와 부딪쳐 굴러서 디스크가 발생하였다. 처음에는 조금 허리에 통증을 느끼다가, 계절풍이 몸에 와 닿는 겨울이 오자 아픔이 더해졌다. 정월이 지난 대한(大寒) 때부터는 참을 수 없게 되어, 회사를 4, 5일 쉬면 나아지겠지 하고 작정하고 휴가를 받아, 아침부터 집에서 고타쓰[9]에 쏙 들어가 있었다.

나는 읽고 있던 책에 질려 내던지고, 문득 고개를 들자 툇마루 쪽의 장지에 햇빛이 들어와 눈부실 정도로 밝았다.

'바깥이 따뜻한가?'

고타쓰에서 기어 나와 장지를 열고 툇마루에 나오자, 쏟아지는 햇빛으로 뒤뜰은 온실 같았다. 이웃집과의 경계인 검은 판자로 된 담을 따라 겨울을 나기 위한 장작이 쌓여 있고, 그 앞에는 걸상이 하나 놓여 있다.

나는 방으로 돌아오자, 야구모자를 쓰고 애기를 업는 포대기를 두르고, 방석과 제도판을 가지고 툇마루를 지나 뜰에 내려와, 걸상에 방석을 깔고 그 위에 책상다리를 하고 제도판을 무릎 위에 놓았다.

툇마루도 좋지만, 온실로서는 역시 뒤뜰 한가운데가 일등석이다.

무릎 위에 놓은 제도판은 편리하고 소중한 이동서재이다.

제도판은 A4보다 조금 큰 베니어판에 종이집게가 있어, 집게로 집은 종이에 가로쓰기로 글을 썼다. 나는 원고용지에 직접 쓰는 습관이 없고, 이 제도판에 끼워 넣은 잡다한 종이에 먼저 초고를

---

9) 나무틀에 화로(요즘은 전기난방)를 넣고 그 위에 이불을 씌운 실내난방기 겸 탁자.

쓰고, 그것이 완성되면 원고지에 옮겨 쓴다. 〈산의 병사〉 이래 모든 작품은 이 제도판 위에서 완성되었다. 제도판이 특히 위력을 발휘하는 것은 이동할 때이다.

내가 근무하는 회사가 있는 히메지(姬路)시까지는 열차로 약 50분, 열차로 통근하는 아침의 50분과 퇴근하는 저녁의 50분이 집필시간으로, 제도판을 가방에서 꺼내 가방 위에 놓고 글을 썼다. 아침은 출발역 다음이라서 이동서재도 편안하지만, 퇴근 시에는 승객으로 꽉 차 앉을 수 없다. 별도리 없으니 선 채로 제도판을 꺼내, 가방을 안고 그 위에 제도판을 놓고 글을 썼다.

전쟁 중의 군수회사에 일요일이나 공휴일은 없다. 한 달에 한두 번 휴일은 있어도, 초고를 원고용지로 옮겨 쓰는 작업도 있기 때문에, 작품 수정시간은 출퇴근 통근열차밖에 없다. 이타미에게 보인 일곱, 여덟 편도 전부 통근열차 안에서 완성된 것이다. 다시 말하면 작품 따위 쓰려는 의지만 있으면, 장소나 시간은 문제가 되지 않는다.

나는 제도판의 첫 페이지를 확인하였다. 고타쓰에 몸을 넣은 채로 읽은 소설에서 보고 메모한 제목들이다.

「라쇼몬」, 「고구마죽(芋粥)」, 「지옥변(地獄變)」, 「게사와 모리토(袈裟と盛遠)」, 「도둑질(偸盜)」, 「요노스케 이야기(世之助の話)」, 「덤불 속(藪の中)」, 「로쿠노미야노히메기미(六の宮の姫君)」

모두 『아쿠타가와 류노스케 전집(芥川龍之介全集)』에 나오는 단편소설이다.

어제 휴가를 받아 쉬고 있기 때문에 사장에게 인사하러 갔더니, 사장은 외출 중이라서 비서에게 메모를 남기고 회사를 나와, 역으로 향하지 않고 시내에 가서 서점에 들어가 책 한 권을 샀다. 『아쿠타가와 류노스케 전집』이다.

딱히 아쿠타가와의 책을 살 작정은 아니었고, 회사를 쉬는 동안에 무언가 읽을 책이라도 사려는 생각으로 별 생각 없이 골랐다. 히메지역으로 돌아오자 아쿠타가와 류노스케가 궁금해서 꺼냈다. 러시아워 시간보다 빨라서인지, 히메지 출발 와다야마(和田山)행 반탄(播但)선은 승객이 적어 편하게 앉았다. 산 책을 가방에서 꺼내려 하다가 그만 손이 멈추었다. 아쿠타가와에 대해서는 이전에도 한두 번 궁금함이 뇌리를 스친 기억이 있다.

나쓰메 소세키(夏目漱石)의 작품은 영화화되었고, 모리 오가이(森鷗外)도 영화화되었다. 그러나 아쿠타가와 류노스케의 작품은 한 편도 영화화되지 않았다. 메이지(明治)시대 이래의 3대 문호의 한 명으로서 너무나도 유명한데, 왜 영화화되지 않았을까?

전쟁 중의 종합잡지에서 소세키, 오가이, 아쿠타가와, 셋의 작품 비교를 읽은 기억이 있다. 그 논문은 아쿠타가와 작품은 재능만으로 쓰인 가벼움을 느낀다고 서술하여, 다른 두 명과 비교하여 작품이 떨어지는 듯한 인상을 받았지만, 이는 말도 안 되게 이상하고, 틀렸다고 생각했다.

작품의 질은 작가의 개성으로, 호불호는 독자의 판단밖에 없고, 당시로 말하면 사회 경험이 풍부한 마쓰모토 세이초(松本淸張)와, 학생에서 바로 작가가 된 미시마 유키오(三島由紀夫) 작품의 우열을, 그러한 기준으로 가치판단을 하는 일은 너무나도 어리석고

의미가 없다.[10]

게다가 영화화되었다 하여도, 소세키는 『도련님(坊っちゃん)』, 오가이도 『아베일족(阿部一族)』 정도에 지나지 않으니… 아쿠타가와 작품이 영화로 되지 않은 것은, 우연에 지나지 않는다는 생각이 들었다.

히메지를 떠난 반탄선 열차는 이치카와 강을 따라 니시하리마의 벽촌을 북상하였다.

한겨울의 일몰은 빨라, 왼쪽 차창에서는 산봉우리들이 검게 얽혀 있고, 오른쪽 차창에서는 멀리 마을의 등불이 순간 조금 부풀었다가 점멸하고 뒤쪽으로 흘러갔다. 찬 바람이 부는 듯했다. 주고쿠산맥을 넘어 골짜기를 남하하는 북풍이다.

그때 열차의 단조롭게 삐걱거리는 소리 사이로 이타미의 음성이 되살아났다.

'원작 중에는 동반자살하지 않으면 안 되는 작품도 있다.'

나는 좌석에서 조금 자세를 가다듬었다. 이타미의 유언이라 할 수 있는 이 말에는, 가슴 저리는 슬픔이 몰려와 참기 어려웠다.

이타미의 죽음은 너무나 큰 충격이었다. 사고(思考)의 정지, 창작 의욕의 단절, 글쓰기의 포기—시나리오 쓰기의 기본기를 잃어버려 모래를 씹는 듯한 나날이 벌써 반년이나 지속되고 있다.

---

10) 마쓰모토 세이초(1909~1992)는 인쇄소 직원을 하다가 징집되어 서울 용산과 전라북도 정읍에서 군 생활을 하였고, 패전 후에 귀국하여 아사히신문 광고 도안을 하다가 마흔이 넘은 나이에 소설가로 데뷔하였다. 미시마 유키오(1925~1970)는 도쿄대학 법학부를 졸업하고, 2년 뒤 첫 번째 장편 소설 『가면의 고백(假面の告白)』을 발표한다.

쓰고 싶다, 무턱대고 쓰고 싶다. 무언가에 도전하며, 무언가에 홀린 듯한, 그 긴장감 있는 나날로 돌아가고 싶다. 만약 삭막한 현실에 이별을 고하고, 내 시나리오 쓰기를 부활시키려면, 그건 이타미의 유언도 있으니 각색 이외에는 있을 수 없다.

그러나… 그러나 문제가 있다. 이제까지 읽은 소설류, 예를 들면 나쓰메 소세키든 모리 오가이든 동반자살 작품은 없다. 아쿠타가와도 마찬가지로, 과거에 읽은 것 중에서 동반자살까지 갈 정도의 작품은 없고, 또한 이제부터 아무리 찾아 읽어도 그러한 작품을 만나리라고는 생각되지 않는다.

그러나 어찌되었든 소설을 이렇게 많이 썼으니, 한 편… 한 편 정도는 영화로 할 만한 작품이 있지 않을까.

나는 북상하는 반탄선 차내에서 『아쿠타가와 류노스케 전집』을 읽기 시작하였다. 이제까지 읽은 작품은 뛰어넘고 다른 작품부터 읽었다. 집에 돌아가서도 읽었고, 아침에 눈을 뜨자마자 읽었다. 아침밥을 먹고 고타쓰에 들어가, 영화가 될 만한 작품의 제목을 메모하면서 읽어나갔다.

하지만 차차 세세한 부분은 건너뛰며 읽다가 피곤이 쌓였고, 전집의 70~80%까지 읽었을 때에는 진절머리가 났다.

'이 이상 읽는다 해도… 메모한 작품 말고는 더 나오지 않겠는걸.'

이러한 경위를 거쳐, 나는 포대기를 몸에 둘러싸고, 야구모자를 쓰고, 밝은 온실 같은 뒤뜰로 나가, 걸상 위에서 책상다리를 하고 무릎 위 제도판에 쓰여 있는 제목들에 눈을 주었다.

「라쇼몬」, 「고구마죽」, 「지옥변」, 「게사와 모리토」…

「도둑질」, 「요노스케 이야기」, 「덤불 속」, 「로쿠노미야노히메기미」…

하지만 제목들을 한 번 보고는, 그 종이를 빼내어 제도판 가장 뒤로 돌렸다. 그리고 빛을 반사하는 새로운 갱지에 곧바로 연필로,

(F · I)

○ 야마나시(山梨)부터 세키야마(關山)로의 길

여행을 떠난 사무라이 부부, 남편은 와카사(若狹) 국부(國府)[11]의 사무라이 가나자와노 다케히로(金澤武弘), 칼을 차고 활과 화살을 끼고 말을 끌고 있다. 말 위에는 면사포를 늘어뜨린 여자. 바람에 면사포가 날아올라 희고 갸름한 미모의 얼굴이 보인다. 부인인 마사고(眞砂)이다.

라고 썼다.

내가 갑자기 쓰기 시작한 시나리오는 「덤불 속」이다.

각각의 작품을 다시 비교 검토할 여지는 없다. 이미 작품의 피 냄새를 맡으면서 읽어왔기 때문이다. 제목 리스트는 단지 어림잡기에 지나지 않는다. 가장 쉽게 영상이 떠오르는 소설은 「도둑질」이고, 「게사와 모리토」도 간단해 보였다. 하지만 어느 것도 피 색

11) 현재 후쿠이(福井)현 남부에 해당하는 지역이다. 국부는 중앙에서 파견된 관리 국사(國司)가 있던 도시를 말한다.

깔이 좋지 않다. 짙지 않고 어수룩하고 흔한 피다. 내가 원하는 것은 보다 깊이 있는 빛이 나는 흑적색 피다. 그러나 그런 건 보이지 않았다.

아니 흑적색은 아니더라도 거무죽죽한 작품이 하나 있다. 피 색깔이 묘하게 거무죽죽하고, 게다가 피비린내가 났고, 타고난 골격에도 흔들림이 없고, 실질적으로 쓸 수 있는 작품은 이것밖에… 아니 이거라면 지금까지 없었던 새로운 일본 영화, 매우 부조리한 시대극(時代劇)[12]이 한 편 만들어질 가능성이 없지도 않다.

'결정되었으면 빨리 쓰자.'

「덤불 속」은 지금으로부터 1,000년 정도 전인 헤이안(平安)시대 이야기로 『곤자쿠모노가타리(今昔物語)』에 들어가 있다.[13] 지금 같으면 주간지에 실릴 만한 기삿거리로, 이야기의 군데군데 실화 같은 기묘한 생생함이 배어나온다.

여행 중인 사무라이 부부, 가나자와노 다케히로와 부인 마사고에게는 가혹한 운명이 기다리고 있다. 도둑 다조마루(多襄丸)의 등장이다. 다조마루는 미모의 마사고를 한 번 보고 범하고 싶어져, 남편 다케히로에게 덫을 놓는다.

저쪽 산에서 무덤을 파헤치자 거울과 칼이 나와 지금 처리하고 있다. 마음에 드는 것이 있으면 넘겨주려 하는데 어떤가. 욕심은

---

12) 시대극이란 가부키(歌舞伎)의 '시대물(じだいもの, 時代物)'에서 파생된 말로 현재가 아닌 이전 시대를 배경으로 한 영화를 가리킨다. 우리나라의 사극에 해당한다고 볼 수 있다.

13) 『곤자쿠모노가타리』는 헤이안시대 말기(12세기)에 성립된 것으로 보이는 설화집으로, 1,000여 개의 설화가 수록되어 있다.

누구에게라도 있다. 다케히로는 다조마루의 이야기를 듣고, 말을 끌고 역로(驛路)에서 벗어나 산길로 접어든다.

둘은 마사고를 말 위에 남겨두고, 덤불 속으로 들어간다. 대나무가 드문드문 난 공터에 삼나무가 서 있다. 불시에 다조마루가 달려들어 다케히로를 밀어 넘어뜨리고, 밧줄로 삼나무의 밑동에 묶는다.

다조마루는 재빨리 덤불 속에서 빠져나와, 마사고에게 "남편의 상태가 이상하다, 급환일지 몰라. 빨리 가 보자!"라고 말한다. 마사고는 당황하며 말에서 내려, 다조마루와 함께 덤불 속으로 들어간다. 공터에 도착하여 남편의 모습을 발견하자, 품속에서 단도를 꺼내 다조마루에게 달려들어 싸움이 벌어진다. 그러나 아수라장에 익숙한 다조마루가 마사고를 붙잡고 단도를 떨어뜨린다. 무기가 없으면 어찌할 방도가 없다.

다조마루는 묶여 있는 남편 앞에서 부인 마사고를 범하기 시작한다.

시나리오는 순조롭다기보다도, 단숨에 진척되어 하루가 지났다.

이틀째도 봄처럼 따뜻한 겨울날이었다.

오늘은 야구모자를 여름의 밀짚모자로 바꾸었다. 이거라면 차양이 사방으로 길어, 태양이 동쪽에서 서쪽으로 이동해도 직사광선이 제도판에는 미치지 못했다.

작업은 어제의 연속이었고, 사건은 의외의 전개를 보였다.

사무라이 부부가 생각지도 못한 재난을 만난 다음날 게비이시

(檢非違使)[14]의 관청에서, 덤불 속에서 살해된 가나자와 다케히로의 사체를 발견한 나무꾼의 증언과 어제 세키야마에서 야마시나로 가는 역로에서 부부와 엇갈려 지나간 떠돌이 승려의 증언이 이어진다.

이어지는 참고인은 교토에 사는 마사고의 어머니로, 피해자 다케히로가 와카사 국부의 사무라이임을 신원 확인하고, 현장에서 사라져 행방이 묘연한 딸 마사고의 수색을 탄원한다. 그리고 어제 저녁, 아와타구치(粟田口)에서 술에 취해 훔친 말에서 굴러 떨어져, 호멘(放免)[15]에게 포박당한 다조마루가 양손을 묶인 채 하얀 모래밭에 끌려 나온다. 그러나 주눅 든 기색은 조금도 없다.

다조마루는 강도와 살인을 거듭해 온 악당으로, 참수(斬首)와 효수(梟首)는 틀림없다.

"난 사람들에게 이름이 알려진 다조마루… 이제 와서 거짓말은 하지 않겠다."

다조마루는 의외로 담담한 어조로 사건의 진술을 시작한다.

다조마루는 여자를 범하고 나자, 사무라이의 칼과 활, 화살을 빼앗아, 덤불 속으로 가버리려 한다. 그러자 마사고가 "잠깐만!"이라고 날카로운 목소리로 부른다. "저는, 저는…."이라고 띄엄띄엄 애원, 아니 호소한다. "저는 두 남자에게 못 보일 꼴을 보여 죽고 싶을 정도로 창피합니다. 차라리 죽고 싶어요 부탁이에요! 누군가 한 명만! 나는 살아남은 한 사람을 평생 섬기겠습니다."

---

14) 게비이시는 헤이안시대에 사법과 경찰, 치안 등을 담당하던 관리이다.
15) 게비이시의 부하관리로 범죄자의 수색, 체포, 고문 등을 담당하였다.

다조마루는 게비이시의 하얀 모래밭 위에서 조금 감동한 듯이
말한다.

"나는 오싹했다. 수많은 여자를 범해도 이도저도 똑같다고 생
각했는데, 달랐다, 이 여자는 달랐다. 나는 남자를 죽이고 여자를
내 아내로 삼고 싶어졌다."

다조마루는 홀린 듯이 바라보는 마사고로부터 시선을 돌려, 삼
나무에 묶여 있는 남자를 본다.

"그러나 난 다조마루, 비겁한 짓은 하고 싶지 않다."

다조마루가 다케히로에게 다가가 칼을 뽑아 밧줄을 끊자, 다케
히로는 칼을 집어 들고 다조마루에게 덤벼들어 칼싸움이 시작된다.

마치 맹수와 맹수의 싸움으로, 한쪽이 밀리다가 다시 반격하여,
역으로 상대를 몰아붙인다. 몇 번인가 심각한 사투가 반복되다가,
두 사람의 몸이 정면에서 격돌하여 움직이지 않게 된다.

다조마루의 칼이 다케히로의 왼쪽 가슴을 찌르고 있다. 그 칼
을 뽑자 다케히로는 천천히 무너지듯이 앞으로 쓰러진다.

다조마루는 씩씩거리면서 돌아보고는 깜짝 놀란다. 마사고가
없다. 둘이 싸우는 도중에 도망갔는지, 어디에도 모습이 보이지
않는다.

다조마루는 안색이 변하여 등 뒤쪽 숲으로 달려 들어간다. 하
지만 마사고는 없다. 다조마루는 마사고를 찾아 덤불 속을 짐승
처럼 찾아 헤매다가 길로 나온다. 두 주인을 기다리는 말이 한가
로이 길가의 풀을 뜯어먹고 있다. 이쪽저쪽을 보아도 마사고의
모습은 어디에도 없다.

"제, 제길! 어디로 사라졌지?"

다조마루는 어쩔 수 없어 덤불 속 원래의 장소로 돌아가, 다케히로의 칼과 활, 화살을 어깨에 걸고 사라지려다가, 문득 발을 멈추고 시체를 쳐다본다.

"성가시게 굴더니… 정말 칼솜씨 있는 녀석이었어."

게비이시 관청의 모래밭 위에서 다조마루는 하얀 이를 보인다.

"이봐, 이걸 잘 들어… 내가 녀석을 넘어뜨리기까지 스물 대여섯 번이나 칼을 부딪쳤어. 나랑 스무 번 이상 겨룬 사람은 천하가 넓다 해도 그 녀석뿐이야… 칼솜씨 좋았어, 그 녀석"이라고 다조마루는 의기양양하게 자랑한다.

"그 남자를 죽인 것은 바로 나 다조마루다!"

그때, 고뇌와 혼란으로 덤불 속을 뛰쳐나온 마사고는 정처 없이 교토를 방황하다가, 기요미즈(淸水)사의 내원에 안치된 삼면천수관음상(三面千手觀音像) 앞에서 참회를 하고 있다.

"도둑은 나를 범하고 나서, 조롱하듯이 나와 남편을 보았습니다. 그리고 남편으로부터 칼과 활, 화살을 빼앗자, 재빨리 사라졌고…, 덤불 속에는 삼나무에 묶여 있는 남편과 저, 두 명만 남았습니다."

삼일째도 봄날처럼 따뜻한 겨울날이었다.

삼한사온(三寒四溫)이라 하지만 이렇게 맑은 날이 이어지는 일은 드물다. 그러나 나에게는 작업하기 좋아 감사할 따름이었다. 오늘도 포대기를 둘러싸고 밀짚모자를 쓰고, 뒤뜰 걸상에서 오로지 써 나가기만 하였다.

시나리오는 마사고를 범한 다조마루가 다케히로의 칼과 활, 화살을 빼앗아 현장에서 사라지고, 덤불 속에 남겨진 불운의 부부의 이야기이다.

마사고가 깊은 한숨을 쉬고 옷매무시를 가다듬고 슬쩍 다케히로를 본다. 다케히로는 삼나무에 묶인 채로 자기 눈앞을 응시하고 있다. 마사고가 한두 번 주저하다가, 낮고 조용한 목소리로 "당신…."이라고 불러도, 다케히로는 대답하지 않는다. 미동도 하지 않는 그 자세는 분명히 아내에 대한 답을 거부하고 있다. "당신…." 조심조심 한 번 더 불러본다. 하지만 다케히로는 여전히 답하지 않는다.

"당신…." 다케히로가 잠시 마사고를 보지만, 차디찬 그 눈빛, 한없는 경멸의 눈빛, 마사고는 전신이 부들부들 떨리기 시작한다.

기요미즈사의 삼면천수관음상 앞에서 마사고의 몸이 전율하고 있다.

"화를 내거나 슬프거나 하면 차라리 나았습니다. 그런데 그건 저를 받아들일 수 없고, 밀어내는, 차디찬 눈빛이었습니다."

마사고는 덤불 속 낙엽 위에서, 슬픔, 수치, 분노 등 모든 감정이 교차하여 안절부절못하였다. 하지만 가까스로 정신을 차리고, 다시 한 번, "당신… 용서해 주세요, 부탁이에요, 용서해 주세요!"라고 말한다.

하지만 다케히로는 미동도 하지 않는다.

마사고는 참을 수 없어 남편에 천천히 다가가 필사적으로 외친다. "부탁이에요! 당신, 용서해 주세요." 다케히로가 똑바로 마사고를 본다. 하지만 다케히로의 표정은 여전히 변하지 않는다. 차가운 눈빛, 모멸하는 눈빛.

"남편은 무슨 일이 있어도 나를 용서해 주지 않을 것입니다. 저희는 부부가 아니게 되었습니다. 나는 죽을 수밖에… 저는 죽겠어요, 단숨에! 하지만, 그, 그전에!"

마사고는 자신을 냉혹하게 능멸하는 남편을 어찌해서도 용서할 수 없다.

"하지만, 그전에!"

마사고가 느닷없이 대나무 낙엽 위에서 빛나고 있는 단도를 손에 들어, 겨드랑이에 끼고 달려들어 다케히로의 왼쪽 가슴을 찌른다. 그리고 반사적으로 떨어져 나와 낙엽 위에 쓰러져 버린다.

삼면천수관음상에 온몸을 맡기고 있는 마사고가 느릿느릿 일어난다.

"잠시 뒤 정신을 차리고 보니… 남편이 왼쪽 가슴에서 나오는 엄청난 피로 벌써 숨이 끊어져 있었습니다."

마사고가 조금이라도 편하게 있으라고 생각했는지, 묶인 밧줄을 단도로 끊자, 숨이 끊어진 다케히로가 삼나무 옆에 쓰러진다.

"다음은 제 차례입니다."

마사고는 단도를 거꾸로 쥐고 목을 찌르려 한다. 하지만 찌를 수 없다. 몇 번이고 찌르려한다. 하지만 어찌해서도 찌를 수 없고 칼끝의 부들부들 떨림이 커져 멈출 수 없다. 마사고는 반사적으로 단도를 던져버리고, 뒤쪽의 덤불 속으로 달려 들어간다. 마사고는 덤불 속을 몽유병자처럼 방황한다.

"죽고 싶다." "죽고 싶다." "그런데 죽을 수 없다."

마사고는 대나무숲을 나와 산길을 한들한들 걷고 있다. 강변에 서자 몸이 흔들린다. 차차 크게 흔들린다. 하지만 뛰어들 수 없다.

깊은 호숫가에도 서 본다. 몇 번인가 결심하고 뛰어들려고 하지만 주저하고 만다. 어찌해서도 죽을 수가 없다.

기요미즈사의 내원에서 마사고는 삼면천수관음상 무릎에 몸을 던져 처절히 통곡한다.

"도둑에게 욕보이고 게다가 남편을 이 손으로… 남편을 죽인 나는 어찌하면, 어찌하면 좋을까요"

사건의 조사가 진행되는 게비이시 관청의 모래밭에는, 다조마루인지 아니면 마사고의 손에 의해 죽었는지 알 수 없는, 다케히로의 영혼이 빙의한 무녀가 때 묻은 하얀 옷을 입고 말한다. 그녀의 목소리는 명부(冥府)로부터의 음울한 다케히로의 것이다.

"도적은 아내를 범하고도 가버리지 않고, 달콤한 말로 아내를 위로하기 시작하였다."

다조마루가 마사고에게 다가가 어깨에 손을 올리고 위로하고 있다.

마사고는 대나무 낙엽 위에 주저앉은 채로 꼭 눈을 감고 있다.

"이 이상은 말하지 않아도… 그렇지 않겠어, 한 번이라도 다른 남자에게 몸을 허하면, 남편과의 관계는 끝이란 말이야."

"…"

"내가 이런 짓을 한 건 당신이 마음에 들어서야."

마사고의 얼굴에 생기가 돌고 발그레해진다.

게비이시 관청에서 영혼이 빙의한 무녀가 벌떡 일어나 질투하면서 괴로워한다.

"나는… 나는 그렇게 아름다운 아내의 얼굴을 본 적이 없다!" 빙의한 무녀는 절망적으로 얼굴을 일그러뜨리며, "아니, 나는 아내에게 말하고 싶었다. 속지 마! 그 녀석은 거짓말쟁이야, 어딘가에 팔아 버릴 거라고 그러나 소리를 내면 녀석이 한칼로 죽일 터였다."

다조마루는 덤불 속에서 마사고에게 열정적으로 계속 말을 한다.

"나는 당신을 한 번 보고 미칠 정도로 원하게 되었어. 어떠한 악행을 저질러서라도 내 아내로… 그래서 내가 이런 짓을… 자, 가지, 나와 함께."

마사고가 상기된 아름다운 얼굴을 갑자기 든다. 눈앞의 하늘을 본다.

"그렇다면… 어디에라도."

삼나무에 묶여 있는 다케히로의 얼굴이 경악과 분노로 일그러진다.

게비이시에서 영혼이 빙의한 무녀가 분노의 형상으로 마사고의 말을 반복한다.

"어디에라도, 어디에라도, 어디에라도… 아니 그 다음이 나빠! 그 다음이 더욱 나쁘다고!"

마사고가 일어나, 손을 뻗고 있는 다조마루의 소매를 잡고 함께 가려 하다, 삼나무 쪽을 본다. 다조마루가 쓴웃음을 짓는다.

"성가시니 저대로 놔두면… 오늘이나 내일 누군가가 발견하겠지."

마사고가 강하게 고개를 젓는다.

"아니요, 그러면 안 되고 저 사람을 죽여주십시오."

다조마루가 "응?" 하고 놀라고, 다케히로는 아연실색한다.

"저 사람이 이 세상 어딘가 있다고 생각하면, 저는 마음을 놓을 수 없어요. 죽여주세요, 제발, 죽여주세요!"

눈과 눈썹이 올라가 처절미의 극치—순간 귀신같은 얼굴로 보인다.

다조마루가 갑자기 마사고를 차버리고, 팔짱을 끼고 잠시 생각하다가, 이윽고 천천히 다케히로에게 다가가 쭈그리고 앉아 얼굴을 가까이한다.

"이봐… 나는 저 여자를 죽이고 싶어졌어."

다케히로는 숨을 죽이고 다조마루를 본다.

"그러나 네 의향을 듣고 싶어. 죽인다면 끄덕이고, 죽이지 않는다면 고개를 옆으로 저어… 여자를 죽일까?"

게비이시 관청에서 빙의한 무녀의 얼굴이 엄숙하리만큼 긴장되어 있다.

"나는 이 한마디로, 그 남자가 저지른 일을 전부 용서해 줘도 된다고 생각했다."

살기를 품은 핏발이 선 눈으로, 서로를 뚫어지게 쳐다보는 다케히로와 다조마루. 긴박하고 숨 막히는 침묵. 고개를 끄덕이려는 다케히로의 눈이, 순간 눈앞을 가로지는 것에 시선을 빼앗긴다. 다조마루가 당황하여 돌아보자, 마사고가 몸을 돌려 대나무 숲으로 달려가고 있다. 다조마루가 "너!" 하며 뒤를 쫓아 덤불 속으로 뛰어 들어가지만, 다케히로의 눈에 마사고의 모습은 이미 없고, 다조마루의 모습도 보일락 말락 하다가 사라진다.

게비이시 관청에서 빙의한 무녀가 음울하게 말한다.

"나는 기다렸다. 꽤 기다렸다… 멍해질 정도로 시간이 흘렀다… 이윽고 대나무 사이에서 사람 모습이 보였다."

그러나 덤불 속에서 나타난 것은 다조마루 혼자이고, 마사고는 보이지 않는다.

"찾을 수 없어. 귀신에라도 씌었는지 그렇게 빨리 도망가다니…
길까지 가 보았지만, 말은 그대로 있고 여자는 어디에도 없어."

다케히로는 묶인 채로 낙심하여 고개를 떨군다.

다조마루는 삼나무로 다가와, 다케히로의 칼과 활, 화살을 집
어 들어 어깨에 메고, 재빨리 칼을 뽑아 밧줄을 끊고,

"길에 있는 말도 가져갈게."

다조마루가 사라지고, 다케히로 혼자서 덤불 속에 남겨진다.
그대로 가만히 있다가 천천히 일어난다. 해지는 덤불 속은 매우
조용하다. 대나무 잎을 흔드는 바람도 없고, 한 마리 새도 지저귀
지 않는다.

"조용하군. 어째서 이렇게… 소리가 전혀 나지 않는… 아니 누
군가가 울고 있다. 누군가가… 누군가가 아니라 울고 있는 것은
바로 나다."

주변을 둘러보니 대나무 낙엽 위에 떨어져 있는 마사고의 단도
가 석양을 받아 빛나고 있다.

다케히로는 아무런 주저 없이 단도를 집어 들어 자신의 왼쪽
가슴에 찌른다.

"고통스럽지 않다. 무언가 차갑고 딱딱한 것이 가슴에 들어와,
피비린내가 나지만… 그렇게 고통스럽지는…."

다케히로는 왼쪽 가슴에서 엄청난 피를 흘리면서, 몸이 조금씩
비틀거리기 시작한다.

"그러나 점점 주변이 어두워지고… 내 눈에는 덤불이 흐려지
고… 차차 짙어지는 어둠 속으로"

게비이시 관청, 빙의한 무녀의 몸이 크게 흔들리고 있다.

"어둡다… 이제 아무것도 보이지 않는다. 나는 내 가슴을… 왼쪽 가슴을 찔러… 깊고, 어두운, 암흑 속으로… 계속해서… 계속해서."

참을 수 없게 된 빙의한 무녀가 모래밭에 쓰러진다.

(F · O)

The End

시나리오를 끝내고, 주변을 둘러보았다.

어느샌가 햇빛이 사라지고 어둑어둑해져 매우 춥고, 하얀 것이 조금씩 뿌리고 있다. 눈이다! 눈이 내리고 있다.

전혀 눈치 채지 못했다. 점심식시를 끝내고 앉았을 때의 좋은 날씨는 기억하지만, 이후는 귀신들린 듯이 열중하여, 날씨가 급변하는 것을 눈치 채지 못하고, 아무래도 마지막 절정부분은 밀짚모자도 포대기도 하얀 눈에 덮여, 꼴사나운 눈사람이 되어 끝낸 모양이다.

여하튼 이 시나리오는 3일… 봄날처럼 따뜻한 겨울날의 맑은 하늘이 이틀 반 이어지고, 반나절은 짧은 눈이 내린, 3일 동안 완성되었다.

그 후 초고를 원고지로 깨끗이 옮겨 쓰자 93페이지가 되었다. 영화로 하면 40분에서 45분 정도의 길이이다. 심하게 짧은 이 시나리오 제목으로는 원작인 〈덤불 속〉이 괜찮지 않나 생각했지만, 너무 그대로라는 생각이 들고, 게다가 이는 남자와 여자의 이야기, 수컷과 암컷의 이야기니까 〈자웅(雌雄)〉으로 결정하였다.

너무나도 하늘이 파랗고 높았다.

색은 단순한 하늘색이 아니었고, 남색도 아니었다. 군청(群靑)이라 해야 할까, 나에게는 달리 표현할 말이 없었다. 하늘이 높다는 것은 비교 대상이 있다는 이야기이다. 넓은 곳에서는 하늘은 넓을 뿐 높게는 보이지 않는다. 눈앞에 멋있는 비교대상, 우뚝 치솟은 큰 적송(赤松)의 줄기사이를 통해서 보았을 때 높게 보인다.

나는 교토시 서쪽에 있는 닌나(仁和)사 앞에 서있다. 장대한 인왕문(仁王門)에서 좀 떨어진, 자갈을 가득 깐 광장의 한쪽이다.

이타미의 1주기 추도식이 1947년 9월 21일, 교토시 우쿄(右京)구 오무로(御室)에 있는 닌나사에서 행해졌다.

내가 닌나사에 도착한 것은 의식이 시작하기 40분 정도 전이다. 대기실에서 모르는 사람들 사이에 섞여 시간을 보내기도 내키지 않아, 기분 좋은 가을날이고 해서 밖에서 어슬렁거리려고, 인왕문을 통하지 않고 주변을 걷고 있다가, 문득 하늘을 올려다본 순간, 자갈 깔린 광장 한쪽에 멈추어 서버렸다.

나는 계속 하늘을 바라볼 뿐이었다. 나에게는 일기 쓰는 습관이 없고, 일상의 계획도 메모를 하지 않아, 인생의 중요한 전기가 되는 중요한 일도 그것이 몇 년 몇 월인지 거의 기억이 나지 않지만, 뇌리에 각인되어 영원한 기억으로 남으리라 생각되는, 그 날의 하늘색과 높이는 무언가 초월적인 존재였다. 나는 다시 시계를 보았다. 시작까지는 아직 20분 정도 여유가 있다.

오늘이 1주기니까 문하생도 오는 것인가. 내가 아는 한, 이타미의 문하생은 극히 적다. 특히 시나리오에 관해서는, 믿을 수 없지만 단지 나 혼자였다. 처음에는 이타미에게 천하의 영재와 수재가 구름처럼 몰려들 것이라고 생각했지만, 3년간 이타미 집을 다니는 중에 시나리오 제자, 문하생이라고 할 수 있는 것은 나 한 명임을 알았다. 그러나 그 이유나 사정은 전혀 알 수 없었다.

예를 들면 나와 동년배인 에다 세이치로(榮田淸一郞)라는 사람이 있다. 에다도 처음에는 나처럼 시나리오를 가져왔다. 그러나 이타미는 한 번 읽고는,

"자네에게는 글 쓸 재능이 없으니 그만두게나. 하지만 자네는 말을 잘해. 일본은 곧 있으면 전쟁에 질 게 뻔하고, 영화 제작은 미국식으로 될 것이야. 미국 영화에는 프로듀서라는 중요한 직종이 있어. 자네는 글쓰기를 그만두고 프로듀서가 되도록 해."

에다는 이타미의 말을 충실히 지켜 프로듀서를 목표로 하였지만, 그러나 문을 두들긴 자 모두에게 에다에게 한 충고를 이타미가 입에 담았다고는 생각지 않는다. 단지 어느 정도 자기 자신의 실력을 아는 사람은, 이타미의 비평이 거리낌 없기 때문에, 작품을 가져오기를 삼가거나 주저하게 되어, 문을 두들기는 사람이 내가 예상한 정도로는 많지 않았을지 모른다. 어찌되었든 그 점은 잘 알 수 없다.

이타미에게도, 나에게도, 서로에게 단 하나뿐인 스승과 제자의 인연이라고밖에 할 수 없다.

1주기 의식은 닌나사 본당에서 승려의 독경으로 시작하였다.

독경이 끝나자 별실로 옮겨, 이타미의 저명한 지인인 가타오카 지에조(片岡千惠藏)와 이나가키 히로시(稻垣浩)[16] 등, 서너 명의 추

---

16) 가타오카 지에조(1903~1983)는 전전 일본을 대표하는 시대극 영화배우

도사와 회고담이 있었다. 행사가 끝나서 자리에서 일어나 실내를 나오려 하자, 등 뒤에서 이타미 부인의 목소리가 들려왔다.

"하시모토 씨! 교토역으로 바로 가지 말고 고야마(小山) 집에 들르세요!"

교토시 가미교구 고야마에 있는 이타미의 집에 들르자, 1주기 의식에 얼굴을 보인 사람 중에서 일곱, 여덟 명이 모여 있었다. 교토에 살지 않고 도쿄에서 온 사람들 같았다. 부인이 내 얼굴을 보자,

"아, 하시모토 씨…."

라고 하며 옆에 있는 장년의 사람에게,

"사에키 오라버니, 이쪽이 하시모토 씨입니다. 남편이 각본을 봐주던 사람이에요."

나도 몇 번 이름을 들은 적이 있어 꾸벅 머리를 숙이자, 사에키도 미소를 지으며 나에게 목례를 하였다. 이타미 부인이 말을 이었다.

"남편이 없으니 이제부터는 오라버니가 대신해서 하시모토 씨의 각본을 읽거나, 상담을 해주세요, 괜찮죠?"

내가 허둥지둥 머리를 조아리자, 사에키도 조금 당황한 기색으로 "잘 부탁해요…."라고 하며 나에게 머리를 숙였다. 이것이 이타미 부인이 조금 억지로 연결시킨, 사에키와 나의 첫 만남이었다.

로, 1928년 '가타오카 지에조 프로덕션'을 설립하여, 이곳에서 이타미 만사쿠와 이나가키 히로시가 감독 데뷔를 한다. 이나가키 히로시(1905~1980)는 1956년 〈미야모토 무사시〉로 아카데미 외국어 영화상, 1958년에는 〈무호마쓰의 일생〉으로 베니스 국제영화제 그랑프리를 수상한, 구로사와 아키라와 더불어 토호영화회사를 대표하는 감독이었다.

이후 나는 도쿄 출장 때마다 지토세카라스야마에 있는 사에키 집에 신세를 지게 되었다.

그런 어느 날, 햇빛 잘 드는 사에키 집 툇마루에서, 사에키를 중심으로 친구를 데려온 에다 세이치로 등과 섞여, 영화에 대해서 잡담을 나누고 있었다. GHQ(연합국최고사령부)가 금지하던 시대극이 해금되면,[17] 앞으로의 시대극은 어떻게 만들어야 하는지에 대한 이야기를 하다가, 우연히 구로사와 아키라의 작품 이야기로 이어졌다. 구로사와의 이름이 나오자,

"구로사와 군과는 매우 사이가 좋아."

모두의 시선이 사에키로 집중하였다.

"토호에서 조감독할 때, 하숙을 계속 같이했어."

"그렇다면 형님."

나는 똑바로 사에키를 쳐다보았다. 그런 사이인지 전혀 몰랐다.

"제가 형님에게 맡겨놓은 각본을, 전부 구로사와 씨에게 읽어 달라고 할 수는 없을까요?"

사에키 기요시의 대답은 너무도 손쉽고 간단했다.

"그래 좋아."

그로부터 정확한 시간의 경과는 나도 알 수 없지만, 반년보다는 길고, 일 년은 채 안 되는 날, 회사에서 돌아오자 아내가 도쿄로부

---

17) GHQ는 칼을 휘두르는 시대극은 군국주의적이고, 복수를 소재로 하는 내용이 많다고 하여 제작에 많은 제한을 두었다. 1949년이 되자 GHQ는 직접적인 영화 검열을 그만두고, 영화계의 자율적 심사기관인 '영화윤리규정관리위원회'를 발족시켰다. 그 이후부터는 시대극 제작 제한이 점차 완화되었다.

터 온 엽서 한 통을 나에게 건넸다. 보낸 이는 영화예술협회[18] 프로듀서 모토키 소지로이고, 내용은 용건만으로 간단하였다.

전략(前略), 당신이 쓴 〈자웅〉을 구로사와 아키라가 다음 작품으로 영화화하게 되었습니다. 따라서 구로사와와 만날 필요가 있으니, 가능한 빨리 상경해 주시면 좋겠습니다. 사정이 어떤지 알려주시면 고맙겠습니다. 용건만 간단히 적었습니다.

나는 엽서를 한 번 읽고는 탁자 위에 올려놓았다.

아내가 멀거니 쳐다보았다. 엽서는 내가 회사 출근 중에 배달되었기에 내용은 이미 알고 있다. 아내는 내가 뛰어오르며 기뻐할까, 아니면 양손을 들어 만세를 부를까, 이 이상은 없는 내 기쁨을 기대하고 두근두근하며 기다리고 있었는데, 그게 이런 모양새이다.

아내는 나에게 등을 지고 저녁준비를 했다.

내가 아내의 기분을 일부러 무시한 것이 아니다. 내 뇌리에는 아까부터 하늘이 떠 있다. 닌나사에서 본 군청색의 하늘이다. 그 하늘 끝 저편보다 더 멀리에, 이타미가 있다. 이타미는 가슴을 쓸어내리고 있다.

---

18) 영화예술협회는 1948년 3월 구로사와 아키라, 야마모토 가지로(山本嘉次郎), 다니구치 센키치(谷口千吉), 모토키 소지로를 주축으로 노동쟁의 중인 토호에서 나와 만든 단체이다. 이후 나루세 미키오(成瀬巳喜男), 다나카 유키히코 등이 여기에 참여하였다. 구로사와 아키라가 영화예술협회에 소속되어 있을 때 만든 작품은 〈들개〉(1949)와 〈추문〉(1950)이다. 영화예술협회는 1951년 해산하였다.

이타미는 자신의 병세로 다가오는 죽음과 사후의 일도 예측하여, 나를 신경 쓰고 있었다. 언젠가는 고통을 참으며 나를 다이에의 촬영소로 데려가려 한 적도 있다. 부인과 내가 겨우겨우 말려 단념시켰다. 그리고 나를 맹우인 이토 다이스케(伊藤大輔, 일세를 풍미한 명감독)[19]에게 부탁하려고 생각하여, 나를 이토와 만나게 한 적도 있다.

그러나 이에 대해서는 이타미가 생각을 바꾸었다. 만약 이토가 괜찮았다면, 이타미가 만일의 경우 하시모토의 뒤를 봐달라고, 한마디 이토에게 이야기하면 되었다. 굳이 그걸 하지 않았던 이유는, 이토 다이스케와 하시모토 시노부는 작품에 대한 생각이 크게 차이가 있어, 어차피 맞지 않는다고 생각했기 때문이다.

이타미의 최후의 대책은 예전의 조감독이었고, 지금은 감독이 된 사에키 기요시였다. 그가 좋다. 도쿄에 살고 있고, 도쿄는 교토보다 영화의 세계가 넓다. 게다가 친절한 성격이고, 남을 잘 돌보고, 인망이 있고 발도 넓다.

"만약 내가 죽으면 하시모토를 사에키에게 부탁해 줘."

그러니까 부인이 움직였던 것이다. 장례식 때에 부탁하려고 생각했지만, 웬일인지 하시모토는 오지 않았다. 그러나 1주기 때에 이쪽에서 통지를 하면 반드시 온다. 사에키 기요시도 온다. 거기서 둘을 만나게 하자.

---

19) 이토 다이스케(1898~1981)는 이타미 만사쿠와 중학교 동창으로, 무성영화 시절 시대극의 최고 감독으로 불렸다.

부인은 시코쿠(四國) 마쓰야마(松山)번 가로(家老)[20]의 딸로, 품위 있는 아름다움과 강함도 있지만, 점잖아서 다른 이에게 괜한 참견이나 억지를 부리는 일을 하는 이가 아니다. 1주기 행사에서 부인이 그렇게까지 강하게 척척 움직여 사에키와 나를 연결시킨 것은, 역시 이타미가 명확히 부인에게 말을 남겼기 때문이다. 모든 것은 이타미의 유지였다.

그 이타미가 가슴을 쓸어내리고 있다.

역시 사에키에게 부탁하기 잘했다. 자신의 단 하나뿐인 제자가 드디어 자립할 전망이 보였다. 그러나 그 작업으로 같이할 상대가 설마 자신이 각본을 읽고 감탄했던 구로사와 아키라일 줄은 몰랐다.

아니다. 이타미 만사쿠는 코밑의 수염을 가볍게 어루만지며 빙긋 웃으며 말한다.

"하시모토… 언젠가는 자네가 만날, 아니 만나지 않으면 안 되는 남자, 그게 구로사와 아키라일세."

---

20) 가로는 한슈(藩主) 밑 가신 중에 으뜸가는 직책이다.

제2장

구로사와 아키라(黑澤明)라는 남자

〈라쇼몬(羅生門)〉

나의 구로사와 아키라에 대한 예비지식은 빈약했다.

전쟁 중에 발간된 『영화평론』에 실린, 구로사와 아키라의 각본 〈달마사의 독일인〉을 이타미 만사쿠가 격찬한 적이 있다. 그리고 첫 번째 감독 작품인 〈스가타 산시로(姿三四郎)〉는 보았지만, 〈가장 아름답게(一番美し〈)〉, 〈속 스가타 산시로(續姿三四郎)〉, 〈호랑이 꼬리를 밟은 사나이(虎の尾を踏む男達)〉는 보지 못했다. 전후 작품인 〈우리 청춘 후회 없다(わが青春に悔いなし)〉도 평판이 좋았지만 놓쳐버렸다. 그러나 그 다음 〈멋진 일요일(素晴らしき日曜日)〉과 〈주정뱅이 천사(醉いどれ天使)〉에는 압도당했다. 영상과 소리의 세계, 즉 영화는 만든 이의 재능과 감각에 따라, 한없는 풍부함을 숨기고 있음을 보여 주는 영상들이었다. 이타미의 예언처럼 구로사와야 말로 일본 영화의 새로운 기수, 나아가서는 영화계에 군림하는 거대한 리더가 되지 않을까.

예비지식은 빈약했지만 인상은 이처럼 강렬했다.

그러나 나에게는 좀, 아니… 매우 걱정되는 점도 있었다.

작가의 눈으로 본 각본 일람표

연도	제목	각본
1943년	〈스가타 산시로〉	구로사와 아키라
1944년	〈가장 아름답게〉	구로사와 아키라
1945년	〈속 스가타 산시로〉	구로사와 아키라
1945년	〈호랑이 꼬리를 밟은 사나이〉	구로사와 아키라
1946년	〈우리 청춘 후회 없다〉	히사이타 에지로
1947년	〈멋진 일요일〉	우에쿠사 게노스케
1948년	〈주정뱅이 천사〉	우에쿠사 게노스케 · 구로사와 아키라
1949년	〈조용한 결투〉	구로사와 아키라 · 다니구치 센키치
1949년	〈들개〉	구로사와 아키라 · 기쿠시마 류조
1950년	〈추문〉	구로사와 아키라 · 기쿠시마 류조

첫 번째 작품 〈스가타 산시로〉부터 〈호랑이 꼬리를 밟은 사나이〉까지 네 편의 각본은 구로사와 아키라 혼자서 썼지만, 1946년 이후 작품의 각본은 무슨 연유인지 전부 다른 사람과 공동으로 썼다. 〈우리 청춘 후회 없다〉에는 히사이타 에지로(久板榮二郎), 〈멋진

저자와 처음 만났을 때,
1948년경의 구로사와 아키라

일요일〉에는 우에쿠사 게
노스케(植草圭之助)[21]라고
단독명의로 되어 있지만,
사에키에 의하면 구로사
와가 이름 넣기를 사양했
을 뿐, 실질적으로 틀림없
는 공동각본이라 하였다.
그렇다면 전후의 작품은
전부 복수의 작가가 같이
집필한, 나에게는 미지의
세계라 할 수 있는 공동각
본이다.

구로사와의 집은 오다
큐선의 고마에역에서 내리면 가까웠다.

프로듀서 모토키 소지로가 알려준 대로 걷자, 역으로부터 5, 6분
거리에 부지가 300평 이상 되는 광대한 저택이 나왔다.

현관에서 벨을 누르자, 작은 체구에 백발의 남자가 맞이하였다.
같이 살고 있는 구로사와의 장인어른이다. 이름을 말하자 "이쪽
으로…."라며 복도에서 계단을 조금 올라가는 반2층의 거실로 안
내되었다. 다섯 평… 아니 그 이상 넓고, 안쪽에 댄 나무나 천장널

21) 히사이타 에지로(1898~1976)는 도쿄대학 국문과를 졸업하고 극작가와 시
나리오 작가를 병행하였다. 우에쿠사 게노스케(1910~1993)는 구로사와
아키라의 중학교 동창으로, 단역배우를 하다가 영화각본을 쓰기도 하였다.

에는 좋은 나무가 쓰여, 차분한 질감을 풍기는 일본식 거실이다.

구로사와는 바로 나타났다. 놀랄 정도로 키가 컸다. 윤곽이 뚜렷하고 단정한 용모로 붉은 스웨터가 인상적이었다. 나는 서른한 살, 여덟 살 위인 구로사와는 서른아홉으로, 내가 쓴 〈자웅〉의 원고를 손에 들고 있었다. 마주앉자 구로사와는 원고를 내밀며 말을 꺼냈다.

"자네가 쓴 〈자웅〉말인데, 이거 좀 짧은데."

"그럼 「라쇼몬」을 넣으면 어떨까요?"

"라쇼몬?"

구로사와는 머리를 갸웃했다. 일순간의 공백, 진공상태와 같은 순간이었지만, 그 긴박한 침묵은 그렇게 길지 않았다.

"그럼 여기에 「라쇼몬」을 넣어서 다시 써 줄 수 있소?"

"예, 그렇게 하겠습니다."

첫 번째 만남은 어이없을 정도로 간단히 끝났다. 대화는 딱 1, 2분으로, 나는 내 원고를 가방에 넣었고, 돌아갈 때에는 구로사와가 부인 기요코(喜代子)[22]와 함께 현관까지 배웅해 주었다.

하지만 구로사와의 집을 떠남과 동시에, 나는 후회와 반성을 시작하였다.

왜 그런 말을 하였지? 「덤불 속」에 「라쇼몬」이라니….

이제까지 생각해 본 적도 없는, 의식의 한쪽 구석에 있지도 않

---

22) 구로사와 기요코(1921~1985)는 야구치 요코(矢口陽子)라는 이름으로 영화배우 활동을 하다가, 1944년 구로사와 아키라의 두 번째 작품 〈가장 아름답게〉에서 주연을 맡은 인연으로 만나, 다음해 결혼을 계기로 영화계에서 은퇴하였다.

았던 말을 갑자기 술술 입에 담아버린 것이다.

고마에역으로 돌아와 전동차에 탔을 때에는, 후회는 마음 깊은 속에서 부들부들 떨리는 불안으로 변해 있었다. 말을 하다 보니 튀어나왔다고는 해도, 「덤불 속」에 「라쇼몬」이라니, 어떻게 그런 일이 가능할까. 순식간에 나온, 주워 담을 수 없는 너무나도 경솔한 말이다. 그것도 자못 자신만만하게… 이제 와서 불가능하다고 말할 수는 없다.

오다큐선에서 이노카시라선으로 갈아타고, 시부야역에서 야마노테선 내측 순환으로 오카치마치역까지 돌아와 회사의 도쿄출장소로 돌아왔을 때에는, 궁지에 몰렸다는 초조감으로 어찌할 바를 몰랐다. 「덤불 속」에 「라쇼몬」이 그렇게 간단히 들어가거나 이어질 리가 없다. 그러나 이젠 그렇게 할 수밖에 없다. 어찌되었든 하루라도, 한 시간이라도 빨리 고향에 돌아가 쓰지 않으면 안 된다.

오카치마치역에서 야행열차라도 타려고 창구로 가다가, 오늘밤의 침대칸이 남아 있을 리가 없어 포기하였다. 그러나 야행열차의 보통칸에서는 가만있어도 아픈 허리 디스크 때문에 견뎌낼 수 없다. 그렇다면 내일 아침, 그래, 아침이다. 조금 이른 특급을 타면 저녁에는 히메지(姬路)에 도착할 수 있으니, 그걸로 되겠다.

내 서재는 아침저녁의 출퇴근열차였다. 뒤얽힌 생각을 정리하거나, 또한 비약시키는 것도 움직이는 기차 안이 최적이다. 나고야 혹은 오사카까지 수정본의 근간을 만들고, 히메지에 도착해서부터 본격적인 작업을 준비하자.

다음날 도쿄역 출발 특급열차 '하토(はと)'에서는 운이 좋았다.

3등칸이었지만 플랫폼에서 승차를 기다리다가, 가는 방향 쪽의 왼쪽 창가 좌석을 확보할 수 있었기 때문이다. 곧바로 가방에서 제도판을 꺼내, 용지에 '덤불 속', '라쇼몬'이라고 썼다. 하지만 이 둘을 이어줄 단어가 아무리 해도 떠오르지 않았다. 그러던 중에 발차 벨이 울려, 특급열차가 도쿄역을 출발하였다. 움직이기 시작한 플랫폼이 보이자 왠지 마음이 무거웠고 괜스레 서글펐다.

이타미에게 보여 주던 각본과 구로사와에게 보여 준 각본은, 같은 각본이라도 본질적으로 뭔가가 다르다. 이타미의 경우에는 작품 내용의 좋고 나쁨이 전부로, 이러저러한 의견이나 수정 지시도 있기는 했다. 의견을 받아들여 잘 고쳐질 때도… 아니 수정에는 재주가 없는 나는 대체로 잘 고치지 못했지만, 어찌되었든 그걸로 끝이었다.

그러나 구로사와의 경우에는 그렇게 끝나지는 않는다. 기본은 내용의 좋고 나쁨이겠지만, 영화의 길이는 엄격히 현실적인 문제이다. 시나리오로 끝난다면 삼십 분, 아니 세 시간짜리가 되어도 된다. 그러나 영화화를 전제로 한다면 이는 허용되지 않고, 한 시간 반에서 두 시간을 기준으로 하는, 흥행의 철칙이라 할 수 있는 시간 제한의 원칙이 있다. 그리고 이에 따라 각 분야의 스태프가 준비를 하고, 주연 이하 수많은 출연자들을 움직여, 불필요한 부분 없는 효율적인 촬영을 진행시켜, 작품을 완성시켜 가는 면밀한 계획서 혹은 명령서, 바로 영화를 위해 필요한 완전한 설계도이다.

이타미에게 보여 주던 시나리오는 읽고 비판받는 것으로 끝났다. 즉 읽기를 최종목적으로 하는 습작 시나리오였다. 하지만 구로사와의 경우에는 그걸로 끝나지 않고, 현장에 가져가 실무 작업을 정확하게 지시하고 명령하는, 명확한 영화의 설계도로 기본적으로 다른 것이었다.

신바시(新橋)역이 가까워지자, 왼쪽에 하마리큐(浜離宮) 공원의 울창한 수풀이 보였다. 도쿄만(東京灣) 위의 하늘은 옅은 구름이 가득하여 흐렸다

'구로사와가 〈자웅〉이 딱 마음에 든 것은 아닐 거야.'

내가 3일 만에 쓴 〈자웅〉을 구로사와가 한 번 읽고 영화화를 결심했을 리 없다. 그럴 리는 없다. 단지 영상화의 소재로 무언가 끌리는 점이 있음은 틀림없다. 그러나 원고지 93매는 보통 시나리오의 절반도 안 된다. 이대로 영화화할 수는 없다. 그렇다면 영화화 가능한 길로… 그는 생각에 생각을 거듭하여, 무언가 방법을 생각해 낸 것이다. 이거라면 테마인 「덤불 속」의 재미를 희석하지 않으면서, 역으로 이를 효과적으로 드러나게 만든다. 그러한 수정 방향에 도달했기 때문에, 프로듀서 모토키 소지로를 통하여 자신에게 영화화를 통지한 것이다. 그에게 시나리오는 영화의 설계도이다. 적절한 길로 고칠 수 있다는, 구체적이고 또한 확실한 계획 없이 영화화를 결정했을 리가 없다.

"자네가 쓴 〈자웅〉말인데, 이거 좀 짧은데."

구로사와가 이렇게 말했을 때, 내가 대답하지 않고 입을 다물고 있든지, 아니면 "길게 한다면, 무슨 좋은 방법은 없습니까?"라고 답했다면, "예를 들면 이렇게 하는 방법도 있지 않을까… 자네는 어떻게 생각하나?"라고 그가 생각한 수정안의 방향과 내용을

구체적으로 설명해 주었을 터이다. 나는 길이를 늘인다는 생각을 전혀 안 했기 때문에, 별 생각 없이 그 안에 찬성하고, 모든 것을 그의 생각대로 결정하였을 것이다. 하지만 틈을 주지 않고, 게다가 자신만만하게 「라쇼몬」이라고 말해 버렸기 때문에, 구로사와는 좀 당황했지만 「라쇼몬」이 들어간다면 그건 그것대로 재미있게 되지 않을까 하여,

"그럼 여기에 「라쇼몬」을 넣어서 다시 써줄 수 있소?"

특급열차 '하토'가 기적을 울리며, 다마(多摩)강의 철교를 건넜다. 로쿠쿄(六鄕)다리를 건너면 가와사키(川崎)시, 도쿄에 이별을 알리는 듯 울리는 기적소리의 여정(旅情) 담긴 여운 속에서, 나는 나직이 한숨 섞인 혼잣말을 내뱉었다.

'시나리오는 영화의 설계도인가….'

가와사키시 거리의 하늘에 기억 속의 기묘한 광경이 떠올랐다.

공장의 공작부(工作部) 설계과의 풍경이다. 현재 나는 본사 경리부의 부장이지만, 입사 당시는 공장의 경리로 원가계산을 하고 있었기 때문에, 설계 쪽 사람들 중에도 아는 이가 많다.

공장에서 생산되는 제품은 모두 이 공작부 설계과에서 설계된다. 구축함의 파도막이도, 특수잠함정의 잠망경도, 해군이 보낸 그림을 토대로 각 부품이 도면화된다. 다양한 종류의 수많은 민간용품도 모두 여기서 도면화된다. 현장에서는 그 도면 없이는 무엇 하나 만들어 낼 수 없다.

공장의 모든 생산부문이 의지하는, 작업의 명령서, 그 청사진인 설계도는 설계과의 기사가 선 채로 조금 경사진 커다란 도면대에서, 익숙한 손놀림으로 자와 컴퍼스를 사용하여 제도용 펜으

로 척척 그려낸다.

어느 날 기사들의 익숙한 빠른 손놀림을 넋 놓고 보고 있다가, 한 명이 잠깐 쉬려고 담배에 불을 붙였기에 말을 걸었다. 작년 대학을 갓 졸업한, 검은 테 안경을 낀 신입의 어린 청년 기사였다.

"여기 도면은 간단하겠지만… 레이센(零戰)[23] 엔진 같은 것은 복잡하겠지?"

"그런 것도 다를 바 없어요."

"그래?"

어린 청년 기사는 미소도 짓지 않았다.

"물건의 크기라든지, 복잡하든지 단순하든지는 관계없어요. 하늘을 나는 비행기이든 전함 야마토이든 그리고 현미경이 필요한 100분의 1밀리 단위의 작은 것이든, 선을 긋는 일은 모두 같아요… 자와 컴퍼스만 있으면요."

나는 무심코 퍼뜩 얼굴을 들었다. 7년 전 공장 설계과에서의 대화를 생각해 내고, 왠지 의표를 찔린 듯하여 숨이 막혔다. 당시는 시나리오가 영화의 설계도라고는 꿈에도 생각지 못했지만, 이제는 그건 피할 수 없는 중요한 일이다.

'시나리오가 영화의 설계도라면… 자와 컴퍼스가 필요하다!?'

요코하마(横浜)를 지나친 것도 모른 채, 특급 '하토'는 이미 오다와라(小田原)를 지나고 있었다.

차창 밖 미칸(蜜柑)산 비탈 너머는 파란 사가미(相模)만의 수평

_____

23) 정식명칭은 '영식함상전투기(零式艦上戰鬪機)'로 1939년부터 1945년까지 일본 해군의 주력전투기였다.

선이 보였다. 어느샌가 하늘은 맑게 개었다.

나는 무릎 위의 제도판을 보았다. '덤불 속' '라쇼몬', 도쿄역 출발 전에 그렇게 써놓았을 뿐으로 한숨이 절로 나왔다. 어제 구로사와 집을 나선 이후로 조금도 진전이 없다. 도쿄와 히메지를 왕복하는 특급열차 '하토'에서 완성하려 마음먹었지만, 관련은 있지만 문제의 본질로부터 벗어난 일들만 떠올라 마음을 가다듬지 못하였다.

'날은 개어도, 마음은 그렇지 않네.'

제대로 해보려 해도 잘될 낌새가 보이지 않는다. 그러니까 도피만 하고 있다. 핵심으로부터 도망가고 있다. 하지만 이래서는 문제해결이 되지 않고, 피할 수도 없고 도망칠 수도 없다. 그렇다면 어떻게 할까? 과감하게 처음부터라도 다시 고치는 수밖에 없다.

나는 절반은 자포자기한 채로 제도판을 들어 글을 썼다.

'구로사와 씨와의 만남—준비 부족—'

구로사와와의 만남은 너무나도 준비가 부족하였다. 이타미에게 원고를 보여 주고 비판받는 정도의 가벼운 마음으로 만났던 것이다. 영화화에 대한 의식이 좀 더 확실히 있었더라면, 원고지 93매가 짧다는 사실은 알아챘을 것이다. 다 썼을 때는 영화화 따위는 꿈도 꾸지 못했기 때문에 어쩔 수 없었지만, 적어도 영화화가 결정되고 나서의 만남이라면, 길이가 문제가 되고 어떻게 늘일지가 과제가 될 것은 당연한 일이고, 사전에 이를 고려하여 확장안을 준비해 두는 것이, 시나리오를 쓰는 자의 상식이고 책무이기도 하다.

그렇다면 내가 이를 알고 있었더라면, 어떠한 발상으로 어떻게 수정을 하였을까. 귀찮기도 하고 수고스럽지만 급할수록 돌아가라고, 이제부터라도 시작하면 자신이 왜 「라쇼몬」이라고 엉뚱한 말을 내뱉었는지 알 수 있을지 모른다.

'등장인물에 달렸다—작품 확장의 가능성—'

주역은 다조마루, 가나자와노 다케히로, 아내인 마사고 세 명이다.

그 밖에 나무꾼, 떠돌이 승려, 호멘, 마사고의 어머니가 있지만, 사건의 방관자일 뿐 이야기를 확장할 무거운 드라마를 그들에게서 찾기는 불가능하다.

다조마루의 경우는 자유분방한 도적으로 어떠한 드라마의 설정도 가능하지만, 그러나 그 드라마가 「덤불 속」 사건을 일으키는 직접 원인이 되지 않으면 의미가 없다. 하지만 「덤불 속」은 우연한 만남이 관건이라서, 그전에 사건이 설정되기는 힘들다. 따라서 무언가를 설정해도 본 사건과는 관계없기 때문에 연결하기가 극히 곤란하다.

또한 현재 〈자웅〉의 시나리오도 다조마루가 놓은 덫으로부터 시작하기 때문에, 그가 차지하는 드라마 부분이 많다는 인상을 준다. 세 명에게는 각각 다른 진실이 있다는 드라마이기 때문에, 가능하면 세 명이 차지하는 부분이 어느 정도 균등한 것이 바람직하다. 그렇다면 다조마루의 앞 이야기를 늘리기는 어렵다, 아니 거의 불가능에 가깝다.

가나자와노 다케히로와 마사고의 경우는 어떨까.

나는 순간 꿀꺽 침을 삼켰다. 머릿속에서 무언가 번뜩였다. 이건 되겠다! 이 둘의 앞 이야기를 늘리면 전체가 의외로 재미있게 될 수 있다.

예를 들면 마사고를 가난한 구게(公家)의 오위(五位) 정도 집안의 딸로 설정한다. 섭관(攝關)인 후지와라(藤原)가로부터 마사고를 양녀로 삼고 싶다는 말이 있다.[24] 유력한 구게는 용모가 뛰어난 여자를 양녀로 하여, 궁중의 여관(女官)으로 보냈다. 만약 천황의 눈에 들어 임신이라도 하면 부귀영화를 누릴 수 있기에, 마사고 일가는 그 이야기에 열중하여 광분한다.

그러나 마사고에게는 마음에 둔 사람이 있다. 먼 친척에 해당하는 와카사(若狹) 국부(國府)의 사무라이, 가나자와노 다케히로이고, 그는 현재 와카사로부터 궁중에 헌상하는 건어를 호송하는 역할로 교토에 체재하고 있다.

여자로서의 최고의 영예와 행복에 연연하지 않고, 오로지 가나자와노 다케히로와 맺어지기를 바라는 마사고. 가나자와노 다케히로도 와카사에서 혼담이 오고가지만 이를 파기하고 마사고에게 사랑을 서약한다. 빈곤한 마사고 일가는 딸의 양녀 건에 집착하지만, 딸은 완고하게 응하지 않고 가나자와노 다케히로도 마사고를 아내로 맞이하려는 생각을 굽히지 않아, 결국 마사고 일가도 둘의 강한 의지에 져서 혼인을 승낙하고 둘은 화촉을 밝힌다.

이리하여 둘은 떳떳이 부부가 되어 와카사로 떠난다. 하지만 야마시나(山科)를 지났을 때, 도적 다조마루가 스쳐지나가는 마사고에게 한눈에 반해, 「덤불 속」의 부조리한 드라마로 이어진다.

---

24) 구게는 천황이 있는 조정에서 일하던 귀족 및 관료가문을 말한다. 천황의 외척을 주로 배출한 후지와라가는 어린 천황의 직무를 대신하는 섭관과 천황이 성인이 된 후에는 관백(關白)을 맡아 세도를 떨쳤다.

내가 「덤불 속」을 〈자웅〉으로 한 것은, 이 이야기는 여자와 남자… 남녀의 이야기이기 때문이고, 이처럼 앞의 내용을 늘리는 것으로 「덤불 속」에서의 마사고와 다케히로의 이야기에도 굴곡이 생겨, 드라마 비중이 다조마루와 비교해도 손색이 없다. 따라서 전체적으로 정리가 잘되고 마지막의 부조리도 증강되어, 〈자웅〉의 시나리오가 비약적으로 좋아진다.

그러나 「라쇼몬」은 들어가지 않는다. 억지로 넣는다면 첫 장면, 가나자와노 다케히로가 와카사에서 궁중으로 헌상하는 건어의 호송을 위해 교토에 갔을 때와 둘이 부부가 되어 와카사로 돌아가기 위해 교토를 출발할 때의 단순한 배경에 지나지 않아, 넣었다고 할 수는 없다.

구로사와가 "이거 좀 짧은데"라고 말했을 때, 「라쇼몬」이라고 하지 않고, 마사고와 다케히로의 앞 이야기를 했다면 구로사와는 뭐라고 답했을까. 아마도 크게 끄덕이지 않았을까. 왜냐하면 〈자웅〉에 내재하는 이야기를 확장하려 한다면, 이 방법 이외에는 없기 때문에, 구로사와가 생각하던 것도 아마도 이와 같지 않았을까.

아니 독창성이 강한 사람이니까, 무수한 자와 컴퍼스로 다른 무언가를 생각하고 있었는지도 모른다.

나는 마음속으로 나 자신을 비난했다.

'칠칠맞기는! 「라쇼몬」이라니… 두 사람의 앞 이야기를 늘린다고 하면 되었는데."

특급열차 '하토'가 시즈오카(靜岡)역에 도착했기에 도시락과 차를 샀다.

무언가에 열중하면 침식을 잊는다고 하는데 나는 그렇지 않다.

당시는 회사일로 도쿄 출장이 많아, 야간열차 때는 아니지만, 낮에 히메지로부터 상경할 때는 오사카(大阪)나 교토에서 도시락을 사지 않고 요네하라(米原)에서 샀다. 요네하라의 역 도시락이 싸고 맛있다. 도쿄에서 돌아갈 때는 나고야(名古屋)를 지날 때 점심 시간이 되지만, 나고야보다는 바로 앞의 시즈오카 도시락이 싸고 맛있다. 도카이도(東海道)[25]를 3등칸으로 왕복하는 자의 여행의 지혜이다.

'좀 빠르지만 하마마쓰(浜松) 부근에서 밥을 먹고,「라쇼몬」을 다시 생각해 보자.'

식사를 마치고 하마마쓰를 지나자 왼쪽 차창에 바다가 나타났다. 오른쪽 차창에도 바다? 아니 오른쪽은 하마나(浜名)호수, 왼쪽은 마이사카(舞阪) 언저리에서 보이는 태평양이다. 나는 제도판의 새로운 페이지에 써넣은 글자를 보았다.

―왜 나는「라쇼몬」이라고 말했을까?―

순간적이고 반사적이어서 이유도 근거도 생각해낼 수 없다.

그렇다면「라쇼몬」에는 어떤 의미가? 아니「라쇼몬」이란 어떠한 내용의 소설인가.

아쿠타가와 류노스케의 초기 작품으로, 평이 좋아 단편집 제목도 『라쇼몬』으로 하는 경우가 많은, 그의 대표작이다.

헤이안 말기 전국에 기근, 질병이 유행하여 교토가 황폐해졌다.

---

25) 도쿄에서 출발하여 교토에 이르는 가도를 일컫는 말.

라쇼몬의 누각 2층에는 도둑들이 살거나, 버릴 곳 없는 시체가 나뒹굴었다. 어느 날 밤, 해고되어 갈 곳이 없는 하인이 라쇼몬에 왔다가, 2층에서 스미어 나오는 희미한 불빛에 이끌려 올라간다. 거기에는 한 노파가 흐릿한 불빛 아래에서 여자 시체로부터 머리털을 하나하나 뽑고 있다. 하인이 깜짝 놀라 나무라자, 노파가 말한다.

"이 여자는 죽은 뱀을 말려 건어라고 속여 팔고 다녔어. 그러나 그렇게라도 하지 않으면 먹고살 수 없었던 거야. 그러니까 여자도 용서해 줄 거야. 내가 이렇게 머리털을 하나씩 뽑아서 가발집에 팔지 않으면 먹고살 수 없는 걸 말이야."

하인은 고개를 끄덕이고는 좀 생각하다가, 또 한 번 크게 고개를 끄덕인다.

"알았소, 노파. 그렇다면 나도 이렇게라도 하지 않으면 먹고 살 수 없는 걸 용서해 주겠지."라고 말하고 노파가 두르고 있던 낡아빠진 옷을 벗겨내어 2층에서 내려가 라쇼몬을 떠난다. 옷에 걸친 것을 빼앗긴 노파가 느릿느릿 일어나 뒤를 쫓듯이 난간에 손을 짚고 쳐다보지만, 시커먼 어둠뿐으로 하인의 모습은 보이지 않는다. 이런 부조리한 이야기이다.

아쿠타가와 류노스케의 작품을 각본화하기 위하여 소설을 읽었을 때, 「라쇼몬」은 확실히 리스트의 맨 위쪽 자리를 차지했다. 그때 기획했던 내용은 무엇이더라.

어둠 속으로 사라진 하인의 행방에 관심이 있었다.

처음에는 먹고 살기 위하여 노파의 옷을 빼앗지만, 이후 도둑질이 직업이 되어 강도질을 하고, 결국 살인도 서슴지 않아 악당들을 거느리는 대악당이 된다. 고귀한 공주를 약탈하여 능욕하고

라쇼몬 2층에서 같이 산다. 하지만 공주의 타고난 선한 품성으로
인하여, 악의가 조금씩 수그러들어 순수한 인간의 싹이 트려 한
다. 그러한 때 게비이시의 수하들이 라쇼몬을 둘러싸고 밑에서
일제히 화살을 쏘아, 하인은 2층에서 고슴도치처럼 되어 죽고 만
다.[26]

그렇다면 이 기획안과 「덤불 속」을 연결시킬 수 있는 것은 무
엇이 있을까.

아무것도 없다. 연관성 제로. 무리하게 연결하면 미스매치이다.
「덤불 속」의 등장인물에 연결시킬 수 있는 자가 있긴 하다. 다조
마루, 그는 도적이니까 라쇼몬에 살고 있다고 해도 이상하지는
않다. 하지만 라쇼몬이 소굴이라 해도 「라쇼몬」과 「덤불 속」이 연
결되지는 않는다. 다조마루가 원래 하인이고 악으로의 발단을
「라쇼몬」으로 한다면, 부조리가 다른 부조리를 낳는 점에서 「덤
불 속」으로 이어진다. 하지만 이는 「덤불 속」의 사건과는 다른 사
건이 되기 때문에 이야기가 하나로 묶이지 않는다.

다른 인물로는 이어지지 않을까.

그건 무리다. 가나자와노 다케히로와 마사고로 해도, 그리고
나무꾼과 떠돌이 승려, 마사고의 어머니로 해도, 라쇼몬은 지나쳐
가는 배경 정도가 그 한계이다. 다소 무리를 하여 더운 여름날 일
시적으로 햇빛을 피하거나, 소나기 때에 비를 피하는 정도로 이
용하는 수밖에 없다.

---

26) 주인공이 밑에서 쏜 화살을 맞고 고슴도치처럼 되어 죽고 마는, 이러한 구
상은 하시모토 시노부가 각본에 참여한 구로사와 아키라의 영화 〈거미의
성〉 마지막 장면에서 구현된다.

'그렇다면 왜, 아무 근거 없이 「라쇼몬」이라고 말했을까?'

인간의 발언은 순간적이고 반사적이라, 무언가를 생각하여 그 것을 입에 담는 것이 아니다. 그러나 본질적으로 한 번도 느낀 적 이 없는 것, 한 번도 예측이나 의식조차 한 적이 없는 것을 입에서 뱉는 일이 있을까?

"「라쇼몬」을 넣는다면…. "이란 발언에는, 본인이 의식하지 않 았지만 무언가 근거가 반드시 있을 터이다.

그걸 알 수 없다. 그러나 이런 추론은 할 수 있다.

인간의 액션(언어나 행동)은 의식을 전제로 하지만, 반드시 그 렇지만은 않다. 의식이 없어도 우뇌와 좌뇌에 관계없이, 가장 오 래되었다고 하는 파충류시대의 뇌―뇌간(腦幹), 소위 본능적 의사 로 그것이 행해지는 경우가 있다.

구로사와에게 〈자웅〉이 짧다고 지적받았을 때, 짧은 것은 작다 든지 약하다든지와 통하기 때문에, 3일 만에 썼다는 자괴감을, 우 뇌나 좌뇌와 관계없이, 뇌간의 본능이 지각하여, 순식간에 강해지 지 않으면 안 된다는 자기방어 의식이 움직여, 「라쇼몬」이라고 말 하게 한 것이 아닐까.

「라쇼몬」은 잘 알려진 아쿠타가와 류노스케의 대표작이다. 「덤 불 속」이나 〈자웅〉과 비교하여, 스케일이 크고 구성이 좋고, 풍격 이 있고 깊이도 있다. 따라서 「라쇼몬」과 연결되면, 작품 전체가 매우 힘이 있어진다. 이러한 생각으로 순간적인 본능이 움직인 것이 아닐까.

그렇다면 무리수가 두드러지지 않는다면 「라쇼몬」을 넣어 이 야기를 짜보는 편이, 〈자웅〉으로 일관하기보다도 작품이 힘이 있고 스케일이 커지지 않을까. 아니 눈에 띄지 않는 무리 따위는 있을 수 없다. 무리가 아니라, 그것을 필연으로 하는 형태로까지 이야기를 만들어 낼 필요가 있다.

아쿠타가와 류노스케의 「덤불 속」을 각본화한 〈자웅〉을 한 편의 영화로 하기 위해서는, 극중 인물인 가나자와노 다케히로와 마사고의 앞 이야기를 늘리는 것이 최선으로, 그 이외의 개작 따위는 있을 수 없다. 그러나 구로사와와의 약속도 있고, 게다가 그건 내 스스로 꺼낸 말이기도 하다.

'다시 써줄 수 있소?'

'예, 그렇게 하겠습니다.'

「라쇼몬」의 부조리가 「덤불 속」의 커다란 부조리로 발전하는, 이러한 기본형을 테마로 이야기를 만들어 나갔다. 「라쇼몬」의 하인이 다조마루의 전신이다.

성실한 하인이 구게의 저택에서 해고를 당한다.

정처 없는 교토에서의 방황. 기근, 질병, 황폐와 퇴폐, 행상들, 구경거리, 대낮부터 남자의 소매를 끌어당기는 여자, 난잡, 혼란, 떠들썩함, 싸움, 버려진 개조차 먹이를 구할 수 없다.

실질적인 작업에 착수하기로 마음을 정하자 이러저러한 영상이 떠올랐다.

피같이 새빨간 저녁노을, 시커멓고 거대하게 서 있는 라쇼몬, 시체의 머리털을 하나하나 뽑는 노파, 죽은 뱀을 건어라고 속여 파는 여자….

나는 문득 옆을 보았다. 옆에 앉아 있는 통로 쪽 회사원풍의 남자가 그물망에서 가방을 내려, 보고 있던 서류를 정리해 넣고 있다. 방금 전에 지나간 차장에게 나고야 도착시간을 확인했다. 나고야에서는 빈자리가 된다. 내 느낌으로는 새로 탈 승객은 없고, 교토나 오사카까지는 빈자리가 된다. 운이 좋다.

나고야부터 오사카까지 이야기의 근간인 큰 상자를 만들고, 오사카부터 히메지까지 세부적인 작은 상자를 끝내, 내일부터 본문을 쓰기 시작하자. 첫 장면은 밤의 라쇼몬… 아니 밤은 어두워서 촬영하기 힘들다. 저녁녘? 아니 비가 오는 장면도 풍취가 있어 좋은데, 그래도 역시 저녁녘이다.

　(F · I)

　○ 라쇼몬

　피 같은 저녁노을에 시커멓게 우뚝 서 있는 거대한 문.

"첫 장면은 저녁녘의 라쇼몬이다!"

각본 〈라쇼몬 이야기(羅生門物語)〉는 한 달 정도 걸려 완성되었다.

그러나 꼴사나운 실패작이었다. 이건 이타미에게 배우던 습작 시절에도 없던 심히 실패한 각본이다.

그 원인은 출연배우, 주역을 취급함에 있어서의 초보적인 실수이다. 다조마루가 첫 부분부터 등장하기 때문에 결정적인 주역이라는 인상이 강해지지만, 그는 「덤불 속」에서 자신의 연기를 끝내면 이야기 도중에서 사라져 버리기 때문에, 이후가 맥이 빠지고 애매해진다.

나는 쓰기 시작할 때부터 이야기가 뒤죽박죽이 되고 완성도가 매우 떨어질 것이라고 어느 정도 예상을 하고 있었다. 그래서 그다지 실망하지도 비관하지도 않았다.

구로사와에게는 구로사와의 독자적인 안— 내가 「라쇼몬」이라고 말을 꺼내기 이전에 갖고 있던 개정안—이 있을 터이고, 내 수정안이 좋지 않으면 당연히 구로사와의 개정안으로 결정될 것이다. 뻔한 일이다.

어쨌든 쓰고 있는 〈라쇼몬 이야기〉를 빨리 끝내, 이것이 실패작임을 구로사와에게 알리자. 그리고 대안으로 마사고와 다케히로의 앞 이야기를 늘린 시나리오에 대한 양해를 구해 그 작업에 착수하자.

하지만 좋지 않을 때에는 좋지 않은 일이 겹친다.

이전부터 있던 디스크가 허리가 아플 때는 어떻게든 참을 수 있었으나, 통증이 아래로 내려갈수록 심해져서, 무릎까지 왔을 때에는 더 이상 견딜 수 없었다. 회사 출근은 무리라서 쉬고, 시나리오는 어떻게든 집에서 쓰고 있었지만, 통증은 무릎에서 발목으로 내려가, 다 썼을 때에는 왼쪽 다리 엄지발가락의 극심한 통증으로 결국 걸을 수 없었다. 완성된 시나리오에 병세를 간략히 쓴 편지를 첨부하여, 아내를 통해 우편으로 도쿄에 보냈고, 오른쪽으로 누운 채로 한발자국도 움직일 수 없게 되었다.

도쿄의 영화예술협회 프로듀서 모토키 소지로로부터 연락이 왔다.

수정한 원고를 구로사와에게 보였더니, 구로사와는 고개를 저으면서 자신이 무언가 잘못된 제안을 한 모양이라고 했다. 하지만 거짓말… 그건 거짓말이다. 너무나도 작품의 완성도가 떨어져, 구로사와가 나를 감싸준 것이다. 만났을 때 제안 따위는 특별히 없었다.

구로사와가 최종 시나리오 작업에 들어가려 하는데 꼭 같이 작업하고 싶다고 한다. 그 후 몸 상태는 어떠한지, 상경이 무리라면 구로사와 혼자서 작업할 수밖에 없는데, 그 점을 양해해 달라는 연락이었다.

내 왼발 엄지발가락의 통증은 아주 이상했다.

오른쪽으로 계속 누워 있으면 아프지 않았지만, 누군가가 방에 들어와 발자국 소리가 다타미(疊)에 울리는 것만으로, 불에 달군 젓가락으로 찌르는 듯이 아프기 시작하였다. 나는 원망스러웠다. 슬펐다. 발만 이런 상태가 아니었다면 즉시 상경하여 구로사와와 만나, 마사고와 다케히로의 앞 이야기를 2주일 동안에…「덤불 속」자체는 건들지 않고 그대로 두니까, 2주일만 있으면 충분하다. 그 완성도를 보고 최종작업에 들어가자고 간절히 부탁하면, 구로사와도 납득해 주지 않을까. 하지만 이런 다리 상태로는 어쩔 도리가 없다.

밤낮의 구별이 없는 날이 20일 정도 이어졌다.

통증이 아주 조금 가라앉자, 대나무를 6척 정도로 잘라 만든 지팡이에 몸을 의지하여 화장실에 갈 수 있게 되었다. 누워 지내던 때와 비교하면 꽤 편해져서, 화장실에서 돌아오면 이불 속에 네 발로 기어 들어가, 오른쪽으로 누워 조금 쉰 뒤 멀거니 생각에 빠졌다.

구로사와는 도쿄에서 각본을 쓰고 있으려나. 아니 도쿄가 아니라, 하코네(箱根)나 아타미(熱海) 또는 이즈(伊豆)의 온천일지도 몰라. 어딘가 온천에 틀어박혀 최종 시나리오인 영화의 설계도를 쓰고 있겠지.

'시나리오가 영화의 설계도라면… 자와 컴퍼스가 필요하다!?'

아 그렇지, 그래. 그건 도쿄에서 돌아올 때 특급열차 '하토'의 차안이었다. 7년 전 공장의 설계과를 생각해 내고 예상치도 않은 강한 충격을 받았지만, 「라쇼몬」이 신경 쓰여 생각이 도중에서 끊기고 말았다. 그러나 자와 컴퍼스는 앞으로의 나에게는 소중한… 아니 아마도 평생 동안 중요한 것이기에, 이러한 때에라도 자기 나름의 생각을 정리해 두고 싶다.

그것은 잃어버린 시간에 대한 후회가 아니라 미래로 통하는 길이기도 하다.

내 습작에 대한 이타미의 의견에는 귀중한 점이 많고, 일생의 지표가 될 점도 꽤 많다. 하지만 그 반면 내가 이해할 수 없는, 조금 감정적이라 생각되는 꾸짖음도 많았다.

"시점(視點)은 어디야, 어디에 있냐고!" "시점이 혼동되고 있어!" "작가의 눈은 무엇을 보고 있냐고!" "인물상이 왜곡되어 있잖아!" "길어, 설명이 너무 길어!"

이러한 말들은 나에게는 소화불능이었고, 그러한 불만이 쌓여 가다가 사분오열하여 눈사태처럼 붕괴하기도 하였다.

이타미는 나의 작품을 '읽을거리'가 아니라, '영화의 설계도'로 본 것이다. 다양한 설계의 선(線)이 교차하여 형태를 만들어 내는 조형물로서 파악했다.

시나리오를 설계도의 청사진으로 치환한다면 그것은 일목요연하다.

설계도에 빠진 선, 애매모호한 선, 남는 선 등이 있다면, 딱 보아도 그 설계도는 의미가 없다. 이타미는 시나리오를 오랫동안 써오면서, 경험이 쌓이고 쌓여 감이랄까 요령과 같은 것이… 자기만의 자와 컴퍼스 같은 것이 자연히 몸에 배었던 것이 아닐까.

따라서 타인의 작품을 접했을 경우에는, 그 자와 컴퍼스가 순식간에 센서로서 작동하여, 뛰어난 것과 그렇지 않은 것을 명확히 구별하였고, 특히 결함이 있는 작품에는 필요함에도 불구하고 빠져 있는 부분이나, 명확치 않고 애매모호한 부분, 여분인 에피소드나 묘사 등도 한눈에 지적할 수 있었다.

『일본 영화』 지면에 연재되던 이타미의 시나리오 시평이 호평을 받았음은 물론이고, 그 평론 자체가 비교할 수 없는 명작으로 불려 대중들의 존경을 받고 일본 영화의 질적 향상에 이바지하였다고 평가받는 것은, 이러한 자와 컴퍼스가 바탕에 있었기 때문이다.[27]

동시에 명작이라 불리는 〈무호마쓰의 일생〉과 〈손을 잡는 아이들(手をつなぐ子ら)〉[28]의 정확하면서도 비할 데 없는 절제됨, 그

---

27) 이타미 만사쿠의 영화평론은 사위인 오에 겐자부로(大江健三郎)에 의해 편집되어 『이타미 만사쿠 에세이집(伊丹万作エッセイ集)』(筑摩叢書, 1971)으로 출간되었고, 최근에는 문고판(ちくま學藝文庫, 2010년)으로 재발간되기도 하였다.

28) 〈손을 잡는 아이들〉은 학교에 적응치 못하는 아이를 훈육해 가는 선생님의 이야기인, 다무라 이치지(田村一二)의 원작소설을 각색한 이타미 만사쿠의 유작 시나리오이다. 이를 이나가키 히로시 감독이 1948년 영화화하

것을 재능이라 부르면 끝이지만, 그 재능을 형태로 만들고 구사하는 기준치와 같은 것이 없었다면 완성될 수 없는 작품이고, 그러한 재능에 숨을 불어넣어 활성화시킬 수 있는 기준 수량치와 같은 것, 바로 그것이 요령이랄까 감이라 불리는 자와 컴퍼스가 아닐까.

'나에게도 언젠가는 그 자와 컴퍼스가 생기겠지.'

어쨌든 그것들을 얻기 위해서는 시나리오를 철저히 설계도로 써내려는, 강하고 깊은 의식, 해이해지지 않는 수련, 이러한 것들에 의해서만 습득할 가능성이 있다. 지금껏처럼 시나리오의 표면을 장식하고, 읽을거리로서의 재미에만 열을 올린다면, 나는 자나 컴퍼스와 영원히 연이 없다.

시나리오 작가를 목표로 하다가 탈락하여 소설가로 방향을 바꾸어 유명해진 사람이나, 현역 시나리오 작가로부터 소설가로 전환하여 대성공한 사람도 꽤 많다. 시나리오에서 탈락하여 소설로 성공한 사람은, 읽을거리로서의 재미에 이끌려 설계도라는 의식이 전무했기 때문이다. 시나리오 작가로부터 소설가로의 전환에는, 영화회사와의 알력이나 불화 등의 원인도 있겠지만, 설계도의 선을 긋는 끈기와 인내보다도, 다소의 잘잘못은 허용해 주는 읽을거리의 포용력, 그리고 정해진 틀… 순간의 템포가 어긋나거나 느슨해짐을 조금도 허용치 않는 시나리오에 비교하면, 그걸 어느 정도는 신경 쓰지 않는, 읽을거리의 느긋함과 안락에 안주할 땅을 찾

였고, 하니 스스무(羽仁進, 1928~) 감독이 1964년 다시 한 번 영화화하였다.

았다고도 할 수 있다. 앞으로도 이러한 예는 많을 것이다.

한편 소설가에서 시나리오 작가가 된 예는 하나도 없고, 앞으로도 그건 있을 수 없다. 이는 시나리오가 특별히 어렵다는 의미가 아니다. 소설은 읽을거리, 시나리오는 설계도라는, 각각 성질이 전혀 다른 생물이라는 점과 그리고 경제적인 문제, 시나리오로 돈을 벌기보다는 소설 쪽이 편하게 벌 수 있다는 점이 아닐까.

도쿄 신바시(新橋)에 있는 영화예술협회로부터 커다란 봉투에 담긴 우편물이 도착하였다.

구로사와가 쓴 최종 시나리오를 인쇄한 것으로, 프로듀서 모토키 소지로의 편지가 첨부되어 있었다. 나는 서둘러 편지보다도 먼저 시나리오를 손에 들었다. 표지를 보고 가슴이 철렁 내려앉았다. 〈라쇼몬〉. 〈라쇼몬〉은 내가 손대어 실패하였기에, 최종판은 당연히 구로사와가 이전부터 생각하던 독자적 수정안이라고 생각하고 있었는데, 의외로 제목이 나의 〈라쇼몬 이야기〉에서 '이야기'라는 글자를 싹둑 자른 〈라쇼몬〉이다.

나는 숨을 죽이고 페이지를 넘겨 〈라쇼몬〉을 읽기 시작했다.

게비이시 관청에서 돌아오다가, 시체를 발견한 나무꾼과, 야마시나로부터 세키야마로 가는 길에서 가나자와노 다케히로와 마사고를 만난 떠돌이 승려가, 소나기를 만나 라쇼몬에서 비를 피하고 있다. 거기에 불한당 같은 남자(하인)가 뛰어 들어온다. 나무꾼이 혼잣말로 "이상한 이야기다"라고 하자, 승려가 "믿을 수 없어"라고 말한다. 불한당이 "무슨 이야기야, 들려줘"라 하자, 나무꾼과 승려가 자신들이 경험하고, 게비이시 관청에서도 목격한 기묘한 사건, 「덤불 속」의 이야기가 시작한다.

꽤 훌륭한 첫 장면이라서 나도 모르게 신음이 흘러나왔다.

이러한 구성이라면 「덤불 속」이 통째로 그대로 들어간다.

관건은 자의 사용방법으로, 나는 「덤불 속」에 「라쇼몬」을 넣으려고 고심하여, 「덤불 속」에서 자를 「라쇼몬」에 대고 선을 그었다. 첫 장면은 「라쇼몬」이지만, 자의 선은 「덤불 속」에서 시작한다. 하지만 구로사와는 그 자를 거꾸로 사용하여, 「라쇼몬」에서 「덤불 속」으로 선을 그었다. 이렇게 하면 「라쇼몬」에 「덤불 속」이 그대로 자연스럽게 들어간다. 많은 작품을 다루어 보지 않으면 몸에 붙지 않았을, 상당히 수련된 역기술이다.

하지만 이러한 방법이라면 「라쇼몬」의 길이에 한계가 있기 때문에, 「덤불 속」을 어딘가에서 늘리지 않으면 안 된다.

시작은 좋다. 내용 전개도 나무랄 데 없고 모든 것이 잘 흘러간다. 그러나 마지막은 어떻게 되나? 나는 페이지를 빨리 넘겨 곧바로 마지막 부분을 펼쳤다. 하지만 바로 '이러면 안 돼'라고 생각을 고쳐, 읽고 있던 곳으로 돌아가, 다시 읽어 나가기 시작하였다.

시작도, 도중의 전개도, 클라이맥스까지의 고조도 이상적이다. 역시 구로사와 아키라다. 나 따위는 따라갈 수 없는, 착상과 실력의 차이를 질릴 정도로 알게 되었다. 그리고 클라이맥스에서는 원작에도, 내 각본에도 없던 에피소드가 삽입되었다.

그것은 나무꾼이 자신의 눈으로 본 이 사건의 진상으로—다조마루의 진술, 마사고의 참회, 다케히로의 영혼이 빙의한 무녀의 말, 이것들을 모두다 거짓으로 만드는, 이 사건의 진실—상당한 힘과 밀어붙이는 수완이 없으면 성립할 수 없는 특이한 상황이지만, 능수능란하게 써내어 「덤불 속」 그 자체를 늘렸다.

그러나 나무꾼의 진술로 인해 세 명의 거짓말이 선명히 드러나 이야기가 재미있어졌지만, 그 말과 행동에 그다지 차이가 보이지 않고, 특히 사건의 주안점인 가나자와노 다케히로의 죽음에 대해서는, 마사고의 부추김에 의해 결투하게 되어, 20여 번째에 다조마루의 칼이 다케히로의 가슴을 찌르기 때문에, 다조마루 자신의 진술과 중복한다. 그 때문에 이야기 전체가 조금 복잡하게 되어 부조리함은 남아 있지만, 진실은 알 수 없다는 테마로부터 인간이란 자기 좋도록 생각하는 존재라는 테마로 이행된 느낌이 든다.

그러나 그것들은 내용을 늘리기 위하여 어쩔 수 없었다고 할 수 있지만, 문제는 마지막 장면으로 거기서는 내가 읽기 시작할 때부터 예측하고 걱정하던 대로의 파탄이 기다리고 있었다.

「덤불 속」 이야기가 끝나면, 라쇼몬에 버려진 아기가 울기 시작한다. 버려진 아기를 발견한 불한당이 아기에게 입혀 놓은 옷에 손대려고 하자, 나무꾼과 승려가 당황하며 제지한다. 하지만 불한당은 가차 없이 옷을 빼앗아, 비가 그치려 하는 라쇼몬 밖으로 사라져 버린다.

승려가 속옷만 입고 울고 있는 아기를 안아 올리자, 나무꾼이 머뭇머뭇 손을 내민다. 승려는 화를 내며 "너는 이 아이의 속옷마저 빼앗으려 하느냐"고 말하자, 나무꾼은 고개를 강하게 내젓는다. "나에게는 아이가 여섯 있다. 여섯 키우나 일곱 키우나 마찬가지다." 승려는 자신의 실언을 사과하고 아이를 나무꾼에게 건넨다. 비를 피하는 라쇼몬에서 구원 없는 「덤불 속」 이야기 때문에 인간 불신에 빠졌던 나무꾼은, 이 아기는 자신이 키우겠다고 꽉 껴안으며, 때마침 비가 그쳐 석양이 비치는 라쇼몬으로부터 떠나간다.

이 마지막 장면이 난데없다.

승려는 말할 것도 없고, 진상을 알고 있는 나무꾼도 결국은 방관자일 뿐이라서, 그들에게 드라마를 기대할 수는 없다. 「덤불 속」에서 드라마를 가지는 것은, 다조마루, 다케히로, 마사고 세 명뿐이다. 다케히로의 영혼이 빙의한 무녀가 "나는… 깊고 어두운 암흑의 바닥으로, 계속해서… 계속해서"라고 말하고 흰 모래밭에서 쓰러지는 장면에서 드라마는 끝난다. 그러나 그것이 현실형이 아니라 방관자들에 의한 회상이라면, 거기서 말끔히 끝낼 수는 없고 당연히 드라마가 끝난 후에도 이야기가 이어지지 않으면 안 된다.

나무꾼이 새로이 진실을 말했다 하여도 결과는 마찬가지로, 끝난 후의 이야기를 설정하지 않으면 안 된다. 그러나 방관자인 그들에게는 부여할 드라마가 없기에, 새로이 무언가를 덧붙여도 임시변통일 뿐 난데없기는 마찬가지이다.

시작도 좋고 중간도 꽤 재미있어 점점 이야기 속으로 빨려 들어가 고조된다. 하지만 마지막 순간에 도달하여 갑자기 예상치도 못한 전개에 김이 빠진다.

나는 모토키 소지로가 쓴 편지를 읽었다.

최종 시나리오가 완성되어 우송합니다. 내용에 대해서 구로사와가 당신의 견해를 강력히 듣고 싶어 하기 때문에, 다리 상태가 좋아지는 대로 상경하여, 구로사와와 만나 당신이 직접 구로사와에게 기탄없는 의견을 말해 주십시오. 잘 부탁드립니다.

3일간 생각했다. 그러나 결론이 나지 않았다.

그리고 일주일 정도 더 생각하고 나서, 나는 아버지에게 부탁을 하였다.

"아버지, 덤불숲에 가서 대나무 좀 잘라다 주세요. 지팡이 하게요."

"지팡이? 길이는?"

"6척 정도… 대나무 마디가 두드러지니까 갈아서요."

"회사에 가니?"

나는 끄덕였다.

"그리고 잠깐 도쿄에도요."

"도쿄?"

최종 시나리오에 대한 결론이 그렇게 간단히 날 리가 없었다.

내 나름대로 마지막 장면을 이것저것 생각하여 수정을 해보았지만, 적절한 것은 없다. 기본적으로 드라마를 부여하기에 무리인 방관자들이기 때문에, 완성도 있는 설정 따위는 있을 리가 없고, 오히려 현재의 형태(버려진 아기 에피소드)가 짧고 깔끔했다. 만약 이 이상으로 길이를 늘려 마지막 장면을 수정하려 한다면, 「라쇼몬」에서 「덤불 속」을 회상하는 형식, 이 최종 시나리오 전체의 상황 설정에 대한 부정이 된다.

깔끔한 마무리를 생각한다면, 다케히로의 영혼이 빙의한 무녀가 쓰러지는 장면으로 끝나는 것이 이상적으로, 이를 위해서는 마사고와 다케히로의 앞부분을 늘리는 수밖에 없다.

이 앞부분은 쓰지 않았기에 뭐라고 말할 수는 없지만, 적어도 이야기가 정돈되어 산뜻해짐은 틀림없다. 제목도 〈자웅〉으로는 너무 딱 들어맞으므로, 원제인 〈덤불 속〉으로 돌리는 편이 적절하다.

관건은 구로사와에게 〈라쇼몬〉에서의 회상 형식은 불가피하게 마지막에 흠이 생기고, 그것이 어느 정도까지 영화에 영향을 미칠지 모르기 때문에, 마사고와 다케히로의 앞 이야기를 늘리는 것도 해 볼 필요가 있지 않을까라고 제안할지 말지이다. 그 제안을 주저하게 하는 이유는 이야기를 늘린 새로운 〈덤불 속〉이 산뜻하게 정리는 되지만, 〈라쇼몬〉에 비하면 스케일이 작고 인상이 강하지 않기 때문이다. 싸우다가 생긴 상처는 남자의 훈장이라는 말이 있듯이, 마지막 장면에 흠이 있어도 〈라쇼몬〉 쪽이 훨씬 박력이 있고, 눈에 보이지 않는 무언가가 달려드는 듯한 위압감이 있다.

나는 어찌해야 좋을지 몰라, 양자택일을 고민하는 나날이 계속되었다.

어느 날 문득 생각했다. 이제까지는 전혀 생각지 못했던 구로사와의 최초의 안이다. 구로사와는 나와 만나기 전에 어떤 개정안을 준비했을까. 아마도 그라면 마지막에 흠이 없으면서 독창적이고, 이야기의 전후에도 모순이 없는 수미일관된 안을 가지고 있었을 터이다. 그것이 나의 입에서 무작위로, 그것도 무책임하게 튀어나온 「라쇼몬」을 들은 순간에… 나는 퍼뜩 이불을 걷어찼다.

엉거주춤하며 일어났다. 화장실용 지팡이를 짚고 현관까지 가서, 왼발에는 짚신을 신고, 오른발에는 나막신을 신고, 배에서 물 밑으로 삿대질하는 뱃사람처럼 대나무지팡이에 기대어 걷기 시작했다. 걸을 수 있다… 밝은 집밖으로 나갔다. 걸을 수 있다, 이 정도면 도쿄에 갈 수 있다. 호기심어린 눈으로 보는 지나가는 사람들을 무시하고, 이치카와의 다리 위까지 갔다. 수면을 보고, 하늘의 하얀 구름을 보았다. 목 깊은 곳에서 무심코 신음 같은 소리가 흘러나왔다.

'알겠다… 구로사와 아키라라는 남자를!'

그에게는 절대로 흔들리지 않는 자신만의 복안(服案)이 있었다. 하지만 내가, 아니 내 본능의 뇌간이 「라쇼몬」이라고 말한 때— 뭔가가 번뜩인 것이다. 그는 순간적으로 누구도 굽힐 수 없는 자신의 의지와 강인한 자기주장도 순간 던져 버리고, 그 번뜩임을 놓치지 않은 것이다. 번뜩임을 잡기 위해서는 다른 모든 것 일체를… 그 결과 발생하는 상처 따위는 문제가 되지 않는다.

내가 그의 자질을 전부 안 것은 아니었다. 하지만 그 가장 중요한 부분이 클로즈업되어 선명해졌다.

구로사와 아키라라는 남자, 그는 번뜩임을 놓치지 않는 남자다.

아버지가 만들어 준 대나무 지팡이는 감촉이 좋았다.

마디 전부를 도끼로 깎아 내고 줄로 갈고 나서, 사포로 부드럽게 만들었다.

하지만 길이가 6척이라 반탄선 열차 안에서 사람들이 호기심어린 눈으로 쳐다보았다.

시모노세키(下關) 출발 도쿄행 특급열차의 2등칸을 큰맘 먹고 샀다. 지나가는 차장이 발을 멈추고 흘끔 지팡이를 보았다. 나는 기선을 제압하기 위해 먼저 말을 걸었다.

"발이 안 좋아요. 보통 지팡이는 안 되고, 이게 있어야 걸을 수 있어요."

도쿄에 도착하자 오카치마치의 회사 출장소에 묵고, 다음날 오전 중에 오다큐선 고마에역에 가까운 구로사와의 집을 찾았다. 구로사와는 마침 집에 있어, 부인과 함께 현관까지 마중 나와 주었다. 내가 신발장 옆에 둔 지팡이를, 구로사와는 슬쩍 보고는 눈을 돌렸지만, 부인 기요코는 신기한 듯이 눈을 말똥말똥 뜨고는 쳐다보았다.

넓은 응접실로 안내되어 구로사와와 마주하자, 나는 최종 시나리오에 대한 의견을 말했다. 구로사와는 지그시 눈을 감고, 숨을 죽이고 있었다. 내가 말을 끝내자 얼굴을 조금 들어 빙그레 웃었다. 그리고 다음 순간에 큰소리로 웃기 시작하였다.

오카치마치의 회사 출장소에 돌아와 영업회의에 참석하고, 다음날은 거래처 은행의 본점 중역과 만나 회사 업무를 끝냈다. 다음날은 특급열차를 타기 전에 신바시의 영화예술협회를 찾았다.

"어! 하시모토 군, 수고가 많아, 이쪽, 이쪽!"

프로듀서 모토키 소지로가 의자에서 튕겨 나오듯이 일어나 손짓을 하였다.

영화계를 이끌어 가는 프로듀서인 모토키 소지로는 체구가 작지만, 목소리가 크고 붙임성이 좋았다. 내가 소파에 앉기를 기다렸다는 듯이, "구로사와와 만났다면서, 들었네."

모토키 소지로가 구로사와의 어조와 목소리가 되었다.

"하시모토가 와서 말이야, 각본에 대한 의견을 말했어. 이런 느낌이었어… 스모 경기장에 말이야, 스모 선수가 아니라, 들개가

있어. 아니 늑대야, 늑대… 네 다리로 버티면서 번개 같은 눈으로
노려보면서… 뭔가 엄청나고 거대한 무언가에 당장이라도 달려
들려는 것 같았어, 하하하."

하지만 그 웃음소리가 구로사와로는 이어지지 않고, 모토키 소
지로 본인의 목소리가 되었다.

"큭, 큭, 큭, 큭, 큭."

영화 〈라쇼몬〉이 이탈리아 베니스 국제영화제에서, 일본 영화로
서는 처음으로 금사자상(그랑프리)을 수상하여, 패전으로 희망을
잃고 기력 없는 많은 이들에게 한줄기 빛을 던져준 것은, 그로부터
1년 반 뒤인 1951년 9월의 일이었다.

〈살다(生きる)〉

구로사와는 불가사의한 인물이다. 〈라쇼몬〉 개봉은 1950년 8월
이었고, 그로부터 1년이 지난 다음해 가을의 어느 날이었다.

"하시모토 군… 자네 하숙집이 정해졌어."

나는 구로사와에게 하숙집 상담을 하거나 부탁한 기억이 없다.
하지만 구로사와는 부인 기요코와 상의하여 부부가 함께 일방적
으로 정한 것이다. 하숙은 세타가야(世田谷)구 소시가야(祖師谷)…
오다큐선의 소시가야오쿠라(祖師ケ谷大藏)역으로부터 6, 7분 거리
의 니시무라라는 사람의 집이다. 니시무라는 조선에서 탄광 경영
을 하다가, 확대되는 중일전쟁을 걱정하여 재산을 정리하고 일본

으로 돌아온 자산가로, 부부 사이에는 과년한 도미코라는 딸이 있어, 그녀가 구로사와의 부인 기요코와 동년배로 친한 친구였던 모양이다.

나의 도쿄에서의 주거는 변함없이 다이토구 오카치마치에 있는 회사의 도쿄출장소였다. 그러나 그해 봄에 회사를 그만두었기 때문에 어찌되었든 그곳을 나오지 않으면 안 되었지만, 그걸 딱히 문제 삼는 이도 없고 3식을 제공하는 방이 있으니 편하게 털썩 주저앉아 있는 형세였다. 그러나 새로이 식사도 주는 하숙이 정해졌기에 매듭을 짓고, 세타가야구 소시가야의 니시무라 집 2층으로 이사하였다.

나에게 이러한 환경 변화의 영향은 컸다.

쇼와도오리에 면하여 끊임없는 전동차와 자동차의 소음이 들렸던 도쿄출장소와 비교하면, 세타가야구의 주택가는 쥐죽은 듯 고요하여, 글을 쓰는 환경으로는 이보다 마땅한 곳이 없다. 니시무라 집 부지는 약 400평으로, 정원은 넓은 잔디밭으로 지쳤을 때 2층에서 내려와 휴식하였다. 이곳이라면 다음 작업이 정해져도 여관에 틀어박힐 필요가 없고, 이 하숙에서 쓸 수 있다.

나는 이 해, 신토호에서 〈히라테 미키(平手造酒)〉(1951)라는 각본을 썼다.

이전에 사에키의 주선으로 신토호 촬영소장 다케이와 만나 무언가 작업을 하자고 약속을 하였다. 그러나 구로사와와의 〈라쇼몬〉이 있었고, 게다가 내가 아직 회사원이라서 스케줄이 자유롭지 않아 미루고 있다가, 회사를 그만두었기에 시간적인 여유가 생겨 일을 맡았다. 〈히라테 미키〉의 원작은 나카야마 기슈(中

山義秀), 감독은 나미키 교타로(並木鏡太郎), 주연은 야마무라 소(山村聰)로, 완성도가 높고 평판도 좋았다.[29] 영화 개봉과 동시에 두세 곳의 영화회사로부터 각본 의뢰가 들어와, 그중에는 편수 계약을 하자는 열의를 보인 곳도 있었고, 토호가 특히 적극적이었다. 작년 〈라쇼몬〉이 개봉된 때에는 어느 곳에서도 일하자는 이야기가 없는 깜깜무소식이었던 것과 비교하면, 어마어마한 차이였다.

구로사와 작품으로 구로사와와 함께 이름을 올린 각본가는, 업계와 언론으로부터도 무시당하여, 그다지 보상받지 못하는 게 아닐까. 아니면 구로사와 작품의 각본은 항상 공동각본으로 구로사와와 누군가의 이름이 같이 기재되지만, 나에게는 작가 데뷔작이라서 어디서 굴러들어 온 녀석인지도 모르고, 게다가 과거의 작품 실적이 전무하기 때문에, 작품에 어느 정도 기여했는지에 대해서는 참작할 만한 예비지식이 일체 없었을지 모른다.

소시가야의 니시무라 집 생활은 나날이 평온하여 나무랄 바가 없었다.

하지만 나에게는 단 하나 불만이 있었다. 그건 '경륜(競輪)'에 갈 수 없다는 점이다. 나는 내기를 좋아하는 경륜 팬, 아니 팬의 범위를 일탈한 경륜광이다. 오카치마치의 도쿄출장소는 그러한

---

29) 히라테 미키(?~1844)는 에도 후기의 실존검객으로, 『덴포 수호전(天保水滸傳)』에 등장하는 인기 있는 캐릭터이다. 그가 등장하는 수많은 영화와 TV드라마가 만들어졌다. 나카야마 기슈(1900~1969)는 소설가로서, 역사소설을 대상으로 한, 그의 이름을 딴 '나카야마 기슈 문학상'이 있다.

점에서 최적의 장소였다. 아침식사를 해치우고 역으로 가서, 경륜 신문을 산다. 고라쿠엔(後樂園)에서 시합이 있으면 고라쿠엔 한 곳으로 충분하지만, 그곳에서 시합이 없는 경우에는, 가와사키, 하나즈키(花月), 게이오카쿠(京王閣), 세이부엔(西武園), 마쓰도(松戶), 오미야(大宮) 등의 후보지 중에서, 서너 경기장의 신문을 사서 돌아와, 출장소 2층에서 갈 곳을 정한다.

찾는 것은 제9레이스로, 어디가 가장 노려볼 만한지를 검토한다. 갈 곳이 정해지면 제9레이스 이외에도, 제7, 제8레이스도 고른 뒤 출발하여, 하루 10레이스 중에 세 레이스만 돈을 걸고, 다른 레이스는 100엔 권 한 장도 사지 않고 보기만 한다.

그러나 이는 쉽지 않다. 경륜장 전체가 도박꾼들의 열광의 도가니가 되는 속에서, 아무것도 사지 않고 보고만 있는 억제력, 이건 지극히 어려운 기술이다. 침착 냉정하여 자기 자신을 잃지 않는, 강한 금욕주의적 자세가 필요하다. 그리고 자신이 정한 레이스를 기다려, 정한 대로만 돈을 건다.

대부분은 예상과는 반대로 나오지만, 그러나 네댓 번 중에 한 번 맞히면 원금이 바닥나는 일은 없다. 돌아오는 전동차 안에서는 절실히 생각한다. 만약 내 인생에 대하여 긍정적으로 생각하는 것—내가 내 자신을 칭찬해 주고 싶은 충실한 때가 있다고 한다면, 그건 일생에 어느 한 시기일지 몰라도, 오카치마치의 도쿄 출장소를 근거로 했던 경륜광 시절이 아닐까.

하지만 세타가야구의 소시가야는 경륜을 가기에는 지극히 불편하였다.

오다큐선에 경륜장은 한 곳도 없고, 어딜 가도 매우 불편하다.

게다가 니시무라 집 사람들에게 "경륜에 갔다 오겠습니다"라고 말하기는 힘들다. 영화를 보러 간다고 속이는 것도 가능하지만, 그런 거짓말까지 하면서 나가는 것은, 몰래 즐기는 유희이지 승부가 아니다. 내기란 이기느냐 지느냐의 진검승부, 승리를 기원하며 배웅하는 정도가 아니라면 의미가 없다.

그래서 니시무라 집에서의 무료함을 이기기 위해서는 도박장이 아니라, 훌쩍 평상복차림에 나막신을 신고 산보에 나섰다. 가는 곳은 촬영소이다. 신토호의 촬영소도 토호의 촬영소도 벅차지 않은 거리에 있어, 가면 누군가와 적당한 시간 동안 수다를 떨 수 있다. 구로사와가 니시무라 집을 내 하숙으로 고른 것은, 글을 쓰는 환경도 좋을 뿐더러, 촬영소에 가까웠기 때문일지 모른다.

내가 평상복차림으로, 나막신을 신고 토호의 촬영소를 걷고 있자니, 본관 앞 분수 옆에 단역보다도 한 클래스 위의 여배우들이 대여섯 명 모여 와자지껄 이야기하고 있었다. 한 명 한 명이면 숙녀지만, 이 정도로 모여 있으면 거리낌 없이 떠들어댄다. 내 옷차림과 오동나무 나막신이 튀었다.

"어라, 누구지? 배우가 아니네."

"그래, 단역에도 저런 사람 없는데."

"나 알아… 시나리오 작가야."

"시나리오 작가?"

"전에 신문에 나왔어. 혜성처럼 등장한 신예작가… 신토호에서 〈히라테 미키〉를 쓴 하시모토 시노부야."

"그래?… 저 사람이 〈히라테 미키〉를 쓴 하시모토 시노부야?"

나는 가볍게 왼손을 올리면서 그녀들 앞을 지나갔다. 그녀들도

"와" 하는 소리를 내며 일제히 손을 흔들어 주었다. 기분 나쁘지 않았다. 기분이 좋았다. 하지만 마음속에서는 조금 투덜거리고 있었다.

'누님들, 적어도 〈라쇼몬〉의 '라' 정도는 말해 줘. 〈히라데 미키〉의 열 배, 스무 배, 아니 백 배나 더 고생했단 말이야.'

그러던 어느 날, 구로사와가 연락도 없이 니시무라 집으로 찾아왔다.

부인이 알려줘서 2층에서 내려오자, 구로사와는 현관에서 신발을 벗고 있었다. 아는 사이인 듯한 부인이, "모두 잘 계시죠" 등의 인사말을 계속하면서, 2층이 아니라 정원을 바라보는 1층의 응접실로 안내하였기에, 나도 함께 따라 들어갔다.

구로사와는 커다란 자단(紫檀) 탁자를 사이에 두고 나에게 말을 꺼냈다.

"하시모토 군, 다음 작업에는 오구니 히데오(小國英雄)[30]도 함께하려고 생각해."

나는 내심 놀랐지만, 아무렇지도 않다는 얼굴로, 반대가 없음을 끄덕여 알렸다.

"만난 적은 없을지 몰라도, 이름 정도는 알고 있겠지?"

"네, 알고 있습니다."

---

30) 오구니 히데오(1904~1996)는 1933년 각본가로 데뷔하여 초기에는 주로 코믹한 영화로 이름을 날리다가, 1940년에 대성공을 거둔 이향란(李香蘭) 주연의 〈지나의 밤(支那の夜)〉의 각본을 썼다. 평생 300편 이상의 각본에 참여했다고 한다.

알고 있는 정도가 아니라 바로 얼마 전, 이 오구니 히데오의 이름 때문에 생각지도 않은 해프닝이 있었다. 장소는 신토호의 출입문 수위실 옆의 카페에서, 나는 프로듀서인 다케나카와 함께였다. 〈히라테 미키〉의 각본료를 정하기 위해서였다.

　"덕분에 시사회도 절찬리에 끝났습니다. 그래서 말입니다만 각본료를 얼마로 하면 좋으시겠습니까?"

　하지만 나는 짐작이 가지 않았다. 시나리오작가협회라는 것이 있어, 영화회사와 단체협정을 맺어, 각본료는 10만 엔 이하는 안 된다는 조항을 만들었다. 신인작가의 경우도 이 시스템이 적용되어, 〈라쇼몬〉은 10만 엔이었다. 신인은 모두 10만 엔이지만, 나는 두 편째였기에 10만 엔일 리는 없다. 그러나 그 이상이라면 어느 정도인지는 전혀 짐작이 가지 않는다. 나는 혹시나 해서 다케나카에게 물어 보았다.

　"지금 일본에서 가장 높은 각본료를 받는 사람은 뭐라는 사람이고, 어느 정도의 각본료를 받고 있는지요?"

　"글쎄, 가장 높은 것은 오구니 히데오 정도로, 그의 경우에는 한 편당, 50만 엔은 각오하지 않으면 써주지 않지요."

　"한 편에 50만 엔?"

　나는 경악하였다. 두 편 쓰면 집 한 채를 살 수 있다. 이건 아찔할 정도의 천문학적인 숫자이다.

　"그럼 저도 오구니 씨와 똑같은 대우를 해주었으면 좋겠어요."

　다음 순간 눈앞에서 남색 박쥐가 날갯짓을 하였다. 나는 너무나 놀랐다. 남색 양복을 입은 다케나카가 벌떡 일어나 양손을 설레설레 흔들어대었던 것이다. 내가 큰 박쥐의 간을 떨어지게…

아니 다케나카가 그 정도로까지 놀란 것은, 내가 영화계의 상식 밖의 뭔가 터무니없는 말을 했기 때문인지 모른다. 나는 당황하였다. 허둥지둥 내 말을 정정하였다.

"저는… 그 오구니 히데오라는 사람의 절반… 절반으로 됩니다!"

각본료는 그 후 시간이 지나, 결국 30만 엔으로 결정되었다.

사정은 나중에 알았지만, 다케나카는 신인작가의 두 번째 작품은 10만 엔이 시세지만, 뜻밖에 완성도 높은 각본이고, 회사의 기획부도 각본료는 종래의 관습에 따르지 않고 과감한 예산으로 갈 방침이라, 15만 엔 내지 20만 엔까지를 준비하였다고 한다. 영화 한 편에 20만 엔은 쟁쟁한 중견작가의 가격이다. 그 정도까지 회사나 프로듀서가 각오를 하고 있었던 것이다.

그런데 내가 오구니 히데오와 같은 50만 엔이라고 말했으니 경악하는 것도 당연하여, 박쥐처럼 행동한 것도 무리가 아니었다. 다케나카의 눈에는 내가 으스스한 무서운 괴물로 보였을 터이다.

뜻하지 않은 30만 엔의 각본료는 실로 고마웠다. 각본료는 각본가의 서열의 상징이기도 하여, 갑자기 신인과 중견급을 뛰어넘어 정상급의 거물 시나리오 작가로 올라선 것이다. 이든저든 천문학적인 각본료를 받는 오구니 히데오의 덕택이다. 하지만 이 각본료 건은 구로사와에게 전혀 내색도 하지 않았다.

"오구니는, 나보다 선배지만 우리들과는 전혀 스타일이 다른 작가야."

구로사와는 말을 이었다.

"특히 하시모토 군과는 모든 게 정반대로, 하시모토 군이 갖고 있지 않은 것을 전부 갖고 있어. 함께 작업을 하면, 자네도 큰 공부가 되리라고 생각해. 여기에서 오구니의 집이 그렇게 멀지 않으니, 가까운 시일 내에 내가 데려와서 인사시키지."

나는 그건 아니라고 생각했다. 구로사와 집으로 오구니가 오고 나도 가서 대면한다든지, 구로사와가 나를 데리고 오구니 집으로 가서 인사를 하는 게 사리에 맞는다고 생각하였다. 그러나 구로사와는 벌써 일어나고 있다. 자기가 말하고 싶은 말을 하면 그걸로 끝이다.

구로사와는 현관에서 신발을 신고 나에게 확인하였다.

"가까운 시일 내에 오구니를 데리고 올게."

구로사와가 돌아가자, 나는 2층으로 올라가 내 방에 들어갔다.

'일부러 고마에서 전철 타고 올 필요까지 없었는데.'

구로사와가 스케줄을 비워 놓으라고 해서 일이 없다. 작업을 시작하면 회의로 몇 번이고 만날 테고, 오구니 건은 그때에 말하면 되지 않을까. 그뿐만이 아니라, 오구니 히데오를 이곳에 데려와서 인사… 맞선도 아닌데, 어째서 그런 일을. 얼굴을 마주하는 일이 무슨 의미가 있지? 만약 내가 오구니 히데오를 만난다고 한다면, 선물용 과자 상자 하나 정도는 들고서 인사가는 것이 예의다.

그건 그렇고 나에게 행운을 가져다 준 오구니는 도대체 어떤 사람이지? 신토호의 다케나카로부터 이름과 각본료를 들은 순간에 나는 콧수염을 느꼈다. 콧수염을 기른 사람… 이는 이타미를 연상해서 오는 느낌으로, 이타미처럼 코밑수염이 아니라 꼿꼿이 뻗은 팔자(八字)형 수염, 얼굴 생김새는 왠지 나쓰메 소세키를 닮았고, 키는 육척 가까운 거구로, 의연하고 늠름하여 위엄이 있고,

때로는 안광이 빛나 주위를 내려다보는… 여하튼 일본에서 가장 비싼 각본료를 받는 대선생이다.

그로부터 4, 5일 지나 구로사와로부터 좀 있다 오구니를 데리고 가겠다는 전화가 걸려왔다. 나는 찾아온 둘을 현관에서 맞이하였다.

나는 눈을 크게 떴다. 오구니 히데오는 구로사와의 등 뒤에 있었기 때문에, 처음에는 구로사와의 커다란 몸집 뒤라서 보이지 않았지만, 구로사와가 현관으로 들어오자 드디어 그의 얼굴과 모습이 나타났다. 작은 몸집에 땅딸한 아저씨, 수염 따위는 어디에도 없고, 나의 상상과는 정반대의 수수한 느낌이다. 나는 이때처럼 상상력의 빈곤과 엉성함을 뼈저리게 느낀 적이 없다.

니시무라 집의 응접실에서 구로사와와 오구니가 나란히 앉고, 커다란 자단 탁자를 사이에 두고 내가 앉자, 구로사와가 둘을 소개하였다.

"하시모토 군, 오구니 히데오일세… 오구니, 이쪽이 하시모토 시노부이네."

오구니와 내가 서로 꾸벅 고개를 숙이고, 나는 한마디 "잘 부탁합니다"를 덧붙였다.

인사가 끝나기를 기다렸다는 듯, 구로사와가 다리를 편하게 하며 오구니에게 말을 걸었다. 오는 도중에 나누던 이야기 같았다.

"두 점 모두 뎃사이(鐵齋)의 붉은 그림이라고?"

"붉다고 하기보다는 주황색에 가까워." 오구니는 책상다리로 고쳐 앉고 눈을 가늘게 뜨며 "뭐랄까 그 색은… 실로 뭐라 표현할 수 없어."

화제는 오구니가 소장하고 있는 도미오카 뎃사이(富岡鐵齋)[31]의 그림에 관한 것 같았다.

"그런데 오구니, 붉은 그림이라면 뎃사이의 80세 때의 작품이라 천문학적인 가격이야."

"그렇지. 다음에 우리 집에 오면 보여 줄게. 우리 집 가보야. 가족에게도 화재가 나면 가장 먼저 가지고 나가라고 일러두었어."

구로사와의 얼굴이 조금 상기되며 부러워하는 눈빛이었다.

"옛날 영화계는 좋았어. 각본료나 감독료로 뎃사이의 그림을 살 수 있었으니까."

"뭐, 옛날 영화는 풍류를 아는 이들의 여흥이었지. 시나리오 작가도 감독도 그랬어. 그러나 세상이 야박해져 시나리오 작가도 최근에는 크게 변했어. 풍류에서 고급 월급쟁이로 말이야… 회사원이지 뭐."

"오구니에게는 변함없이 제자라 할 사람이 많나?"

"응, 고참들이 그만두지 않으니 인원수가 늘어서 지금은 스무 명이 넘어."

나는 놀라서 오구니를 보았다. 과연 천하의 오구니 히데오, 문하생만으로 20명을 넘는다니.

"그러나 열 명 정도는 괜찮은데, 스물을 넘어 서른 가까이 되니까, 각각 파벌을 만들어서 서로 으르렁거리고 다투어. 인원수가 많은 건 좋은 일이 아니야."

31) 도미오카 뎃사이(1837~1924)는 유학자 겸 문인화가로 유명하다.

라 말하고 오구니는 나를 보았다.

"그런데 하시모토 군, 자네의 시나리오는 독학인가, 아니면 누군가의 밑에서 공부했는가?"

"선생님이 있었습니다."

"누구지?"

"이타미 만사쿠 선생님입니다."

오구니는 의아한 얼굴을 지었다.

"이타미 만사쿠? 만사쿠는 제자를 받지 않은 걸로 유명한데… 제자가 있었나?"

"저 말고는 아무도 없었습니다."

"아하, 그러면 자네는 만사쿠가 이 세상에 남긴, 단 한 명의 제자이군."

순간이지만 오구니 히데오의 표정에서 장난기가 사라지며 눈동자가 반짝 빛났다.

구로사와에게 불려 그의 집으로 간 것은 3일 후였다.

넓은 응접실에서 탁자를 사이에 두고, 나는 노트를 펼쳐 놓고 구로사와와 마주했다.

구로사와는 반으로 자른 갱지에 연필로 글을 쓰고 있었다. 각본을 쓸 때, 구로사와는 원고용지를 사용치 않고 갱지를 반으로 잘라, 이십 자씩 열 줄로 200자 원고지 한 장 분량을 썼다. 나는 원고용지에서도 글자가 비뚤어지거나 칸에서 벗어나기도 하지만, 구로사와는 칸이 없는 흰 종이에서도, 이십 자씩 열 줄로 깔끔히 써낸다. 시나리오 습작시절에 원고용지를 살 돈이 없어 갱지를 썼고, 그것이 습관이 되었을지도… 아니 그는 원래 화가 지망으로 캔버스에 그리는 것에 익숙해, 흰 종이에서 오히려 제약 없이 자유로운 발상이 나오는지도 모른다. 시나리오는 글로 쓰는 그림이기도 하기 때문이다.

구로사와는 3B 연필로 갱지 한가운데에 한 자 한 자 써내려갔다.

앞으로 75일밖에 살지 못하는 남자.

갱지를 돌려 나에게 보였다. 나는 확인을 위해 손에 들고 다시 읽었다.

앞으로 75일밖에 살지 못하는 남자.

"이게 테마야."
나는 끄덕였다.
"그 테마로부터 절대로 벗어나지 않도록."
나는 말없이 끄덕였다.
"직업은 뭐든지 좋아."
"직업은 뭐든지 좋다고요?"
"응, 장관이라도 좋고, 거지라도 좋아, 야쿠자나 도둑도 괜찮아. 여하튼 뭐든지 좋아."
나는 좀 생각하고 나서 말했다.
"야쿠자도 재미있지만 안 되겠네요. 〈주정뱅이 천사〉가 있으니까요."

구로사와는 쓴웃음을 지었다.

"그렇군. 야쿠자는 안 되겠네. 야쿠자 이외라면 뭐라도… 어쨌든 그 남자의 직업을 정할 것. 그 후는 간단한 스토리, 간단해도 괜찮아. 원고지 두 장이나 세 장 정도로 써 봐."

구로사와는 덧붙였다. 스토리는 큰 틀로 괜찮다. 상세히 써도 나중에 어떻게 될지 모르니, 고생해서 써도 의미가 없다. 그리고 테마에는 스토리 그대로인 것도 있지만, 스토리의 대강을 보여 주거나, 중요한 부분을 점하고 있는 경우도 많다. 그러니까 테마와 스토리를 나누지 말고, 테마 및 스토리를 하나로 생각하면 된다.

"관건은 테마를 확실히 형태가 보이게 만드는 것이야… 말이 많을 필요가 없어. 말이 많아지면 표현이 아니라 설명이 되거든. 그러니까 내 작품의 테마는 어느 것도 한마디로 말할 수 있게 설정해 왔고, 이제부터도 그렇게 할 작정이야."

무언가를 선언하는 듯한 어조였다. 하지만 그건 이타미가 〈무호마쓰의 일생〉에서 보인 테마 설정의 형식을 그대로 답습한 것이었다. 이타미의 가르침을 충실히, 가장 정확히 실증하고 있는 것이 구로사와일지 모른다.

나는 메모를 하고, 얼굴을 들어 구로사와를 보았다.

"테마는 앞으로 75일밖에 살지 못하는 남자… 우선 이 남자의 직업을 정한다… 이 후는 간단한 스토리를 만들라는 말이죠."

니시무라 집 2층에서 나는 작업을 시작하였다.

앞으로 75일밖에 살지 못하는 남자의 직업은 비교적 간단히 정해졌다. 처음에는 니시무라 집에서 두꺼운 전화부를 빌려, 눈에 띄는 직업을 찾아 메모했지만, 모래밭에서 다이아몬드를 찾는 듯한 헛된 작업이었다.

하지만 이를 계속하는 동안 이 남자의 흐리멍덩한 윤곽이 떠올랐다가 사라지고, 이를 반복하는 동안 조금씩 형태가 갖추어졌다. 이 남자에게 죽음은 최대의 드라마이다. 따라서 매일의 생활도, 지나간 세월도 가능한 드라마틱하지 않게 하여, 감정의 기복이나 행동의 진폭이 작다. 극단적으로 말하면 모든 것이 무미건조, 완전한 무기질, 이처럼 삶에 대한 무미건조함이 명확하면 할수록, 죽음의 효과가 커지기 마련이다. 이렇게 되면 직업의 종류는 극히 한정된다.

이에 테마를 지탱하는 간명한 스토리를 중첩시키면… 일생동안 아무것도 하지 않다가, 죽기 바로 직전에 한 가지 일을 해내고 죽은 남자의 이야기—예를 들면 관청의 공무원—실로 단순하고 명확한 직업이 떠올랐다.

앞으로 75일밖에 살지 못하는 남자는, 장관이나 기업가가 아니고 과학자, 기술자도 아니고, 예술가도 회사원도 아니고, 강도나 살인범 같은 범죄자도 아닌 공무원, 관청의 관리 이외에는 있을 수 없다.

그 밖에도 변변치 않은 안이 떠올랐다. 직업은 떠돌이 로쿄쿠시(浪曲師)[32]로, 가요곡과 로쿄쿠를 주로 하는 유랑극단에 소속되어, 10년을 매일같이 잘하지도 못하지도 않게 '요시와라 햐쿠닌기

---

32) 로쿄쿠는 나니와부시(浪花節)라고도 하며 샤미센(三味線)을 반주로 하여 이야기를 전달하는 예능이다. 이를 전문으로 하는 이를 로쿄쿠시라 한다.

리(吉原百人斬り)'를 노래한다. 그러던 어느 날 관객뿐 아니라 대기실에 있는 단원들까지 감탄할 정도로 '요시와라 햐쿠닌기리'를 부른다. 그리고 대기실로 돌아가 갑자기 죽고 만다. 동료 단원들이 알아보니 의사로부터 백혈병을 언도받아 죽을 때가 얼마 남지 않았음을 그는 알고 있었다. 유랑극단의 로쿄쿠시의 비애—내가 좋아하는 소재지만—그 밖에는 마네킹 만드는 사람, 기모노의 문양 만드는 사람 등을 주인공으로 만들어도 재미있다. 앞으로 75일 후에 찾아오는 죽음으로부터는 온갖 직업에 자로 선을 그을 수 있다. 그러나 이는 번외편이라 생각되어, 유력한 관청 공무원 이야기에 착수하였다. 구로사와의 지시대로 가능한 간단히 만들어 보았다.

관청의 공무원이 위암으로 남은 생이 길지 않음을 알게 된다. 가족에게 의지하려고도 하고, 자포자기하여 술과 여자에 빠져 보려고도 한다. 하지만 그로부터 아무것도 얻을 수 없다. 절망 끝에 무단결근이 이어지던 어느 날, 관청에서 탁자 위의 서류를 본다. 주민이 제출한 배수구 공사의 진정서로, 반년 정도 전에 자신이 토목과에 보낸 안건이다. 그것이 돌고 돌아 10여 군데를 전전하다가, 다시 자기 책상 위로 온 것이다. 그는 습관적으로 토목과에 보내려다 그걸 멈추고 실제로 조사를 나간다. 그리고 물이 새는 습지대를 제거하는 작업에 열중하여, 그 자리에 작은 공원을 만들고, 죽어 간다.

그는 30년간 관청에서 일했다. 하지만 대부분은 살고 있는지 죽었는지 알 수 없는 미라 같은 존재로, 진정한 의미로 살았다는 것은, 물이 새는 습지대의 배수구 공사를 시작하여 작은 공원이 완성되기까지의 6개월뿐이다.

하늘은 푸르렀고 바람이 강했다.

하지만 도쿄에는 산이 없기 때문에 바람 방향을 알 수 없다. 어젯밤 라디오는 찬바람을 보도했지만, 마당 나무 흔들림을 보면 바람은 북쪽이 아니라, 추위가 묘하게 매서운 북서쪽이라는 느낌이다.

고향에서는 이 계절이 되면 냄새가 빠지고 살이 붙은 멧돼지 고기를 먹는다. 오늘은 소고기 전골로도 감지덕지다. 구로사와와 오구니와 함께 둘러앉아 먹었다. 아직 프로듀서를 끼지 않은 모임이고, 시부야나 도심으로 나가는 것도 귀찮기에, 오기 편한 내 하숙집에서 모인 것이다. 전골은 저녁 여섯 시지만, 집합은 세시… 이번 작품의 첫 번째 모임이다.

"오늘은 인물 설정이야."

세 명이 니시무라 집 응접실에서 얼굴을 마주하자, 오구니가 말을 꺼냈다. 오구니는 구로사와로부터 기획한 테마와 스토리를 이미 전달받았다. 오늘은 인물 설정부터 시작이다.

"오구니… 그 전에 잠깐 이걸 읽어봐."

구로사와가 봉투에서 갱지 반쪽을 꺼내 건네자, 오구니가 읽기 시작하다가 키득키득 웃으면서, "좋아, 좋아… 이런 곳이야, 관청은"이라 말하고 갱지를 나에게 넘겼다.

내가 받아서 살펴보자, 구로사와는 스토리에 있는 진정서의 돌고 돌리기가 마음에 들었던지, 그 부분을 시나리오식으로 메모하였던 것이다.

시청, 시민과(市民課)의 창구

여주인들이 하수물이 빠지는 않는 문제를 진정하러 와 있다.

"그 물이 닿아서 이상한 물집이 생겼어요." "게다가 냄새나고 모기가 많아요." "어떻게 안 되는지요."

창구 담당자가 진정의 내용을 과장에게 알린다.

이 영화의 주인공인 과장은 무미건조하게 말한다.

"토목과…."

토목과: "이 건은 그 지역 보건소의 담당이 되겠습니다."

지역 보건소: "아, 그건 위생과로."

위생과: "예방과… 12번입니다."

예방과: "방역계 쪽으로"

방역계: "모기가 많다고요? 방충계의 일이네요."

방충계: "저희로서는 DDT를 뿌리는 정도입니다. 하숫물을 어찌하는 것은 시청의 하수과 관할로…."

그 다음으로 하수과, 도로과, 도시계획부, 구획정리과, 지역 소방서, 교육과, 시의회 의원의 집 등을 돌고 돌아, 시장의 보좌관실이된다.

보좌관: "자, 어서 들어오세요… 여러분들처럼 솔직히 불만과 의견을 말씀해 주시면 저희들로서는 감사할 따름입니다. 시민과라는 창구를 만든 것도 그 때문입니다… 자네, 이분들을 곧바로 시민과로 안내해 드려…."

첫 장면의 시민과, 창구 담당자와 여주인들.

"그 이야기라면 토목과 담당으로 8번 창구입니다."

여주인 중 한 명이 화를 낸다.

"뭔 소리야, 바보 취급하는 것도 적당히 해."

여주인들, 처음 이곳에 왔을 때에는 여름옷이었지만, 지금은 한겨울의 두꺼운 옷을 입고 있다.

"이제 됐어. 너희들에게는 부탁 안 해. 정말로 어디를 가도 사람을 바보 취급하고 말이야. 민주주의가 알면 울겠어."

안쪽에서 계장이 급히 와서 창구 담당자에게 귓속말을 한다.

"아, 잠깐… 오늘은 공교롭게도 과장님이 쉬는 날이어서, 안건은 서류로 만들어 제출해 주시면 좋겠습니다만…."

여주인들, 창구 담당자를 수상쩍은 눈으로 보고, 목을 늘여 부서원들의 책상에서 떨어진 안쪽에 있는 아무도 없는 책상을 본다.

주인공이 없는 책상 위에 삼각형의 명패, 시민과 과장.

주인공 과장은 오늘은 결근하고 병원에 가 있다. 위암을 선고받는다.

나는 다 읽고 키득키득 웃었다. 템포가 좋다. 이대로 쓸 수 있다.

"초고를 위해 이 종이 제가 가져도 될까요?"

"그렇게 해, 내 것은 노트에 따로 적어 놓았어. 그럼 시작할까."

인물 설정은 이름 붙이기부터 시작하였다. 하지만 내가 준비해 온 열 두세 명의 이름으로는 정하지 못하여, 이럭저럭 한 시간 정도 검토하고 갑론을박의 결과, 와타나베 간지(渡邊勘治)… 이 영화의 주인공은 와타나베 간지이다.

오구니가 나에게 물었다.

"하시모토 군, 이 남자의 출생은 어디지?"

"도쿄의 서민마을입니다. 고토(江東)구의 에다가와(枝川) 부근의 금속가공업… 중소기업으로 가업은 형이 물려받았고, 본인은 중학교를 졸업 후, 열아홉 살에 공무원이 되었습니다."

구로사와가 확인하였다.

"양친으로서는 형이 가업을 이으니까 괜찮은데, 동생은 어딘가 안정된 곳으로… 그러니까 경제적으로 무리를 해서 중학교를 졸업시킨 것이지."

"그렇습니다."

오구니가 물었다.

"그렇다면 근무처는 상식적으로 고토구의 구청이 되는데."

"아니요, 문제가 생길지 모르니까 근무처는 확실히 하지 않습니다. 구청으로 하면, 도쿄인지 오사카인지 도시명이 들통 나니까, 어딘가의 시청, 예를 들어 간토라 하면 지바(千葉)나 우라와(浦和), 간사이라면 아마가사키(尼崎)나 니시노미야(西宮)… 그러나 어느 도시인지 확실히 하지는 않습니다. 일본의 어딘가… 어디라도 있는, 어느 정도 크기가 있는 시의 시청입니다."

주인공 와타나베 간지는 일본 어딘가에 있는 도시의 시청 시민과 직원으로, 연령은 쉰 두세 살이고, 30년 근속으로 자치공로상을 받았다.

오구니가 나에게 확인을 하였다.

"근무상태는 빠릿빠릿한 입신출세형이야, 빈둥빈둥 게으름 피우는 형이야, 아니면 책임 범위 내의 일은 잘 처리하지만 그 이외의 일에는 손을 대지 않는, 전형적인 공무원 형이야?"

"세 번째의 전형적인 공무원 형입니다."

"결혼은 상식적으로 스물 대여섯에 했을 테고, 연애결혼? 중매결혼?"

"중매입니다. 부인은 몸집이 작고 말수가 적은 사람으로, 허약한 느낌에 자식이 몇 명일지는 아직 정하지 않았습니다."

구로사와가 말했다.

"적은 편이… 하나로 괜찮아. 부인이 일찍 죽어, 자식은 남자아이 하나를… 남자 혼자서 키워 왔어. 현재는 그 아이가 성장하여 결혼하였고, 같은 지붕 밑에서 동거하고 있지만, 이게 제멋대로인 젊은 부부로, 마치 타인… 아니 타인 이상으로 차가워."

"그럼 집에서의 식사나 집안일은 며느리가 하나요?"

"아니, 며느리가 아니야. 그러나 와타나베 간지는 요리를 못해. 가정부가 식사준비와 빨래를 하고, 아들 부부와는 살림을 따로 하지."

어렴풋하면서 와타나베 간지의 윤곽이 떠올랐다.

나는 이야기된 부분을 노트에 적으면서, 내 노트에 그전에 기입해 놓았던 점을 확인하였다.

"와타나베 간지는 보통 키에 보통 체구로 안경은 쓰지 않았습니다."

"안경 안 썼다고?"

"그렇습니다. 돋보기… 안경을 쓰는 것은 서류를 읽을 때뿐입니다."

나는 덧붙였다. 근무시간이 끝나고 부하와 같이 포장마차에서 술을 들이키거나, 술집을 찾는 일은 없다. 술은 마시기는 하지만 자기 돈을 써서 마시는 일은 없다. 물론 담배는 피지 않는다.

오구니가 추가하였다.

"그리고 그 시민과 말인데… 와타나베 간지 이외에도, 계장이나 창구 직원, 그 밖에도 비중 있는 역이 두세 명은 필요해."

"아, 그리고 특색 있는 사람이 하나 있으면 해."

내가 구로사와에게 되물었다.

"특색 있는 사람?"

"예를 들면 여자… 말하고 싶은 걸 거침없이 말하고 자기 생각대로 행동하는, 이곳 근무에 질려서 그만두고 싶어 해. 이런 사람이 하나 있으면, 이것저것 편하게 연출할 수 있어."

잠깐 대화가 끊기고 셋은 입을 다물다가 구로사와가 나직이 말하였다.

"주인공에 대해서는 조금 가닥이 잡혔는데… 뭔가 한두 가지 결정적인 요소가 있었으면 해."

오구니가 틀니소리를 내며, 우물우물 입을 움직였다.

"와타나베 간지는 잠을 잘 때에는… 양복바지를 잘 펼쳐서 이불 밑에 깔아 정성스럽게 주름을 펴. 삼십년간 매일 밤을 말이야."

나는 숨을 죽였고, 구로사와도 숨을 죽였다.

"그리고… 점심은 언제나 우동이야. 먼저 우동을 후룩후룩 천천히 먹고, 그릇을 이렇게 들어서 (양손을 그릇을 감싸고 천천히 돌린다), 그리고 그릇을 들어 국물을 마셔. 또 그릇을 돌려 국물을 마시고, 이걸 두세 번… 그러나 전부 마셔 버리지 않고 조금은 남기고, 남긴 국물을 유심히 쳐다보다가 그릇을 놓아… 그게 와타나베 간지의 점심식사… 우동 먹는 법이지."

구로사와와 나는 무심코 서로의 얼굴을 바라보았다. 와타나베 간지의 입체상이 꽤 확실해졌다. 그와 동시에 주인공이 스멀스멀 꿈틀거리기 시작한 낌새가 보여, 작품 그 자체의 태동이 강해졌다. 과연 오구니 히데오… 거의 무한하다고 생각되는 방대한 서랍의 소유자이다.

한 겨울의 하코네 센고쿠하라(仙石原)는 황량하였다.

서리 맞은 참억새가 군락을 이루어 북방의 긴토키(金時)산과 서쪽의 나가오(長尾) 고개까지 덮어버린 풍경을 보자, 옷깃 언저리의 냉기가 한층 강해져, 온몸 구석구석에까지 스며드는 추위가 전해져왔다.

센고쿠하라의 센쿄로(仙鄕樓)는 광대한 온천여관이지만, 정월 초라 손님은 별로 없고 한산하였다. 구로사와와 내가 센쿄로에 들어간 것은, 1952년 1월 초순이다.

초고는 테마, 스토리, 인물 설정도 끝났기 때문에, 니시무라 집에서 내가 쓰기 시작하였다. 막히거나 좋은 생각이 떠오르지 않으면, 오카치마치의 전에 다니던 회사 출장소에 가서 쓰기도 하였다. 너무 조용한 니시무라 집에서는 집중도가 깊어, 의기소침한 경우에는 밑 없는 늪처럼 정체된다. 나에게는 조금 시끄러운 곳이 신경질적이 되지 않고 글이 잘 써지는 습성도 있어, 소시가야의 니시무라 집과 이전의 회사 출장소를 왕복하며 초고를 완성하였다. 그걸 최종판으로 만들기 위하여 구로사와와 함께 하코네 센고쿠하라의 센쿄로에 들어왔다. 오구니는 다른 작업 때문에 조금 늦게 들어오게 되었다.

둘이서 작업을 시작하여, 4일째 되는 저녁에 오구니가 왔다.

"엄청 추운 곳이네. 봐봐… 이렇게 판자가 되었어."

여관에 온 오구니는 바로 온천에 들어갔다가, 난방설비가 없는 긴 복도를 걸어서 방으로 돌아왔을 때에는, 수건이 꽁꽁 얼어붙어 판자처럼 되었다.

오구니가 담배에 불을 붙이자, 구로사와가 말없이 완성된 원고를 건넸다. 오구니는 담뱃불을 재떨이에 비벼 끄고, 조금 숨을 죽이고 읽기 시작하였고, 다 읽자 고개를 갸우뚱했다.

"구로사와… 이거 조금 이상한데."

구로사와가 얼굴을 들었고, 나도 오구니를 직시하였다.

"이건 안 돼."

"뭐가 안 된다는 거야?"

나는 철렁하여 구로사와를 보았다, 구로사와의 얼굴은 화가 나서 창백해지고 경직되었다.

"오구니! 뭐가 안 된다는 거냐고!"

그건 무시무시하고 살기어린 성난 목소리였다.

오구니가 낮은 목소리로 무언가 우물우물 말하기 시작하였다. 나는 순간 휘말리고 싶지 않아, 쓰고 있던 원고에 신경을 집중하였다. 내가 개입할 여지가 없을뿐더러, 본능적으로 귀를 닫아버린 탓인지, 오구니의 목소리가 잘 들리지 않았다. 구로사와는 아무 말 없이 입을 닫고 있었지만, 그 무시무시한 형상은 상상이 갔다. 구로사와가 돌연 소리를 질렀다.

"네가 말한 대로라면, 와타나베 간지는 도중에 죽고 말아!"

"죽어도 괜찮잖아."

"뭐?"

"와타나베 간지가 죽었다고 해서, 그 다음을 쓸 수 없는 건 아니야."

구로사와가 입을 다물고, 오구니는 다시 우물우물 무언가를 말하기 시작했다. 구로사와는 아무 말도 하지 않았고, 오구니의 우물우물은 이어졌다. 이윽고 구로사와가 내동댕이치듯이,

"알겠다고, 오구니."

나는 흠칫 놀래 무심코 얼굴을 들었다.

구로사와의 얼굴은 창백에서 분노로 벌겋게 변하고 있었다. 그런 구로사와가 팔을 쑥 내밀어, 오구니가 돌려준 원고용지를 낚아채더니 쫙쫙 찢어버렸다.

"네가 약속한 날에 오지 않은 탓이야!"

나는 마음속에서 '아이고'라고 소리를 질렀다. 50매는 안 되지만, 3, 40매는 썼다. 이런저런 고심을 하여, 간신히 쓴 3, 40매인데, 그게 날아가 버렸으니, 내일부터는 처음부터 다시 시작이다.

나는 다시 한 번 구로사와와 오구니를 살짝 살펴보았다. 구로사와의 얼굴은 화가 나서 완전히 벌게져, 온통 물감을 부은 듯이 붉은 귀신의 형상이었다. 하지만 오구니는 쩔쩔매지도 않고 주눅들지도 않았다. 자기주장은 조금도 굽히지 않는 완고함으로 유유히 침착하게 담배 한 대에 새로 불을 붙이고 있었다.

나는 내가 쓰고 있던 원고로 시선을 돌렸다. 이 작업의 앞길은 암담하다. 무슨 일이 생길지 전혀 알 수 없다.

다음날부터 세 명의 작업이 시작되었다.

하지만 둘만 있을 때와 모든 것이 같았다. 아침은 7시 반 전후에

셋이 일어나, 온천에 들어가 몸을 덥히고 식사를 끝낸 후, 10시에는 작업을 시작하였다. 점심은 탁자 위의 원고용지를 조금 옆으로 치우고, 우동이나 메밀국수를 먹었다. 오구니는 담배 한 대에 불을 붙였지만, 나와 구로사와는 곧바로 작업에 들어갔다. 끝나는 것은 다섯 시 바로 전으로, 한눈팔지 않고 집중한 일곱 시간 정도의 작업을 마무리하고, 온천에 들어갔다가 저녁식사를 하였다. 구로사와와 오구니도 술을 좋아하여, 위스키 잔을 계속 비우며 잡담하지만, 일 이야기는 일절 하지 않았다. 취침은 딱 정한 듯이 10시… 이렇게 마치 시계로 재는 듯한 나날의 연속이었다.

작업방법과 순서는 방 중앙에 커다란 탁자를 놓고, 구로사와는 탁자 오른쪽에 앉아 남향으로 마당을 바라보고, 나는 같은 책상의 구로사와 왼쪽에 앉았다. 늦게 온 오구니는, 방 한구석의 작은 상을 끄집어내어 남향으로 앉아, 구로사와에게 등을 보이며 두터운 영어책을 펼쳐 읽었다.

나는 원고용지에 묵묵히 글을 썼다. 구로사와도 반으로 자른 갱지에 묵묵히 글을 썼다. 그러나 오구니는 한 글자도 쓰지 않고 영어책만 계속 읽었다. 원고는 오른쪽으로 돌아, 내가 쓴 원고를 오른손으로 구로사와에게 전달하였다. 구로사와는 한 번 읽고 돌려줄 때도 있지만, 그걸 고치거나 새롭게 자신이 고쳐 써 보기도 하고… 한 장면이나 두 장면이 완성되면, 오구니에게 오른손으로 밀어 주었다.

오구니가 묵묵히 손에 들어 읽는다. "좋아"라 말하며 이번에는 원고는 왼쪽으로 돌아, 왼손으로 탁자 위에 놓는다. 구로사와는 말없이 받아든다. 그리고 조금씩 쌓여가는 원고를 클립으로 철한다. 이런 식으로 큰일 없이 최종 시나리오가 완성되어 갔다. 원고는 하루에 5, 6매밖에 진척되지 않는 날도 있지만, 2, 30매가 나는 듯이 써지는 날도 있어, 하루 일곱 시간의 속도를 지키는 한, 평균 12, 3매부터 15매 정도는 확실히 늘어나, 착착 죽음이 다가오는 와타나베 간지의 운명의 나날이 만들어져 갔다.

　의사에게 암을 선고받은 와타나베 간지는, 커다란 충격으로 정신을 차리지 못하고, 외아들에게 의지하려 한다. 하지만 아들과의 사이에 있는 것은 과거의 추억뿐으로… 결혼한 아들은 이제 생판 남이었다.

　의지할 사람 없는 와타나베 간지는 저금을 다 찾아, 공포와 고독으로부터 도망가기 위하여, 변두리의 바에서 알게 된 수상한 남자의 안내에 따라, 파친코, 맥주집, 카페, 카바레, 스트립쇼 극장, 매춘가… 지푸라기라도 잡으려는 향락의 세계지만, 쾌락에의 도취도 없이, 이윽고 위장에서 솟구쳐 오르는 구토의 고통이 따르고, 환락은 거꾸로 무간지옥이다. 와타나베 간지에게도 생각지도 못한 구원이 있다.

　시민과 여사무원 오다기리 도요는 결근 중인 와타나베 간지의 집으로, 퇴직에 필요한 사표의 인감을 받으러 온다. 인물 설정 때에 이야기되었던 특색 있는 조연으로, 말하고 싶은 것을 거침없이 말하고 뭐라도 생각대로 하는 여자이다. 이 인물이 칙칙한 화면에 생기와 밝음을 가져다준다.

　둘은 집을 나와, 카페에서 이야기를 나누기도 하고, 단팥죽 집, 공원, 영화관, 요릿집… 와타나베 간지에게 생기가 돈다. 노년의 사랑은 아니지만, 단지 오다기리 도요와 함께 있는 것이 즐겁다.

와타나베 간지는 시청을 그만둔 오다기리 도요가 취직한, 마을의 작은 완구공장에까지 간다. 하지만 도요는 자기를 이제 그만 따라다니라고 하고, 자신이 마을공장에서 만든 움직이는 토끼인형을 선물한다. 와타나베 간지는 그 토끼인형을 손에 든 채로 처량하게 호소한다.

"자네는 자기가 살고 싶은 대로 생기 넘치게 살고 있어, 나도 하루만이라도 좋으니, 자네처럼… 어찌하면 좋을지 알려줘."

"난 단지 일하고, 먹고, 자고, 그뿐이에요… 과장님도 과감히 그런 곳 그만두고, 좀 더 일하는 보람이 있는 곳으로 가세요."

"아니, 그, 그, 그건 이미 늦었어."

와타나베 간지는 움직이는 토끼인형을 부서질 정도로 꽉 껴안고,

"나에게는 그곳, 그곳밖에… 아니 그곳이라도… 만약, 만약, 일할 마음… 일할 마음만 있으면…."

와타나베 간지는 며칠 만에 시청에 출근하여, 사람들의 속삭임과 호기심 어린 시선 속에서 과장자리에 앉는다. 탁자 위에 미결제 서류가 수북하다. 맨 위에는 돌고 돌다 온 여주인들의 진정서로, 거기에는 본건은 토목과에서 관할처리해야 한다는 메모가 붙어 있고, 창구 직원, 주임, 계장의 도장이 줄지어 찍혀 있다. 와타나베 간지는 습관적으로 도장을 찍으려고 한다. 하지만 멈춘다. 그리고 숨을 죽이고 있는 전원의 시선 속에서, 다시 한 번 진정서를 읽고 나서 메모를 찢어 버리고 계장에게,

"본건은 실제로 조사한다. 자동차 준비를 해줘."

전원 놀라고, 그중에는 입을 떡 벌리고 있는 자도 있다.

그로부터 5개월 후, 와타나베 간지는 죽고, 희미하게 미소 짓고 있는 사진이 검은 리본으로 장식된, 상가에서 밤샘들을 하고 있다.

장례에 온 사람들이 옹기종기 모여, 시민들의 진정에 의하여 수돗물이 새는 습지대에 매립공사를 하고, 그곳에 작은 공원을 만든 사업을 주도한, 와타나베 간지에 대한 이런저런 이야기를 한다. 와타나베 간지는 그 작은 공원이 완성된 직후에 바로 그곳에서 피를 토하고 죽었던 것이다.

주인공이 살아 있다면 미담의 연속같이 되어 조금 질려버릴 염려가 있지만, 모든 것은 죽은 후이기 때문에, 그의 열의와 그의 이상한 행동, 어려움과 장애를 극복한 하나하나의 드라마가 생생하고 효과적으로 전달된다. 하지만 누구도 와타나베 간지가 변한 이유는 알지 못한다.

장례식이 끝나기 직전, 한 젊은 경찰관이 나타나, 분향할 수 있게 해달라고 말한다. 와타나베 간지를 죽기 직전에 목격한 경찰관이다.

와타나베 간지는 모든 곤란과 장애를 뛰어넘어, 자신이 만들었다고 할 수 있는 작은 공원에서, 눈발이 날리는 깊은 밤에 조금씩 흔들리는 그네에 타서 노래를 부르고 있었다.

인생은 짧으니, 사랑을 해요 소녀여….

분향을 끝낸 경관이 잠자코 있는 전원에게 말한다.

"어제 순찰 중에 보았습니다. 처음에는 술주정뱅이인가 생각하고 다가갔습니다만… 매우 즐겁게, 아니 너무나도 절실하게… 가슴에 스며들게 노래하고 있어, 그만 그대로… 그때 제가 과감히 보호 조치를 취했으면."

나와 구로사와는 경찰관의 대사에서 컷백으로, 밤의 작은 공원에서 그녀를 흔들흔들 타면서 노래하는, 와타나베 간지 장면을 쓰고 있었다.

인생은 짧으니, 사랑을 해요 소녀여….

하지만 나는 구로사와의 혼잣말과 같은 중얼거림을 그대로 옮겼기 때문에 그 다음 가사는 전혀 짐작이 가지 않았다.
"하시모토, 이 노래 다음은 어떻게 되지?"
"몰라요, 그런 노래. 제가 태어나기 전의 사랑노래인가 보죠."
구로사와는 영어책을 읽고 있는 오구니에게 물었다.
"오구니, '인생은 짧으니 사랑을 해요 소녀여' 다음은 뭐였지?"
"음, 뭐였더라, 음… 음, 생각날 듯 안 나네."
나는 바로 프런트에 전화를 하여, 여관 직원 중에 가장 나이가 많은 사람을 불러달라고 했다. 가장 나이가 많은 사람이라고 강조를 하였다.
잠시 뒤에 "실례합니다"라 하며 장지가 열리고 여직원 한 명이 들어왔다. 작은 몸집에 연배가 있어 보였지만, 늙었다는 느낌은 그다지 없다.

"제가 가장 나이가 위입니다만, 무슨 용건이신지요?"

나는 거두절미하고 물었다.

"'인생은 짧으니'라는 노래, 알아요?"

"아, '곤돌라의 노래' 말이죠?"

"곤돌라? 그 노래가사 기억하나요?"

"글쎄요. 1절은 불러보면…."

"그럼, 좀 불러보세요."

여직원은 방 입구의 다다미에 정좌하였다. 꽉 쥔 주먹을 무릎에 놓고, 조금 숨을 가다듬었다. 구로사와와 오구니가 몸을 내밀었다. 나도 침을 삼키고 숨을 죽였다. 여직원은 낮고 조심스럽게 노래를 시작하였다. 목소리가 가늘고 맑아, 무언가 절실한 느낌이었다.

인생은 짧으니 사랑을 해요 소녀여
붉은 입술 바래기 전에
뜨거운 피가 식기 전에
내일의 태양과 달은 없나니…

그날은 작업을 세 시에 끝냈다.

1월 상순에 틀어박힌 이래, 일요일, 휴일도 없이 탁자를 마주하였다. 오늘은 벌써 입춘 전날인 절분(節分)으로 2월 3일… 작품도 대체적으로 형태가 만들어져, 무언가 산을 넘어 조금 안심되는 형색이기에 작업을 일찍 끝낸 것이다. '곤돌라의 노래(ゴンドラの唄)'〔요시이 이사무(吉井勇) 작사, 나카야마 신페이(中山晉平) 작곡)를 불러준 여직원의 이야기로는, 여관 직원들이 입춘 전날 액막이

행사로 밤에 각 방을 돌아다니며 콩을 뿌린다고 하였다.

목욕을 끝내고 방으로 돌아왔지만, 아직 일러 마당으로 나갔다.

이 여관에 와서 마당에 나간 것은 처음으로, 마당에서의 조망은 광대하여, 서쪽의 나가오 고개부터 북쪽의 긴토키산으로의 능선이 역광으로 어둡게 보이고, 동쪽의 묘진가타케(明神ヶ岳)산과 묘조가타케(明星ヶ岳)산은 밝은 석양의 울퉁불퉁한 능선으로 이어지고, 바로 앞에는 참억새의 군락이 하얀 파도처럼 물결치며 펼쳐져, 피부에 전해지는 냉기 속에는 희미하게 봄기운을 느끼게 한다.

벌써 봄⋯ 왠지 안심이 된다. 오구니가 와서 구로사와와 격돌하였을 때에는, 이 작업의 앞날에 한없는 불안을 느꼈지만, 그 이후는 아무 일 없이 순조롭게 진행되어 이제 하루 이틀이면 작업은 끝난다.

그러나 그건 기본 테마와 스토리 그리고 인물 설정이 사전에 정확히 되어 있었기 때문으로, 만약 그런 것이 애매모호했다면 작품은 공중분해될 가능성도 컸기에, 기본이 얼마나 중요한지를 절실히 알게 되었다.

영화 제작에서 가장 중요한 것은 각본으로, 그 각본에서 가장 중요한 것은 첫째 테마, 둘째 스토리, 셋째 인물 설정(구성을 포함)임은, 영화 초창기부터의 정설이지만, 각본이 영화에서 차지하는 중요성에 걸맞은 대우를, 영화계나 그 주변에서 받아온 적이 없는 것처럼, 각본에서도 기초적인 세 가지 중요 사항이 정확히 준비되어 쓰인 적은 그다지 없다.

만약 대다수의 각본이 기본조건을 충족시킨다면, 영화도, TV드라마도, 지금보다는 훨씬 재미있고 질이 좋은 작품이 될 터이다.

시나리오 작가에게 그 세 가지 기본조항이 얼마나 귀찮고 하기 힘든지는 두말할 필요가 없다.

이타미에게 각본을 지도받던 시절, 내가 이 세 가지 요소를 무성의하게 하면, 이타미는 불같이 화를 내었고, 테마를 좁혀라, 스토리는 형태가 있는 짧은 것으로 해라, 인물은 최대한 특징을 잡아내라 등, 집요하리만큼 목이 쉴 정도로 말하였다. 나도 그것이 얼마큼 중요한지는 알고 있지만, 무언가를 쓸 때에는 또다시 적당히 하게 되어, 그 기초를 닦는 일이 좀처럼 되지 않았다. 모든 것을 제대로 한 것은 이번 작업이 처음이다. 그러나 그건 구로사와 아키라의 강제에 의한 것이다.

구로사와의 각본작업, 그건 각본의 기초인 세 조건을, 우직할 정도로 하나하나 꼼꼼히 쌓아 나가고, 돌다리도 두들겨 건너는 견실한 것. 그 성실함과 꼼꼼함을 합리주의라 한다면, 영화에서 가장 중요한 각본작업에서의 구로사와 아키라는 철저한 합리주의자이다.

'그뿐만이 아니다. 그전에도 무언가?… 그렇지… 그래.'

그는 오만하고 자기 멋대로라서, 내 하숙집도 일방적으로 마음대로 정하기도 한다.

그러나 각본가로서의 나를 대하는 태도는 전혀 다르다. 나는 그가 발굴한 작가이니까, 오구니 히데오를 작업에 참가시키고 싶다면 회의 때 알려주면 그만이다. 하지만 일부러 그것 때문에 하숙집으로 와서 사전에 내 양해를 구하였다.

또한 오구니 히데오와의 만남도 자신의 집에 둘을 부르든지, 그렇지 않으면 나를 동반하여 오구니 히데오의 집으로 찾아가는 게 도리이지만, 자신이 오구니를 데리고 내 하숙으로 와서 만나게 하였다.

나는 이 작업의 선두에 선 선행자이고, 초고의 마무리는 최종 시나리오에 대한 영향이 크다. 이러한 선행 작가에 대하여 취해야 할 예의… 각본의 집필에 앞서, 만약 책임자인 자신이 무언가 하지 않으면 안 되는 사항이 있다면, 주도면밀하게 움직여 조금의 소홀함도 없게 한다.

구로사와 아키라의 각본 쓰기―그건 〈라쇼몬〉처럼 번뜩임을 놓치지 않기 위하여 일체를 버리고 아찔한 도약을 하기도 하지만, 그 바탕에 있는 본질적인 것은, 이번 작업처럼 사전준비에는 성실함과 꼼꼼함으로, 우직하리만큼 철저한 합리주의―아니 그건 합리주위 따위를 뛰어넘는, 완전주의라 불러야 할지 모른다.

마당에서 툇마루로 올라와 방으로 들어오자, 구로사와는 정위치가 아니라 반대로 탁자를 향하고 앉아, 원고용지에 글을 쓰고 있다. 자신의 반 장짜리 갱지가 아니라, 내가 쓰고 있던 칸이 있는 원고용지이다. 목욕을 끝내고 나서는 일절 한 글자도 쓰지 않는 게 규칙인데, 어째서일까라고 기이하게 생각하며 바라보자, 구로사와는 최종 시나리오의 묶음에서 클립을 빼고, 가장 위의 표지를 새로 쓴 원고와 바꾸어 넣고,

"하시모토 군… 제목을 이런 식으로 해 봤는데, 어떻게 생각해?"

내가 받아 보자,

〈살다〉

느낌은 나쁘지 않다. 그러나 왠지 멋 부린 것 같고 점잔을 뺀 듯하다. 이 이야기는 조금 촌스러운 면이 있다. 게다가 초고부터의 제목인 〈와타나베 간지의 생애〉에 익숙함과 애착도 있다. 나에게는 순간 판단이 서지 않았다.

"오구니 씨…."

목욕을 끝낸 오구니는 변함없이 영어책을 읽고 있었고, 내가 어슬렁어슬렁 다가가자, 책에서 얼굴을 들어 시선을 나에게 향하였다.

"구로사와 씨가 제목을 이렇게 하고 싶다고 말하는데, 어떻습니까?"

각본은 한 글자도 쓰지 않지만, 작품의 사령탑이자 길 안내인이기도 한 오구니 히데오는, 최종 시나리오를 받아 쓱 표지를 보더니,

"아, 하시모토 군… 이거, 이게 좋아, 〈와타나베 간지의 생애〉보단 말이야. 이 각본의 제목은 〈살다〉야, 〈살다〉."

각본 〈살다〉가 완성된 것은, 그로부터 이틀 후인 1952년 2월 5일이다.

영화 〈살다〉는 1952년 10월에 완성되어 베를린 국제영화제에서 은곰상(1953),[33] 국제영화교육문화위원회 금메달, 골든 로렐상(미국, 1961)을 수상하였다.

해외의 영화제 등에서 외국 감독이나 프로듀서와 이야기하다

---

33) 실제로는 '베를린시 정부 특별상'을 수상했으나 일본에서는 '은곰상'으로 와전되었다.

보면, 〈라쇼몬〉이나 〈7인의 사무라이〉보다, 〈살다〉에 흥미를 가지고 각본을 쓰게 된 동기나 경위에 대해서 집요하게 질문 받는 경우가 많다. 이 작품은 의외로 영화 전문가 팬이 많은 것 같다.

〈7인의 사무라이(七人の侍)〉 I

〈살다〉가 토호 계열 영화관에서 개봉된 1952년 10월 초순부터, 4, 50일이 지난 11월 말, 고마에의 구로사와 집 거실이다.

구로사와 아키라는 화를 격하게 낸 나머지 얼굴이 창백해지며 일그러졌고, 눈에 핏발이 치솟았다.

"어째서 할 수 없냐고!"

프로듀서 모토키 소지로와 토호의 문예부원 두 명은 아연실색하여 눈도 깜빡이지 못했다.

"왜! 왜 할 수 없냐고!"

모토키 소지로와 문예부원 두 명은 화석처럼 굳어져 버렸다.

나는 얼굴을 들어 화를 버럭 내고 있는 구로사와 아키라를 보았다.

'이성을 잃지 말아요, 구로사와 아키라… 불만 있으면 나에게 말해요. 프로듀서나 문예부원은 관계도 없고 책임도 없어요.'

사건의 경위는 다음과 같다.

구로사와는 〈살다〉의 촬영 중, 나와 의논하여 다음 작품을 시대극으로 정하고, 내가 시나리오를 먼저 쓰기로 하였다. 둘 사이

에 정해진 이야기는 어느 〈사무라이의 하루(侍の一日)〉였다.

아침에 사무라이가 일어난다. 얼굴을 씻고 사카야키(月代)를 밀고, 존마게(丁髷)를 매고 조상에게 예를 올린다.[34] 아침식사를 하고 아내의 도움을 받아 옷을 갈아입고, 용변을 해결하고 수행을 거느리고 등성(登城)한다.

성에서는 별다른 일 없이 근무를 하다가, 저녁시간 하성(下城) 직전에 조그만 실수를 저질러, 집에 돌아가 자기 집 마당에서 할복하여 죽는다. 땅거미가 지는 황혼의 마당에는 못다 핀 벚꽃이 있다. 어느 사무라이의 하루이다.

구로사와 아키라의 의도는 이제까지 없었던 철저하게 사실적인 시대극… 할복하는 사무라이의 하루를 극명하게 그려내는 것이다. 따라서 각본은 필요한 서적을 열람하여 메모하고, 모르는 부분은 역사학자에게 물어, 집안에서의 사무라이의 자초지종과 성에서의 근무에 관한 상세한 사항을 하나부터 열까지 조사하여 정확한 것으로 만들어 내지 않으면 안 된다.

보통 작품에는 프로듀서 한 명에 본사 문예부원이 조수로 한 명 붙지만, 이 기획은 조사 분량이 많아 조수를 두 명으로 하고, 필요한 경우에는 한 명을 더 가동할 준비를 해 놓았다.

만일을 대비하여 토호 측에 이러한 대비책까지 세우게 하였지만, 나는 이 작업에 대하여 낙관적이었고 움직이지 않는 자신감이 있었다.

---

34) 사카야키는 에도시대 성인남성이 이마부터 머리 중앙까지를 민 것이고, 존마게는 일본식 상투이다.

나는 어느 정도의 기간을 오카치마치에 있는 이전에 근무하던 회사 출장소를 근거지로 하고 있었고, 오카치마치는 우에노에 있는 국립도서관(현재는 국립국회도서관으로 통합되어, 지요다구 나가타초로 이전)과는 전철 정류장 하나만 가면 되는 내 활동범위이다. 그리고 시간이 있을 때마다 가서 틀어박혀 있었고, 신토호에서의 〈히라테 미키〉(1951)와 토호에서의 〈가가 소동(加賀騷動)〉(1953) 등의 작업을 한 경험이 있어, 관내 자료실에 들어가면 어느 책장의 정리상자에는 어떠한 도서카드가 있고, 시대극(주로 에도시대)에 관한 서적이 어떻게 꽂혀 있는지는 거의 숙지하고 있다. 여기서 문예부원 두 명과 일을 나누어, 시간만 충분하면 필요한 자료는 틀림없이 전부 갖출 수 있다.

9월로 접어들자 나는 세타가야구의 다이타(代田)에서 우에노의 국립도서관으로 출퇴근을 하였다.

그 전달인 8월, 가족이 상경하여 나는 소시가야의 니시무라 집을 나와 이사를 하였다. 내 아내는 일손이 부족해 고향집을 떠날 수 없다가, 동생의 결혼으로 가사일로부터 해방되어, 초등학교 1학년인 장남과 유치원생인 장녀와 차녀를 데리고 상경했다. 이노카시라선에 있는 신다이타(新代田)역 근처의 단독주택을 구입하여 이사하였다.

신다이타역에서 시부야를 경유하여 우에노의 국립도서관으로, 토호의 문예부원과 함께 다니기 시작한 지 1주일 정도 지났을 때, 나는 기묘한 답답함을 느꼈다. 2주일이 지났을 때에는, 석연치 않은 안절부절못하는 불안으로 초조해하기 시작했다. 필요한 자료를 좀처럼 구할 수 없었기 때문이다.

나에게 필요한 것은 무사의 일상생활과, 성에서의 근무에 관한 상세한 사항으로, 에도시대에는 부지런히 기록을 한 사무라이가 많아 일기도 많이 남아 있다. 하지만 그 내용은 나날의 날씨, 사람의 출입, 온 물건, 보낸 물건, 친척과 지인과의 교제, 관혼상제와 법요(法要) 등이다. 그중에는 고쿠다카(石高)의 직록(職祿)으로 먹고사는 검소한 일가의 경제상황을 잘 알 수 있는 자료도 있지만,[35] 내가 찾아본 범위에서는 놀랄 만한 새로움이 없고, 모든 것이 유추해낼 수 있는 범위 내의 것으로, 특히 직무에 관해서는 전무라할 정도로 구체적인 사항이 아무것도 쓰여 있지 않다.

번사(藩史) 등의 기록에 의하면, 제번(諸藩)의 직제는 대동소이하여, 한슈(藩主) 밑에 가로(家老), 반토(番頭), 모노가시라(物頭), 쓰카이반(使い番) 그리고 지샤카타(寺社方), 군가타(郡方), 긴미카타(吟味方), 간조카타(勘定方), 후신카타(普請方) 등의 직종이 자세히 분류되어 열거되어 있다.[36] 하지만 내가 알고 싶은 것은, 담당조직의 상세한 편성과 인원, 근무시간(출퇴근 시각), 집무내용(어떠한 내용의 일을 구체적으로 행하였는가)이지만, 그것들은 기재되어 있지 않다.

---

35) 고쿠다카는 토지생산량을 '고쿠(石)'라는 단위로 표시한 제도로, 이를 기준으로 직록의 배분 및 각종 역 부담, 연공 징수를 하였다. 또 한 번(藩)의 크기와 사무라이의 가격(家格) 또한 고쿠다카로 산정되었다.

36) 한슈는 번의 영주로 다이묘(大名)라고도 한다. 가로는 한슈 밑에 번정(藩政)을 총괄하는 최고의 가신이고, 반토는 경비를 맡은 가신, 반토 밑에서 아시가루(足輕)부대를 이끄는 모노가시라(物頭)가 있고, 쓰카이반은 전령 및 순찰을 맡았다. 그리고 지샤카타는 절과 신사 관련 일을 담당하는 직종이고, 군가타는 징세, 긴미카타는 사법, 간조카타는 금전출납, 후신카타는 토목공사 등의 작업을 맡은 직종을 말한다.

사무라이의 가정에서의 생활을 유추해서 생각할 수밖에 없다면, 성에서의 직무에 관해서도 유추할 수밖에 없을지 모른다.

나는 이 영화의 시대를 에도 전기로 설정했다. 이유는 할복의 형식이다.

에도시대 이전의 무사가 자결하는 경우, 배를 횡으로 일자로 가르거나 또는 십자로 가르고 나서, 가슴 또는 목을 찔러 목숨을 끊었다. 그러나 에도시대에 들어가자 가이샤쿠닌(介錯人)이 등장한다. 할복하는 자가 작은 칼을 배에 푹 찌르면 곧바로 가이샤쿠닌이 목을 쳐준다. 그러나 이것도 시대가 중기 이후가 되면, 작은 칼이 아니라 흰 부채나 작은 나무칼을 앞에 놓았다. 할복하는 자가 이것에 손을 대기만 해도, 곧바로 가이샤쿠닌이 목을 쳤다. 이는 할복하는 자가 이성을 잃고 작은 칼로 날뛰어 사람들을 살상하는 사건이 있었기 때문이라고 한다. 그러나 그런 흰 부채나 나무칼로는 꼴사나운 화면 구성이 되기 때문에, 주인공 사무라이의 할복은 직접 배에 작은 칼로 찌르고, 가이샤쿠닌이 목을 치는 에도시대 전기, 4대 장군 도쿠가와 이에쓰나(德川家綱)의 시대(1660년대)로 설정했다.

번의 크기는 10만 석 정도, 주인공 사무라이는 가로에 딸린 쓰카이반으로, 가격(家格)은 120석이다. 신분격식을 준수하는 에도 초기이므로, 등성에는 수행원이 두 명, 한 명에게는 창을 들게 하고 또 한 명에게는 비옷이나 세 명의 도시락을 들게 하였다.

나는 문예부원인 가네하라에게 강하게 지시했다.

"가네하라 군, 에도시대 전기의 등성 때에 사무라이는 집에서 도시락을 지참했는지, 아니면 성에서 급식을 하였는지, 다른 것은 되었으니 자네는 식사만을 중점적으로 조사해 주게."

사무라이가 등성하면 오전 중에는 일이 많다.

한슈가 결재한 명령을 지샤카타나 간조카타에게 전하고, 후신카타로부터는 영내 하천 개수공사의 진척상황, 긴미카타로부터 마을과 마을의 경계선 다툼의 경과, 군가타로부터는 개척지의 검지(檢地)상황을 확인하고, 점심이 되어 한숨 돌리며 대기실에서 도시락을 먹는다. 차는 견습 사무라이가 가져다준다.

사무라이가 쉬면서 점심을 먹고 있을 때, 우마마와리(馬廻り)무사로,[37] 가격 150석인 친구가 찾아온다. 친구도 도시락을 지참하고 있어, 둘은 함께 밥을 먹는다. 우마마와리는 오늘이 무구(武具)점검의 셋째 날인 등성일로, 주인공 사무라이와 함께하는 도시락은 더할 나위없는 즐거움이다.

둘은 어린 시절 강변에서 뛰어놀던 때를 생각해 낸다. 뭉게뭉게 피어오르는 하얀 구름, 물장구를 치며 돌 밑의 물고기를 쫓는 둘. 식사가 끝나자 둘은 쉬는 날 함께 가기로 약속한 강 낚시 이야기에 열중한다.

우마마와리가 말한다.

"자네 아들 가쓰유키가 부쩍 실력이 늘었더군."

모노가시라 밑의 사무라이 삼십여 명이 모여 사는 구미야시키(組屋敷)에서는 사숙(私塾)을 만들어, 돌아가며 각각의 자녀에게, 남자에게는 무예와 무사의 소양, 읽기와 쓰기, 여자에게는 읽기와

---

37) 한슈의 호위를 맡은 기마 무사.

쓰기 그리고 무가의 예의범절을 가르쳤다. 사무라이는 1남 1녀, 우마마와리는 3남 2녀를 두고 있어, 아이들이 성장하여 더욱 돈독해지는 양가의 인연도 기대되고, 가독(家督)을 물려줄 먼 훗날 일까지, 평화로운 춘하추동의 날들이 기다리고 있는 것이다. 둘은 진실로 마음을 터놓는 친구이다.

하성(下城)의 큰 북이 울려 오후 세시를 알린다.

얼굴이 창백해져서 달려온 야마부교(山奉行)[38]의 부하를 주인공이 의아하게 여기며 마주한다. 하지만 그 부하의 말에 얼굴이 굳어지고 만다. 3월 초에 산 관리자로부터 40년 된 삼나무 3천 석을 잘라낸다는 보고가 있어, 야마부교의 부하에게 확인한 사무라이가 이를 가로에게 보고하였다. 가로는 한슈에게 상주하여 결재를 받아, 가케야(掛屋)에 금 2만 냥 대출을 의뢰하여, 참근교대(参勤交代)를 위해 한슈가 출부(出府)하는 6개월 전인 5월 말까지 송금 받는 약속을 하였다.[39]

그런데 산역인이 보고한 3천 석은, 3천 석이 아니라 실은 3천 그루를 잘못 말한 것이라고 부하가 피를 토하듯이 말한다. 이대로라면 약속한 목재가 절반에도 미치지 못하고, 번이 가케야를 속인 일이 된다.

번령(藩領)의 산림은 광대하여 부족한 분량은 잘라내어, 제재

---

38) 야마부교는 산림을 담당하던 직책.

39) 가케야는 막부 및 번의 공금출납을 취급하던 상인이다. 참근교대는 에도 막부가 각 번의 한슈를 격년으로 에도에 참근시킨 제도이다. 이를 통해 각 번은 거액의 비용을 지출해야 했고, 처자는 인질로서 에도에 계속 머물러야 했다.

(製材)하여 쓸 수 있게 만드는 것은 가능하지만, 반출을 위하여 좁은 골짜기에 나무운반을 위한 통나무길 다리를 두 곳 만들고, 산길을 닦는 데에만 아무리 서둘러도 서너 달… 올해 여름이 끝날 때까지 걸리고, 채벌과 건조를 끝내면 눈이 올 때가 되니, 목재반출은 내년 봄이 된다. 따라서 사정을 오사카의 가케야에 전하고, 부족한 목재는 내년까지 기다려달라고 할 수밖에 없다. 산 관리인이 책임을 지고 할복하면서, 자초지종을 가로에게 보고해 달라고 하였다고 한다.

사무라이가 딱딱히 굳은 표정으로 자초지종을 가로에게 보고하자, 가로는 화석처럼 굳어져 잠시 침묵하고는, 이윽고 길게 한숨을 내쉬며, "오사카의 가케야로부터 돈이 도착하지 않으면, 참근교대는 물론 그 밖의 일에도 지장이 생긴다. 모든 자세한 사정을 있는 그대로 가케야에게 통지하고, 부족한 재목은 내년에 주겠다고 말할 수밖에 없겠군"이라 하고는, 가로는 한두 번 말을 머뭇거리면서 나지막하고 무거운 목소리로 말한다.

"그 사죄장에 할복한 산역인의 존마게를 첨부하고… 아니 산 쪽만이 아니라 성 쪽에서도 책임 있는 자를 한 명 내놓지 않으면 우리 번의 면목이 안 서겠어."

사무라이는 부서질 듯이 어금니를 꽉 깨물고, 얼어버린 듯한 형상으로 똑바로 가로를 쳐다보지만, 이윽고 양손을 바닥에 대고 고개를 숙여 딱 잘라 말한다.

"그건 이미 각오하고 있던 바입니다."

사무라이는 대기소 앞까지 돌아와서 안에 들어가려다가, 들어가지 않고 그대로 복도를 걷는다. 대청마루에서 짚신을 신고 천

수각(天守閣)[40]의 문을 나선다. 돌담 사이의 길을 걸어 산노몬(三の門)을 빠져나와, 니노마루(二の丸)[41]의 돌담길을 걷는다. 사무라이는 서늘한 무기고에 들어간다. 우마마와리가 동료와 함께 무기 손질과 점검을 이미 끝내고 돌아갈 준비를 하고 있다가, 들어오는 주인공의 얼굴빛을 보고 가슴이 철렁하여, 허둥지둥 다가가서 함께 무기고를 나선다.

봄날의 해는 길다. 천수각 돌담에서 마주한 둘의 그림자가 늘어진다.

등 뒤의 성루 아래에는 벚꽃이 줄지어 피어 있고, 우듬지에서 꾀꼬리가 운다. 자초지종을 말한 사무라이가 침묵에 빠지고, 우마마와리는 망연자실하여 아직 이 사실을 받아들이지 못한다. 침묵이 계속 이어지고 꾀꼬리가 운다.

이윽고 사무라이가 한숨을 내쉬며 얼굴을 든다.

"이상과 같은 사태로 할복은 피할 수 없어."

"…."

"그래서 자네에게 부탁이 있네."

우마마와리가 움찔하며 사무라이를 쳐다본다.

"가이샤쿠… 목을 쳐주기를 부탁하네."

우마마와리는 꿈쩍지도 못하고 온몸이 경직된다.

사무라이는 피를 뿜는 듯한 눈으로 우마마와리를 쳐다본다.

"자네 이외에 부탁할 사람이 없어. 부탁하네, 가이샤쿠를!"

---

40) 천수각은 성의 중심에 건조한 망루건물이다.
41) 니노마루는 본성 바깥쪽을 둘러싼 성곽이다.

"으, 으…" 우마마와리는 신음을 한다. 그리고 비통한 목소리로,

"가이샤쿠, 받아들이겠네!"

라 하며 우마마와리는 오른팔을 들어 두 눈에 대고 포효하듯이 운다.

혼마루(本丸)[42]의 성벽에 두 사람의 모습, 우두커니 서 있는 사무라이와 오른팔로 두 눈을 누르며 우는 우마마와리의 그림자가 늘어진다. 꾀꼬리가 운다.

이 장면부터 끝 장면까지는, 대사가 한 줄도 없고 연기뿐으로, 음악과 함께 몰아간다.

부족한 자료에 허둥대면서도 시나리오는 형태를 갖추어, 최종 단계에 들어가려는 10월 말이었다. 문예부원인 가네하라가 조심스럽게 말을 꺼냈다.

"하시모토 씨, 식사하는 것 말입니다만… 대체적인 윤곽은 드러났습니다. 에도시대 전기에는 등성하는 사무라이는 도시락을 지참하지 않았고, 성에서의 급식도 없었습니다. 이때는 하루 3식이 아니라 아직 2식의 시대였습니다."

"말도 안 돼!"

나는 일언지하에 그의 말을 부정하고, 빠른 어조로 지껄여댔다.

도시락… 사람들이 자기 집이 아니라, 외출한 곳에서 하는 식사를 도시락이라고 부르는 풍습은, 이미 헤이안시대부터 시작하였다.

도시락[43]의 어원은 멘쓰・멘토(面桶)로, 헤이안시대에는 찰밥

---

42) 혼마루는 본성(本城)을 말한다.
43) 일본어로는 '벤토(弁當)'이다.

을 달걀형태로 뭉친 것, 그것이 찰밥이 아닌 보통밥으로 일반화하여, 현재의 주먹밥(握り飯)이 되었다. 주먹밥을 오무스비(おむすび)라고 부르는 것은 헤이안시대의 여성언어로, 주먹밥 이외에는 밥을 건조시킨 건반(乾飯)의 역사도 길다. 이를 싸거나 넣거나 하는 용기에도 시대변천이 있어, 조릿대나 떡갈나무, 목련의 잎으로 싸는 원시적인 형태부터, 마대, 고리… 재료는 삼나무, 노송나무, 고로쇠나무 등으로, 그 밖에도 고가의 칠기도 있어, 특히 대나무로 만든 것에는 쇠장식도 붙은 정교한 세공품도 있으며, 에도시대의 무사나 서민이 여행 등에 사용했다고 한다.

이처럼 도시락의 역사는 에도시대보다도 훨씬 먼 옛날부터이다. 에도시대에 들어서 참근교대가 시작되자, 전국의 한슈가 에도에 출부하였다. 당번 날에는 조식을 마치고 에도성에 등성하고, 이후에 번사(藩士)가 번저(藩邸)에서 도시락을 가져왔고, 도쿠가와가에서는 차 담당이 차를 내어 점심 도시락을 먹었다고 한다. 이는 에도시대 전기, 중기, 후기를 통틀어 에도성에서 행해진 습관이었다는 역사자료도 있다.

에도시대의 다이묘(大名), 즉 각 번의 한슈는 에도시대 전기부터 3식이었다. 만약 가신이나 일반서민이 2식이라고 한다면, 이는 눈에 보이는 커다란 신분차이이고, 공식적인 기록에 남을 뿐 아니라, 속요(俗謠)나 유행가로까지 불렸을 터이다. 하지만 그런 사실이나 사례는 하나도 없다. 이는 식사가 당시부터 이미 세 번이 상식이었기 때문이다.

이와 동시에 각 번의 제도나 통치행태는, 중앙집권의 도쿠가와 가문의 것을 답습하여, 관례나 습관까지 모방하는 일이 압도적으로 많다. 에도성에 등성하는 각 번의 한슈가 도시락지참으로, 막부는 뜨거운 차만을 제공했다고 한다면, 한슈도 자신의 번에서 등성하는 사무라이에게 뜨거운 차만을 제공하고, 도시락은 각 사무라이가 지참하게 한다―이것이 에도시대를 다루는 자의 상식이다.

"잘 알겠습니다. 말씀하신 대로입니다. 저도 그런 비슷한 기록들을 여럿 읽었습니다. 그러나… 하시모토 씨는 모리(毛利)가의 기록, 하기(萩)가 아니라 나가토(長門)의 모리 말입니다만, 읽으신 적이 있으신지요?"

"모리가의 기록?"

"47인의 사무라이를 다룬 것입니다."

"아, 그것 말이군. 이전에 호소카와 일기는 읽었지."

〈사무라이의 하루〉의 배경이 되는 시기로부터, 약 50년 후에 아코(赤穗) 낭인 47인이 기라 고즈케노스케(吉良上野介)의 저택에 쳐들어가, 주군 아사노 나가노리(淺野長矩)의 원수인 기라의 목을 베고 막부에 자수하였다. 막부는 그들 47명을 히고(肥後)의 호소카와, 나가토 조후(長門長府)의 모리 등, 네 다이묘의 에도에 있는 번저에 분산하여 관리시켰기에, 네 가문에는 각각 47인에 관한 기록을 남기고 있다.[44]

"그 모리가문의 일기에…. "라 말하며 가네하라는 노트를 펼쳐,
"식단에 관한 기록이 있습니다."

44) 47인의 사무라이 일화는 '주신구라(忠臣藏)'라는 제목으로 극화되어, 일본인들이 가장 좋아하는 이야기 중의 하나가 되었다.

내가 노트를 받아들고 살펴보자, 다음과 같이 기재되어 있었다.

一. 요리 조석(朝夕) 국 둘 반찬 다섯.

一. 점심 과자 한 번 나옴. 찐 과자, 과일, 마른 과자.

一. 녹차, 전차(煎茶)는 원하는 대로 제공.

一. 야식 국 하나 반찬 셋, 혹은 죽, 혹은 나라차메시(奈良茶飯)[45]와 된장국, 조림.

내 눈에는 '조석 국 둘 반찬 다섯'이 못을 박은 듯이 강렬하였다.

낮의 과자류, 야식 국 하나 반찬 셋, 거기에 희망하기만 하면 언제라도 제공되는 차는 특별한 대접으로, 주군의 원수를 갚은 무훈 혁혁한 자들에 대한 각별한 대우라 할 수 있지만, 식사는 원칙적으로 아침과 저녁, 2식이다.

"그리고 조금 후인 도쿠가와 요시무네(德川吉宗)의 시대입니다만, 요시무네의 성격이나 주의, 주장은 모든 것을 도쿠가와 이에야스(德川家康) 시대로 복고하기를 원하여, 무예를 장려하고 식사 등도 최근은 세 번 하는 이가 많아졌지만, 몸을 보양하기에는 두 번으로 족하기에, 두 번으로 하도록 정하고 있습니다. 이러한 점으로 볼 때 식사를 세 번 하게 되는 것은, 겐로쿠부터 시작하여, 요시무네 이후인 도쿠가와 이에하루(德川家治)나 도쿠가와 이에나리(德川家齊)시대인 분카분세이(文化文政) 경에 정착한 듯합니다. 그러므로 겐로쿠 이전인 도쿠가와 전기는 2식이 아니겠습니까."

나는 꾹 입을 다물었다. 예상치 못한 엄청난 일이다. 시나리오의 성공 여부가 걸려 있다.

---

45) 차에 밥을 넣고 두부나 콩자반을 올린 요리.

가네하라는 말을 이었다.

"예부터 조석(朝夕)이라는 말이 있어, 이는 아침과 저녁의 식사를 의미합니다. 이에는 등화(燈火)의 역사와 관련이 깊습니다. 옛날 기름접시를 사용할 때는 등불이 약하고 불안하여, 사람들의 식사도 밝은 햇빛이 있는 동안에… 오늘날의 시간으로 말하자면 오후 4시에는 끝냈던 것으로 보입니다. 그러므로 식사는 아침과 저녁 두 번으로 충분했던 거지요."

"…."

내 등줄기를 차가운 전율이 흘렀다.

"그런데 에도시대에 들어가 안돈(行燈)[46]이 발달하였고, 특히 경제성장이 눈부신 겐로쿠시대에는 조명기기의 진보도 있어, 밤이 이전과는 달리 밝아집니다. 그러므로 저녁식사가 늦어지고 점심식사가 등장합니다. 하시모토 씨가 말씀하시는 바도 일리가 있습니다. 그러나 식사에 관해서는 에도시대 초기는 2식으로 보는 것이 올바르지 않을까요."

나는 아무 말도 하지 않았다. 아니 할 수 없었다.

엄청난 중대 사건이다. 〈사무라이의 하루〉에서 점심 도시락이 없어지면, 우마마와리와의 교류 장면이 그대로 날아가고, 시나리오 자체가 파탄하여 무산된다. 같은 성내이므로 사무라이와 우마마와리를 어디선가 만나게 할 수는 있고, 그에 따른 다른 상황도 두세 가지 생각해 내지 못할 바도 아니다. 그러나 점심식사와 그

---

46) 나무나 금속으로 만들어진 틀에 종이를 발라 바람이 불씨를 꺼뜨리지 못하게 만든 조명기구이다.

이후의 휴식처럼 딱 들어맞지는 않는다.

이 시나리오는 강직하여 관객에게 극단적인 긴장을 강제하여, 보통이 아닐 정도로 시선을 강하게 스크린에 응축시켜 이야기가 전개되어 가는 만큼, 모든 것을 현실적으로 밀어붙이는 이외에 방법이 없다. 다시 말하면 한숨 돌리는 점심식사와 휴식이 있기 때문에, 둘의 끈끈한 교류와 어린 시절을 그리워하는 회상 장면에서, 봄 여름 가을 겨울로 자유로이 오갈 수 있는 것이다.

만약 사무라이에게는 이런 친구가 있습니다라는 장면이, 아주 조금이라도 질감이 충분치 않고 설명적으로 된다면, 이 영화는 거기서 와해되어 완전히 붕괴되어 버린다. 다른 상황으로는 소용 없다. 결론적으로 말해 사무라이에게 점심 도시락과 점심 휴식이 없어지면, 이 영화의 기획 자체가 성립하지 않는 것이다.

나는 가네하라 군에게 엄명하였다.

"도서관은 되었으니까, 자네들 둘은 역사학자, 일본의 역사학자 전원에게 물어보고 다녀줘. 에도시대 전기, 사무라이가 등성할 때에는 도시락을 지참했는지, 아니면 성에서 급식이 있었는지, 또는 당시는 아직 2식이어서 사무라이는 도시락을 지참하지 않고, 성으로부터의 급식은 없었다라고 하는 것이 올바른지 어떤지 말이야. 역사학자가 모르겠다고 하면 물러서지 말고, 그렇다면 이에 대해서 누구에게 물어보면 좋을지, 또는 어떤 책을 보면 좋을지를 확인하여, 취재의 범위를 넓힐 수 있을 만큼 넓혀줘. 둘이서 손이 모자라면 또 한 사람, 가쿠타군에게라도 응원을… 알겠지?"

다음날부터 우에노의 도서관 출입은 나 한 사람이 되었고, 문예부원 세 명이 역사학자들을 찾아다니며 취재를 시작하였다. 구로사와의 다음 작품이 기획단계에서 엎어졌다고 하면, 기획담당인 문예부도 큰 책임을 지게 되고, 영업부만이 아니라 제작 촬영소로부터도 가차 없이 두들겨 맞는다. 기획부원도 필사적이다.

나는 이 기획에 대해서 사무라이의 식사 이외에도 의문시되는 점이 하나 있었다.

그것은 성(城)의 문제… 성곽이 그대로 번의 정청(政廳)이 될 수 있느냐 하는 것이다. 내가 보는 한, 성의 천수각(天守閣)은 성새(城塞)로서의 방어기능은 나름대로 갖추었지만, 번의 정청으로서 정무를 행하는 건물이라고 하기에는 좀 의문이 든다. 오다 노부나가(織田信長)의 시대에는, 성의 천수각은 한슈의 거주구역이기도 했지만, 도요토미 히데요시(豊臣秀吉)의 시대부터 크게 변하여, 성내 부지에 번의 크기에 걸맞은 한슈가 거주하는 어전과 저택 그밖의 것을 구축하였다. 정청의 중심은 방어시설인 천수각이 아니라, 그러한 어전이나 저택이 아니었을까.

하지만 내 지식의 범위에 들어 있는 성은 천수각이 건설 당시의 것으로 복원되거나 재건된 것뿐으로, 한슈의 어전이라든가, 저택 등의 건물은 전혀 남아 있지 않다.

촬영 장면 숫자 밑에 성의 이름과 사무라이의 대기소라고 쓰면, 이후는 미술감독이 연구하여 그 나름대로의 세트를 만들어 주지만, 그것만으로는 만족할 수 없다. 이번 기획은 리얼리즘이 기본으로, 내 자신이 그러한 건축물에 대해서도 확실한 입체적인 이미지를 갖지 않는 한, 인물의 감정이나 움직임도 애매모호해져 이야기가 공중에 뜨고 만다.

전국의 성에 대한 도감이나, 사진, 소개하는 인쇄물은 많지만,

그것들은 앞에서도 말했듯이 현존하거나, 또는 재건된 천수각을 주로 하여, 번청이라고 생각되는 한슈의 어전, 또는 저택, 그 밖의 건물에 대해서는 전혀 기재되어 있지 않다. 그러나 천수각을 구성하는 수많은 성루 중에는 문짝으로 구분되어 사무 담당이 일하던 장소라 생각되는 곳이 없지는 않다. 현재 히메지시에 있는 히메지성의 아름다운 게쇼야구라(化粧櫓)는, 혼다 다다토키(本多忠刻)에게 시집간 도쿠가와 이에야스의 손녀 센히메(千姬)가 일상생활을 하던 곳이기도 하다.

'한 번 성에 가보고 싶다. 사무라이는 한슈를 가까이에 모셨기에, 대기소는 어전 또는 번저의 일부일 테고, 천수각을 올려다보는 성내에도 사무라이가 돌아다니는 긴지카타, 지샤카타, 간조카타, 야마부교, 후진부교 등의 대기소가, 현존하는 성루에서 찾아볼 수 있을지 모른다.'

오후 8시에 문예부원인 가네하라가 나에게 전화하는 일은 약속이었다.

다이타의 내 집에 매일 또는 하루 걸러 반드시 연락을 주지만 내용은 좋지 않았다. 취재 범위가 확대되어 정처 없는 방황만이 펼쳐지는 느낌이다. 세 명이 혈안이 되어 움직이기 시작한 지 열흘 정도 지난 11월 중순이었다.

가네하라의 전화연락의 목소리가 이상하게 낮고 어두웠다.

"내일은 하시모토 씨는 어떻게 지내십니까? 도서관에 가십니까? 만약 가신다면 가실 때나 돌아오실 때 본사에 들러주십시오. 금후의 일정에 대한 논의라고 생각하시고…."

문예부원 세 명이 취재한 역사학자는, 이미 17, 8명을 넘어 에도

시대에 대한 글을 전문으로 하는 작가나, 역사소설을 쓰는 10명 가까운 소설가로까지 범위를 넓혔지만, 답은 똑같았다. 모르겠다라는 불명확한 한마디였다. 가네하라 일행으로서도 이 이상의 취재는 이제는 불가능하여, 찾아다닐 곳이 없어 취재를 그만둘 수밖에 없다고 한다. 나는 대답했다.

"가네하라 군, 내일은 사정이 좀… 2, 3일 뒤로 해주지 않겠나. 만날 날짜와 시간은 내가 연락하지. 2, 3일 뒤가 될 거라고 생각해."

다음날 나는 보스턴백을 들고 집을 나섰다.

이노카시라선을 타고 가다가 시부야에서 야마노테선으로 환승하였지만, 언제나처럼 우에노역으로 향하지 않고, 도중에 도쿄역에서 내려, 도쿄발 시모노세키(下關)행 특급열차에 올라탔다. 행선지는 효고현 히메지시. 오늘은 시간이 늦어 열람이나 견학은 무리이므로, 역 앞의 여관에서 자고, 내일 아침 히메지성에 가서 오전 중에 산노마루(三の丸)와 니노마루(二の丸)를 자세히 보고, 시간이 있으면 혼마루에 올라, 오후 열차로 도쿄에 돌아오자.

나는 〈사무라이의 하루〉를 어떻게 해서라도 완성된 시나리오로 만들고 싶었다.

사무라이가 지참하는 점심 도시락의 건은, 취재의 프로라 할 수 있는 문예부원이 돌아다녀, 역사학자와 작가 등으로부터 도시락을 지참했다고 단정할 수 없지만, 그렇다고 해서 등성할 때 점심 도시락을 준비하지 않았다고도 단정할 수 없다. 그렇다는 것은 어차피 알 수 없는 사항이므로, 드라마로서 어떻게 설정할지는 작가의 자유이고, 도시락 지참을 당연시해도 괜찮지 않을까.

게다가 이 작품은 9월 초부터 착수하여 이미 3개월 가까이 경과하였다. 만약 이대로 기획이 좌절되면 각본료는 한 푼도 들어오지 않고, 무료봉사가 되어 매우 타격이 크다. 그뿐만이 아니다. 아니 그런 금전상의 문제가 아니라, 작업이 차질을 빚었다는 커다란 굴욕을 처음으로 맛보게 되는 것이다.

　이타미에게 작품을 보여 주던 습작시절부터, 내가 하고 싶다고 생각하는 것, 하려고 결정한 것은, 가능 불가능을 차치하고 반드시 각본으로 만들어 내었고, 중도 포기는 한 번도 없다. 한 편의 작품을 완성하기 위해서는 이러저러한 고난과 장애가 뒤따른다. 만약 한 번이라도 유산(流産)의 버릇이 생겨버리면, 고생스럽거나 괴로울 때에는 그만 참을 수 없어 작품을 던져버리는 버릇이 생길까봐 두렵다.

　그리고… 사실 이것이 가장 중요하다. 이 기획은 구로사와 아키라와의 합의하에 성립한 것이다. 테마와 스토리를 둘이서 검토하고 결정하여, 나는 구로사와에게 각본을 쓰겠다는 약속을 하였다. 작가로서 그 책임은 어떻게 되는 것인가. 작품을 완성해야만 하는 조건과 필연이 이렇게 산적하고 있음에도, 왠지 이를 저지하고 거부하려는 마음이 드는 것은 왜일까.

　어찌되었든 그러한 답답함도 히메지성에 가면, 어떻게든… 아니, 나의 여행은 노를 잃어버린 뱃사람이 파도 위를 떠도는 정처 없는 표류처럼 느껴졌다.

　특급열차가 고베에 도착한 때는 황혼이었다.
　차창에서 보니 저녁놀이 지나간 바다가, 시가지의 등불이 이어지며 시야 끝까지 펼쳐져 있다. 수평선과 하늘의 구별이 희미하게, 암자색으로 시시각각 짙어지는 세토나이해이다. 나는 앞바다로 나가는 선박의 등불과 고기잡이배가 밝힌 불을 우두커니 쳐다보았다.

발차를 알리는 벨이 울리자 나는 튀어 오르듯이 일어나, 선반에서 보스턴백을 내려 서둘러 플랫폼으로 내렸다. 나도 왜 그런 충동에 휩싸였는지 알 수 없다.

나는 플랫폼에 서자 다시금 세토나이해를 쳐다보았다. 차창에서 보았을 때보다, 거리의 등불과 암자색의 바다가 훨씬 넓게 펴졌고 생생하게 보였다. 등 뒤에서 발차를 알리는 벨이 끝나고 특급열차가 발차하였다. 하지만 나는 뒤돌아보지 않았다.

그러한 나의 온몸을 순간적으로 오구라 백인일수(小倉百人一首)[47] 중의 시 한 수가 전율적으로 관통하였다.

유라만(由良灣)을 건너는 뱃사공, 삿대를 잃었네
갈 곳 모르는 사랑의 길인가

나는 보스턴백을 짊어지고 서둘러 플랫폼에서 계단을 내려가, 반대쪽 플랫폼 쪽의 계단을 올라가 니시아카시(西明石)행 열차에 올라탔다. 그리고 그 열차가 아카시역에 멈추자, 내려서 곧바로 선착장에 걸어가, 아와지(淡路)의 이와야(岩屋)로 가는 연락선에

---

47) 가인(歌人) 후지와라 사다이에(藤原定家, 1162~1241)가 교토 오구라(小倉)산 산장에서 골랐다고 전해지는 시가집이다.

올라탔다.

바람이 옷깃을 스쳐 조금 찼지만, 윗 갑판에 우두커니 서 있자, 연락선은 짧은 기적을 울리며 완전히 저물어 어두워져 파도소리만 들리는 바다로 출항하였다.

아와지의 바다, 나에게는 까닭 없이 가슴 쓰라린 추억이 있다.

일기 쓰는 습관이 없기에 정확한 날짜와 행적도 불분명하지만, 상이군인 요양소를 무단퇴소한 해이니까, 10년 전… 1942년 전쟁 중의 일이다.

요양에 질린 나는 무단으로 요양소를 빠져나와 고향에 돌아갔지만, 병약한 몸으로 바깥세상에서의 생활은 버티기 어려웠다. 그 외중에 전황이 진행되어 징용을 알리는 하얀 종이가 돌아다니기 시작했다. 병역은 복역면제로 관계없지만, 징용은 면할 수 없어, 만약 육체노동에라도 나가게 되면, 병세의 악화와 죽음은 면할 수 없다. 이를 벗어나기 위해서는 징용이 없는 군수공장에라도 취직하는 수밖에 없지만, 이 또한 체력에 자신이 없다.

큰맘 먹고 군수공장에 취직할까, 아니면 수치스럽더라도 사죄하고 상이군인 요양소에 재입소할까… 그런 혼란과 초조함으로 나날을 보내던 중, 어느 날 훌쩍 여행을 떠났다.

발이 향한 곳은 목적지도 아니고 목표하지도 않았던 아와지섬이었다.

현관에 해당하는 이와야에서 조금 동쪽에 있는 해안이었던가, 아니면 중심인 스모토(洲本)시 동쪽 해안인지 기억할 수 없지만, 머문 여관의 이름은, 분명히 '유라관(由良館)'이었다고 기억한다.

선명히 기억나는 것은 곳곳에 전등이 걸린 여관의 긴 복도이다.

보스턴백을 짊어지고 걷는 여직원, 나는 그 뒤를 따라 걸었다. 막다른 곳에서 오른쪽으로 꺾으면, ㄷ자형으로 바다가 들어와 있다. 별채로 향하는 다리를 건널 때, 만조의 검은 파도가 무겁게 소용돌이쳐서 물을 밀어올리고 있어, 왠지 조금 무서운 느낌이 들었다.

별채는 동쪽과 북쪽이 직접 바다에 면하여 파도소리가 엄청났다.

목욕과 식사를 끝내고 깔려 있는 두꺼운 질 좋은 이불 속으로 들어갔지만 파도소리에 잘 수 없다. 방 전체가 흔들리듯이 파도소리가 울렸다. 건너편의 아카시나 스마(須磨)의 바다는 평온하고 평탄해 보이지만, 아와지섬 주변은 의외로 조류가 빠르다.

예전 국철 교습소 시절, 나는 고베시의 다루미즈(垂水)의 해안부터 아와지섬까지 헤엄쳐서 건너려 한 적이 있다. 손을 뻗으면 닿을 수 있을 정도로 섬이 가까워 보였다.

하지만 3, 4백 미터 정도에서 더 이상 나아갈 수 없었다. 그것은 온몸의 피가 얼어붙는 듯한 공포였다. 바닥없는 깊은 곳으로 끌려 들어가는 기분 나쁜 흡인력, 그리고 동쪽으로 천천히, 그것은 인간의 힘으로는 도저히 저항해도 막아낼 수 없는 엄청난 힘으로… 너무나 무서워 죽음에 대한 두려움에서 무아지경으로 미친 듯이 헤엄쳐, 겨우 다루미즈 해안으로 돌아왔다.

나는 제멋대로이고 무모했던 옛날을 회상하며 쓴웃음을 지었다. 씁쓰레한 웃음이었다.

"헤엄쳐서 건너려 했는데 그러지 못했다… 그래서 배로 오게 되었나."

하지만 다음 순간 갑자기 나는 고개를 갸우뚱했다.

파도소리 속에서 무언가… 아니 잘못 들었겠지, 아무것도 들리지 않았다. 들리는 것은 파도의 울림뿐이다. 그러나 그 속에서… 나는 무심코 이불을 밀치고 몸을 일으켜 똑바로 앉았다. 몸 전체를 귀인 양 온 신경을 집중하였다. 하늘과 땅이 존재하는 한 영원할 파도의 울림 속에서, 희미하게 속삭이듯이 토막토막,

유라만을
건너는 뱃사공
삿대를 잃었네
갈 곳 모르는…

천 년 전의 가인(歌人), 헤이안시대의 소네노요시타다(曾禰好忠)가 읊은 오구라 백인일수의 한 수로, 원래는 『신코킨와카슈(新古今和歌集)』에 실린 시이다. 이는 10년 전 아와지섬 어느 여관에서의 믿지 못할 사건이다.

아카시로부터의 연락선이 아와지섬 현관인 이와야에 도착하자, 나는 택시승차장에서 조금 머뭇거렸다.

오늘밤의 숙박장소 때문이다. 이와야로 할까, 아니면 스모토의 조금 동쪽인 유라항(由良港)에 가서 유라의 여관에 머무를까. 그러나 내일 아침은 가능한 빨리 히메지에 도착하고 싶다. 그렇다면 이와야가 여러모로 편리하다.

나는 택시에 타서,

"운전사 양반… 여기서 전망 좋고 바다가 잘 보이는 여관으로 부탁해요."

운전사가 안내해 준 여관은 언덕에 위치하여, 2층 방에서 아카시 해협이 낮에는 와이드 파노라마처럼 훤히 보였다.

목욕과 식사를 끝내고 나는 창문을 열었다. 갑자기 파도소리가 강해졌다. 툇마루의 등의자에 앉자, 바람이 차서 솜옷의 깃을 여몄다. 밤의 해협에는 시커먼 파도가 줄지어 있다.

건너편의 아카시, 마이코(舞子), 스모토의 불빛… 왼쪽에는 니시아카시, 오고가는 배의 등, 저 멀리 서쪽의 하리마나다(播磨灘)에는 드문드문 고기잡이배의 불도 보인다.

파도의 울림은 기억 속의 '유라관'과는 달리 바다로부터 거리가 있었다. 게다가 고지대이기에 그 정도는 아니다. 그러나 해협을 바라보는 아와지섬의 강한 해류 그리고 하늘과 땅의 유원함과, 영원이라 생각되는 파도소리는 마찬가지였다.

나는 소네노요시타다의 시를 낮게 흥얼거렸다. 10년 전의 '유라관'에서는 파도소리 사이사이에 들렸는데, 그건 잘못 들은 것으로, 무의식적으로 내 입에서 나온 중얼거림이었을지 모른다.

'유라만을 건너는 뱃사공, 삿대를 잃었네. 갈 곳 모르는 사랑의 길인가.'

유라만은 단고(丹後)의 유라, 기이(紀伊)의 유라, 아니면 아와지의 유라인지 명확치 않지만, 이 노래는 연가이면서 정념을 뛰어넘은 달관이 있다.

타고 있는 배가 만약 삿대를 잃어버리면, 이후는 바람에 맡기든지, 파도에 의지할 수밖에 없다. 달관이란 포기할 수밖에는 없는 자신을 인식하고, 객관시하는 것으로, 운명에는 거스르지 않고 단지 일체를 천운에 맡긴다. 10년 전 나는 상이군인 요양소에는 돌아가지 않았고, 군수회사로의 취직을 선택하여 오늘을 맞고 있다. 그렇다면 지금 쓰고 있는 시나리오의 운명은? 그건 아직 모르겠다.

나는 다시 한 번 어두운 파도가 울리는 아카시 해협으로 눈을 돌렸다.

천 년 전의 오행 정형시에는 운명에 대한 달관이… 긴장을 늦춰주는 힘이 아직까지도 있다. 내가 쓰는 시나리오에는 어느 정도의 수명이 있을까.

다음날은 쾌청하였다.

이와야부터 아카시로는 연락선을, 아카시부터 히메지는 구간열차을 타고 히메지역에 도착하였다. 역 건물을 나와 나는 중심가를 북쪽으로 똑바로 걷기 시작하였다.

막다른 곳이 히메지성이라서 한발 한발 다가가자 하얀 5층 천수각이 조금씩 커보였다.

역의 물품보관소에 보스턴백을 임시로 맡기고 택시를 타려 했으나, 관람은 아홉 시부터니까 서둘러도 소용이 없었다. 게다가 익숙한 길이기도 하여 오랜만에 보는 거리풍경의 변화에 눈을 빼앗기면서, 성 맞은편에 있는 조난(城南)연병장 터에 다다랐다.

조난연병장에는 패전과 동시에 판잣집이 운집하였지만, 지금은 완전히 시가지로 변모하였다. 그러나 전전에는 광대한 연병장이었고, 군은 병사의 훈련에 조호쿠(城北)연병장을 사용하였고, 조난은 시민에게 개방하여 출입이 자유로웠기에, 광장 중앙부분이 성을 보는 데 가장 좋은 장소였다.

정면의 히메(姬)산은 산이라기보다도 50미터 정도 높이의 구릉이지만, 거기에 돌담을 쌓아올려 3기의 소천수각을 거느린, 우뚝 선 하얀 오층의 천수각은 훌륭하다 할까, 장대하다 할까, 아름답다 할까, 형용할 말이 없다.

그리고 히메산의 서쪽으로 히메산과 같은 높이의 사기(鷺)산에 구축된 게쇼야구라를 기점으로 하는 니시노마루(西の丸)는, 미려한 순백의 날개를 저 멀리 길게 늘어뜨려, 천수각을 넣어 조망하면, 지금이라도 백로가 날갯짓 하며 동쪽으로 날아오를 듯하다. 별명 '백로성(白鷺城)'이라 불리는 이 성은 아름다운 경관을 뛰어넘어, 일본미의 극치, 일본인이 구축한 것 중 최고미이기도 하다.

이 성에는 무로마치(室町)기에 대대로 눌러살던 아카마쓰(赤松) 가문이 터를 잡았고, 전국시대 오다 노부나가의 주고쿠 지방 공략에 도요토미 히데요시가 거성으로서 3층의 천수각을 짓고, 세키가하라 합전 이후는 도쿠가와 이에야스가 사위인 이케다 데루마사(池田輝政)를 국수(國守)에 임명하였다. 하리마 57만 석, 히젠 28만 석, 아와지 6만 석, 합쳐서 91만 석을 주어, 속칭 하리마히메지 백만 석의 영주, 이케다 데루마사가 9년의 세월을 들여 쌓아올린, 주고쿠나 규슈의 강력한 번들에 대비한 서국(西國) 제일의 성이다.

그러나 조난연병장이 없어진 현재로는, 성을 조망하기 가장 좋은 장소를 상실하였다. 세월 탓이라 하면 그만이지만, 보존이나 수리에 열심이던 메이지시대의 사람들의 열의나 노력에 비하면, 잃어버린 것은 너무나도 크고… 시계를 보고, 나는 걷기 시작하였다.

나는 관람 개시시각과 거의 동시에 히메지성에 들어갔다.

커다란 정문을 들어서자, 산노마루에는 눈을 주지도 않고, 니노마루도 무시하고, 곧바로 '이(い)' '로(ろ)' '하(は)' '니(に)'의 문을 지나, 천수각으로 올라가는 입구로 향하였다.

이때에는 벌써 알고 있었다.

이 작품을 염두에 두고, 히메지성내의 산노마루와 니노마루의 성루를 돌아보고, 만약 사무라이의 실재감이 느껴지면 무슨 일이 있어도, 어떠한 일이 있어도 작품을 각본화하자. 그러나 그러한 장소를 걸어도, 사무라이 그 자체의 존재나 실재가 느껴지지 않는 경우는, 과감히 작품을 포기하자… 아니 그건 속임수이고, 거짓말이다. 궁지에 처하자 우뇌와 좌뇌가 짜고 하는 시합에 불과하고, 본능의 뇌간에는 내가 알아채지 못하는 사이에 움직이지 않는 결정이 내려져 있다. 이 작품과는 안녕… 결별이다.

그런 결별은 히메지성에서 하자.

이 작품을 각본화, 영화화한 경우, 영화회사는 전례 없는 새로운 시대극이라고 대대적인 선전을 할 것이고, 구로사와도 비평가나 언론에는 그러한 연유를 언명할 터이다. 그러나 만약 누군가가 이 영화의 리얼리즘은 이상하다, 에도시대 전기는 아직 2식으로, 사무라이가 등성 시에 도시락 지참 따위는 있을 수 없다고 말을 꺼내면 어찌될까. 문예부원인 가네하라의 충고에도 일리가 있다.

취재에서 저명한 역사학자들도 모두 알 수 없다고 말했지만, 영화가 완성된 경우에는 어느 누가 어떤 비평을 할지 모른다. 개한 마리가 거짓으로 짖으면 모든 개들이 따라 짖는 것이 세상이치이므로, 그러한 경우에는 작품은 치명상을 입는다.

게다가 작년 9월 이탈리아 베니스 국제영화제에서 〈라쇼몬〉이 그랑프리를 수상하였다. 처음에는 영화제나 그랑프리의 의미를 알지 못했지만, 차차 그 의미가 인식되어, 일의 중대함이 사람들에게도 알려지고 있다. 구로사와는 일본의 구로사와에서 세계의 구로사와로 한발 크게 디뎠다. 그러던 차에 그가 혼신의 힘을 다한 시대극이 치명상을 입으면 어떻게 되겠는가.

이 기획이 햇빛을 보기 위해서는, 에도시대 전기는 이미 3식이 시작되어 근무로 등성하는 사무라이는 도시락을 지참하였다고 하는, 확고부동한 자료가 없는 한, 그러나 그걸 3개월 가까이 찾았지만 발견치 못한 이상, 이 기획은 포기하자. 작품을 어둠에서 어둠으로 사장시키는 수밖에 없다.

나는 천수각의 지하 1층에서 슬리퍼로 갈아 신고 비닐에 신발을 넣어 통로를 걷다가 천수각의 계단을 오르기 시작하였다.

〈사무라이의 하루〉의 어둠에서 어둠으로는 어쩔 수 없다 하여도, 만들어 낸 자로서는 적어도 팔다리를 제대로 붙여, 사지가 있는 온전한 형태로 사장시키고 싶다. 주인공 사무라이가 우마마와리에게 가이샤쿠를 의뢰하고, 우마마와리가 그걸 받아들이고 나서 마지막 장면에 이르기까지의 스토리 말이다.

그러나 그건, 어제 이미 완성되었다.

한 줄의 대사도 없이 테마음악만으로, 할복의식에 다다르는 사무라이의 극명한 움직임, 가이샤쿠를 맡은 우마마와리의 움직임, 사무라이의 부인과 1남 1녀의 아이들, 동료와 하인, 이웃과 구미야시키 등, 모든 사람들의 숙연한 움직임, 그것들은 가차 없는 톱니바퀴로, 전체가 금속보다도 단단한 검은 빛이 나는 목제의 거대한 톱니바퀴로 맞물려, 컷을 거듭하다가 통한의 마지막 장면으로 시각을 다투며 나아가는 강직한 시나리오, 내 머리 속에서는 사무라이가 아침부터 저녁까지를 살아 숨 쉬고 있다. 못다 핀 벚꽃이 서광에 향기 나는 아침부터, 땅거미가 지는 저녁까지의 〈사무라이의 하루〉가 형태를 갖추고 완성되었다. 되돌아갈 수 없는, 역회전이 없는 운명의 외길이다.

히메지성의 천수각 계단은 가팔랐다.

3층까지는 어떻게든 올랐지만 4층에서는 숨이 차서, 한층만 더 올라가면 꼭대기 전망층이지만 움직일 수 없었다.

헐떡거리면서 돌아보자, 거대한 두 개의 기둥이 눈에 띄었다. 5층 천수각을 지탱하는 동과 서의 큰 기둥이다.

나는 헐떡거리며 동쪽의 큰 기둥으로 다가가 보았다. 천수각을 지탱하는 심장이라 할 수 있는 이 큰 기둥은 에도시대 것으로, 내가 태어난 곳과 가까운, 간자키(神崎)군 오누키(大貫)에 있는 다이젠(大善)사 경내에 있던 거대한 전나무이다.

나는 서쪽의 큰 기둥에 다가가 보았다. 이쪽 기둥의 유서는 명확치 않지만, 동쪽기둥과 비슷한 곳이라면, 이것도 내가 태어난 곳에서 가까운, 큰 나무가 많은 가사가타(笠形)산의 삼나무나 노송나무가 아닐까.

겨우 호흡이 정상이 되자, 계단을 올라 5층 천수각의 꼭대기, 하리마 지방을 한눈에 내려다볼 수 있는 전망대에 올랐다. 시간 탓인지 사람은 두세 명밖에 없고, 나는 세 개 있는 동쪽 창의 가장 북쪽 창에서 동북쪽을 바라보았다.

"아!"라고 무심코 소리가 나왔다. 보인다… 보여!

히메지시 동북쪽 이치카와의 제방이 역광 속에서 보인다.

내가 시나리오 작가가 되기로 결심한 이치카와의 제방이다.

〈라쇼몬〉이 교토의 다이에에서 촬영 준비에 들어갔을 때, 나는 아직 회사원이었다. 나는 시나리오 작가보다도 사업가를 지향하고 있었다. 시나리오는 어디까지나 취미로 계속할 작정이었지만, 그 두 갈래 길이 양립할 수 없음을 뼈저리게 느꼈다. 어느 쪽 하나를 선택하지 않으면 둘 다 놓치고 만다.

그런 망설임이 계속되던 어느 날, "노자토 공장에 간다"고 직속 부하인 경리과장에게 말하고, 자전거로 본사를 나와 시의 동북쪽으로 향하였다. 하지만 노자토 공장을 오른쪽에 두고 지나쳐, 이치카와의 제방에 갔다.

경리부장인 나에게는 회사의 미래상이 명확하였다. 앞으로 일이 년… 잘해도 이삼 년 안에 한계에 부딪쳐 붕괴한다. 사업가로서 독립하든지 아니면 시나리오 작가가 되든지, 나는 기로에, 아니 그런 구분보다도 현실은 극도의 피로로 버틸 수 없었다. 자금의 조달과 변통에 시달려, 일종의 강박관념에 헐떡이는 나날이었다.

내가 사업을 시작해도, 좋을 때는 좋지만 호황과 불황의 파도가 항상 안정되지 않아, 종업원과 그 가족의 생활부담이 어깨를 덮쳐눌러, 지옥의 고통과도 같은 자금 조달의 고생이 평생 따라다니지 않겠는가.

그와 비교하여 시나리오 작가가 되면 나와 내 아내, 그리고 세 명의 자식들이 먹고사는 것만 걱정하면 된다. 비할 수 없이 편하다.

나는 제방 길에 자전거 지지대를 세우고, 자전거에서 떨어져 하늘을 우러러보았다.

"저는 시나리오 작가가 되겠습니다!"

그 파란 하늘, 눈부심, 몸이 가벼워짐은 무엇일까. 초여름의 햇빛 아래 제방에서 강가로 펼쳐진 풀의 군락, 풀을 뜯는 소떼, 그 앞에는 반짝반짝 햇빛을 반사하는 돌멩이와 이치카와의 흐르는 강물. 몸을 돌리자 갑자기 시야에 들어온, 바로 위에서 빛을 받으며 우뚝서있는 5층의 천수각, 히메지성이 눈에 들어왔다. 하리마 평야를 내려다보는 인상적이기까지 한 히메지성이었다.

내 가슴에 〈사무라이의 하루〉 기획이 싹튼 것은 이때였다.

나는 5층 천수각의 동쪽 창에서, 숨을 죽이고 동북쪽 이치카와의 제방을 쳐다본 채로 움직이지 않다가 잠시 후 숨을 내쉬고 걷기 시작하였다. 그리고 남쪽의 다섯 개 있는 창의 중앙에서 멀리 바라보았다. 눈 밑에 히메지시의 시가지가 펼쳐졌다. 전전에 남쪽은 전원지대였지만 이제는 시가지가 남쪽 끝의 하리마까지 이어져, 세토나이해의 수평선이 더욱 높아 보였다.

나는 남쪽 창에서 벗어나 천수각의 계단을 내려왔다.

4층까지 내려오자 주저 없이 동쪽의 큰 기둥에 다가가, 팔을 뻗어 천수각을 지탱하며 수백 년 세월에 빛바랜 전나무 거목을 손바닥으로 어루만졌다. 차가운 감촉이었다. 하지만 어딘가에 미진하게나마 따스함도 느껴졌다.

나는 성의 심장부라 할 수 있는 천수각의 큰 기둥에 다시 한 번 손을 대며 속삭였다.

"이 성이 낳아준 기획이니까 이 성에 돌려주겠다. 그걸로 끝이다."

도쿄에 돌아오자, 나는 다음날 오전 중에 집 마당에서 〈사무라이의 하루〉노트와 자료를 불태우고, 오후에는 유라쿠초(有樂町)에 있는 토호 본사 앞의 카페에서, 프로듀서 모토키 소지로와 가네하라 등 문예부원 두 명과 마주앉았다.

내가 작품의 중단을 알리자, 모토키 소지로는 얼굴에서 핏기가 가셨고, 문예부원들도 예상은 했다고 해도, 그것이 현실이 되자, 얼굴이 창백해지고 일그러졌다.

구로사와의 다음 작품이, 구로사와의 손을 거치지도 않고 어둠에서 어둠으로 사라져 간다… 회사로서도 큰일이지만, 구로사와에게도 변명할 여지가 없는 수습할 수 없는 실태(失態)이다.

하지만 모토키 소지로는 나에게 어떻게든 해달라든지, 어떻게 안 되겠는가라는 한탄은 일절 하지 않았다. 그런 말을 입에 담아도 이제 와서 의미가 없음을 그도 알고 있다. 핏기 가신 얼굴로 숨을 죽이고 침묵하던 모토키 소지로가 얼굴을 들었다.

"알겠네, 하시모토 군… 구로사와 씨에게 이를 보고하지 않으면 안 되는데, 가능한 빠른 편이 좋아. 하시모토 군 함께 가 주겠나?"

내가 끄덕이자, 모토키 소지로는 문예부원에게,

"자네들도 함께… 연락은 지금 내가 하지."

고마에의 구로사와 집에서 나를 포함한 네 명을 맞은 구로사와는, 사정은 모토키의 전화로 이미 알고 있어, 얼굴을 본 순간부터 언짢아했다. 따지는 듯한 눈은 노여움에 불탔고, 찌를 듯한 시선을 문예부원과 모토키에게 주고 있다. 하지만 왠지 나와는 일절 눈을 마주치지 않는다.

응접실에서 마주 앉아, 모토키 소지로가 다시 한 번 자료 부족 때문에 작품을 중단하지 않으면 안 된다고 알리자, 구로사와의 노여움이 단숨에 폭발하였다.

"왜냐고, 왜 할 수 없냐고!"

문예부원 두 명이 아연실색하며 떨고 있다. 구로사와 아키라의 노여움은 무시무시했다. 관자놀이에는 파란 정맥이 도드라졌다.

"왜냐고? 어째서냐고? 나는 꾹 참으며 두 달이나 기다렸다고!"

구로사와 아키라의 노여움은 정상이 아니라 이상할 정도였다. 아니 무리도 아니다. 첫 작품 〈스가타 산시로〉 이래 수많은 수작과 가작으로 일본 영화계 최고의 자리를 지켜온 그로서는, 자신이 제작을 결정한 것이 기획단계에서 일방적으로, 그것도 자신의 의사와는 관계없이 중단되어 소멸하기는 아마도 처음으로, 이제까지 당한 적 없는 처사에 대한 헤아릴 수 없는 굴욕과 울분, 그건 나도 모를 바가 아니다.

나도 완성도는 차치하더라도 쓰려고 한 작품, 관여한 작품은 반드시 작품화되었고, 이번처럼 중도포기는 참기 힘든 굴욕이기도 하다. 구로사와의 경우에는 자신의 의사와 관계없이 행해졌고, 또한 나 따위보다 자아와 자부심이 강렬한 만큼, 다른 사람보다 그것에 대한 노여움이 강렬하고 격하다 할 수 있다.

구로사와는 집요하였다. 가끔 모토키 소지로를 째려보았지만, 대부분은 두 명의 문예부원을 핏줄선 눈으로 돌아가며 쳐다보고, 왜인지, 어째서 할 수 없는지를 반복해서 물었다. 만약 구로사와는 스토리에서 시나리오로 부풀리기—내가 진행해 온 작품내용을 기획부원이 모토키 소지로에게 보고하고, 달변인 모토키가 거기에 없는 말을 더해 구로사와에게 말하고, 구로사와는 완전히 그 말을 믿어 이 영화의 절정인, 우마마와리가 가이샤쿠를 받아들이고 나서 마지막까지를 이리저리 화면으로 만들 생각을 하고… 여하튼 하루라도 빨리 초고의 완성을 초조하게 기다리고 있었을 터이다. 그런데 들고 온 것이 갑작스러운 중단 이야기이다. 따라서 보통이 아닐 정도로 격하게 화를 내는 것도 당연하다.

그러나 그렇다 해도 눈에 핏발이 서고, 관자놀이에 핏대가 선 구로사와의 노여움은 히스테릭의 한계를 넘었다. 하시모토 시노부가 각본을 쓰지 않는 것은, 아니 쓸 수 없는 것은 너희들이 자료를 만족스럽게 모으지 못했기 때문이라고, 책임은 너희들에게 있다는 가차 없는 추궁이다.

그건 아니다. 기획부원은 열심히 했다. 할 수 있는 일은 해주었기에, 오히려 칭찬해 주고 싶다. 그리고 중단을 결정한 것은 그들이 아니라 나 자신이니, 사리에 어긋나기도 한참 어긋난다.

생리적으로 참을 수 없는 긴박하고 좋지 않은 분위기였다. 왠지 고양이가 쥐를 괴롭히는 듯한, 저항할 수 없는 자에 대한 일방적인 괴롭힘처럼 느껴졌다. 게다가 그것이 계속 이어졌다.

나는 도저히 참을 수 없게 되었다.

'핏대 세우지 말아요, 구로사와 아키라, 그만 하세요. 불만이 있으면 나에게… 중단을 결정한 것은 나라고요.'

나는 고개를 들어 노여워하는 구로사와 아키라를 보았다.

"구로사와 씨"

구로사와가 쓱 나를 보았다. 처음으로 나를 보는 예리한 눈이었다.

"구로사와 씨는 하루 몇 번 밥을 먹습니까?"

"뭐라고!?"

"저는 세 번입니다만, 구로사와 씨도 세 번이라고 생각합니다. 그러나 언제부터 일본인이 세 번 밥을 먹게 되었는지는… 그건 어느 누구도, 어떤 역사학자도 모릅니다."

구로사와는 예리한 눈으로 나를 째려보고 있었다. 달려들 듯한 눈이었다.

"일본의 역사는 사건의 역사입니다. 몇 년 몇 월에는 어디어디서, 어떠한 사건이 일어났는지, 처음부터 끝까지 면밀히 써냅니다. 그러나 인간이 밥을 먹는다든지, 목욕은 하였는지, 그런 생활에 관한 정확한 역사는 한 줄도 언급하지 않습니다… 구로사와 씨!"

내가 얼굴을 정면으로 쳐다보며 말하고 종지부를 찍었다.

"일본에는 사건의 역사는 있지만 생활의 역사는 없단 말입니다!"

그로부터 10년 후에 나는 〈할복(切腹)〉이라는 제목의 시나리오를 썼다. 영화회사의 주문이 아니라, 내 아이디어로 만들어 낸 작품이다.

〈사무라이의 하루〉의 주인공 사무라이는 히메지성에서 내 마음속으로 극진히 장례를 치러 주었는데, 성불하지 못하고 저승에서 빠져나왔는지, 다시 한 번 할복장소에 되돌아온 그 사무라이의 원한은 심상치 않게 무시무시하였다. 〈할복〉의 감독은 고바야시 마사키(小林正樹)로 평판이 좋았고, 1963년 칸느 국제영화제에서 심사위원특별상을 수상하여, 〈모래그릇〉과 더불어 내 대표작이 되었다.

〈7인의 사무라이(七人の侍)〉 II

〈사무라이의 하루〉의 취소로 구로사와가 노발대발 하고 나서, 다이타의 집에서 이삼일 빈둥빈둥하고 있자, 프로듀서 모토키 소지로로부터 전화가 걸려왔다.

"아, 하시모토 군, 구로사와 씨가… 그래, 구로사와 씨로부터 연락이 왔어. 사무라이의 할복 이야기는 포기한 모양이야. 그래, 그래… 그래서 새로운 다른 작품을 생각한 모양으로 의논을… 가능한 빨리 하시모토 군과 의논하고 싶다고 하네."

"지금 가겠습니다."

"어?"

"다른 작업을 할 수도 없고 집에서 빈둥빈둥해 봤자 뾰족한 수가 없지 않습니까. 가능하면 구로사와 팀과는 빨리 정리하고 싶기도 하고… 지금 가겠습니다."

"알았어. 그러면 부탁하네. 구로사와 씨에게는 연락해 놓을 테니."

내가 집을 나서 이노카시라선을 타고, 다음 역인 시모키타자와에서 오다큐선으로 환승하여, 고마에의 구로사와 집에 가자, 기다리던 구로사와가 반기며 응접실에서 마주 앉았다.

전날과는 전혀 다른 온화한 표정으로, 구로사와는 〈사무라이의 하루〉에 대해서는 한마디도 언급하지 않고 말을 꺼냈다.

"하시모토 군… 옛날 검객 말인데, 가미이즈미 이세노카미(上泉伊勢守)나 쓰카하라 보쿠덴(塚原卜傳), 미야모토 무사시(宮本武藏)… 각각 대단한 점이 있잖아."

작업 관련 논의를 하는 하시모토 시노부(왼쪽)와 구로사와 아키라. 1960년경

내가 고개를 끄덕였다. 말 그대로였다.

"이 검객들의 대단한 점, 가장 재미있는 이야기, 누구라도 경탄할 만한 점, 사람들이 감동할 만한 것… 이러한 특징 있는 일화를 각각 뽑아내어, 주인공 검객 일곱, 여덟 명을 열거하여, 그 순서는 시대순이 좋을 것 같고, 옴니버스로 만드는 거지."

"아…."

나는 무릎을 앞으로 당겼다.

"그렇다면 〈일본검객열전〉이네요."

"제목은 각본이 완성되지 않으면 모르는 거지만, 뭐 〈검객열전〉 같은 거지."

"그거라면 할 수 있습니다. 3주… 아니, 2주만 주십시오."

"응? 그렇게 간단히?"

구로사와는 반신반의하며 내 얼굴을 구멍이 뚫릴 정도로 쳐다보았다.

"구로사와 씨는 나오키 산주고(直木三十五)[48]의 검객물을 읽으셨습니까?"

"옛날이지만, 두세 편은 읽은 기억이 있어."

"그렇다면 고미 야스스케(五味康祐)[49]는요?"

"고미 야스스케는 읽지 못했어."

"예전의 나오키 산주고부터 현재의 고미 야스스케까지 검객물은 쌓이고 쌓였죠. 하지만 그들이 참고한 책은 단 한 권뿐으로… 에도시대에 출판된 『본조무예소전(本朝武藝小傳)』[50]입니다."

"『본조무예소전』?"

"이 책을 도서관에서 빌리면, 2주 안에 각본을 쓸 수 있습니다."

"그러면 하시모토 군, 이 옴니버스 해주겠나?"

"좋습니다, 하겠습니다."

구로사와의 뺨에 살짝 쓴웃음이 떠올랐다.

"하지만 꼭 2주에 집착할 필요는 없어."

"아니요, 일에는 기한이 있어야… 그건 괜찮습니다."

---

48) 나오키 산주고(1891~1934)는 소설가로, 아쿠타가와상과 함께 일본을 대표하는 문학상인 나오키상은 그의 이름을 딴 것이다.
49) 고미 야스스케(1921~1980)는 검객을 다룬 역사소설로 유명한 작가로, 대표작으로는 『야규 무예장(柳生武藝帳)』이 있다.
50) 『본조무예소전』은 1716년 발간된 일본 최고(最古)의 무예열전이다.

나는 가제 〈일본검객열전〉을 승낙했다. 그리고 시간이 촉박하여 구로사와집의 전화를 빌려, 토호 문예부로 연락하여 우에노 도서관에서의 책 대출을 의뢰했다.

다음날 저녁 토호 본사로부터 『본조무예소전』이 도착하자 다음날부터 나는 집에서 작업을 시작하였다.

토호가 시급한 작업이니까 하코네나 이즈는 무리일지 모르지만, 시내의 여관이나 호텔은 어떠냐는 의견을 주었지만, 나는 거절하고 서재, 우리 집 2층에 있는 작은 방에서 작업을 시작하였다.

우리 집 마당은 장어가 사는 곳처럼 좁고 길다. 왼쪽은 옆집과의 대나무담, 오른쪽은 이웃 토지와의 경계인 콘크리트 담으로, 담 너머는 넓은 공터에 커다란 벚꽃나무가 두 그루 뻗어 있다. 내 집은 말하자면 좁고 긴 길의 막다른 곳인데 서재는 그 마당을 정면으로 한 2층으로, 해가 잘 들고 옆의 안방과는 복도로 구분되어 있어 조용하여, 내가 딱 맘에 들어 하는 곳이다. 틀어박힐 곳을 이곳저곳 찾기보다는 여기서 빨리 작업에 임하는 편이 진척이 빠르다.

나는 메모를 하면서 『본조무예소전』을 다 읽자, 구성표의 상자 뚜껑 용지에 뽑아낸 인물을 순서대로 써보았다.

첫 번째 타자는 검성(劍聖) 가미이즈미 이세노카미

이어서 쓰카하라 보쿠덴

미야모토 무사시

야규 무네노리(柳生宗矩)

오노 다다아키(小野忠明)

마쓰바야시 사마노스케(松林左馬之助)

지바 슈사쿠(千葉周作)

사카키바라 겐키치(榊濺原健吉)

이상의 여덟 명으로 괜찮을 것 같다.

첫 번째 가미이즈미 이세노카미는 별명을 무사시노카미 노부
쓰나(武藏守信綱)라고도 하고, 신음류(新陰流)의 창시자이다. 아이
를 납치하여 창고에 숨은 도적에게, 승려 행색으로 변장하여 들
어가, 도적의 칼을 빼앗고 한 칼에 베어 죽인 이야기는 너무나도
유명하다.

쓰카하라 보쿠덴 또한 잘 알려진 검객이지만, 검객으로 그다지
유명치 않은 마쓰바야시 사마노스케를 채택한 이유는 이야기가
매우 기묘하기 때문이다. 다른 유파와의 시합에서 상대를 일격에
죽여 원한을 사서, 대낮에 일곱, 여덟 명에 습격을 당하지만 사마
노스케는 그 자리에서 그중 다섯 명을 베어 버렸다. 다른 유파는
계속해서 노리지만, 사마노스케가 용의주도하여, 외출 시에는 제
자를 동반하고 조그마한 틈도 보이지 않았다. 다른 유파는 닌자
세 명을 고용하여, 심야에 집에 몰래 들어가 취침중인 사마노스
케를 찌르려고 했다. 하지만 사마노스케는 순식간에 닌자 한 명
을 베고, 나머지 둘도 눈 깜짝할 사이에 베어 버렸다. 사마노스케
는 크게 웃으며 자랑스럽게 호언장담하였다. "나에게는 방심이
없다. 나를 죽일 수 있는 자객 따윈 이 세상에 없다." 어느 날 아침
사마노스케가 변소에 들어가 주저앉았다. 그러자 똥통 속에 숨어
있던 자객이 짧은 창으로 아래에서 찔러, 사마노스케는 엉덩이부
터 가슴까지 일격에 관통되어 어이없게 즉사하였다.

마지막의 사카키바라 겐키치는 뛰어난 검객이지만, 막부가 붕괴하여 메이지정부가 들어서자, 검술로는 더 이상 먹고살 수 없어, 거리에서 칼을 빨리 뽑는 기술을 보여 사람들로부터 돈을 받는 생활을 하였다. 검술은 이제 구경거리에 지나지 않았다.

검 한 자루를 지닌 검객에게 혁명적인 황금시대를 가져다준 신음류의 시조 가미이즈미 이세노카미부터, 무사계급이 소멸하고 검술로는 먹고살 수 없어 거리에서 구경거리로 전락한 비애의 검객 사카키바라 겐키치까지를 그린 것이, 옴니버스 영화 〈일본검객열전〉이다.

인물의 배열과 그에 따르는 이야기가 모아지자, 나는 첫 장면부터 써나가기 시작했다. 첫날부터 글이 잘 써졌다. 작업시간을 한 시간 연장하였다.

통상은 아침 열 시 시작, 오후 다섯 시 종료, 저녁식사 이후는 한 글자도 쓰지 않는 전형적인 낮에 일하는 타입으로, 치유될 기미가 보이지 않는 결핵의 후유증을 앓고 있는, 병약한 자의 집필생활이다.

여관에 틀어박히는 구로사와 팀의 집필시간이 이런 내 원래 작업시간과 같았던 것은 너무나 행운이었다.

그러나 실제로 작업을 해보니, 아홉 시 반 시작, 다섯 시 종료는 역시 힘들었다. 어쩔 수 없어 샐러리맨의 일요일처럼, 6일 일하고 하루는 쉬기로 하였다.

7일째 쉬는 날에 나는 완성된 전반부, 첫 장면의 가미이즈미 이세노카미부터 네 명째인 야규 무네노리까지를 다시 읽어 보았다. 그것은 이제까지 경험한 적 없는 매우 기묘한 감각의 흐름이었다.

과거의 시나리오에 없던 이질적인… 그것은 주인공이 서로 다른, 여덟 개의 독립된 이야기이기 때문이기도 하였고, 옴니버스의 특징일지 모른다고 생각했다.

하루 쉬고 다음날부터 다시 작업하여 계획대로 진행해 나갔다.

이대로라면 예정된 14일보다 하루 줄어, 13일 만에 완성할 수 있겠다고 생각했지만, 무슨 일이 일어날지 모르는 것이 시나리오라서 지바 슈사쿠에서 차질이 빚어졌다. 마쓰바야시 사마노스케의 마지막 장면이 조금 음산하기에, 다음 장면에서는 검도투구를 쓴 수십 명이 도장에서 싸우는 화려한 장면으로 시작했지만, 그이후가 잘 연결되지 않아 애를 먹었다. 마지막 사카키바라 겐키치가 끝나자, 예정보다 오히려 하루 늘어난 15일째가 되었다.

구로사와와 약속한 2주일에서 하루 연장되어 〈일본검객열전〉이 완성된 것이다.

나는 우선 모토키 소지로에게 전화를 하려 했지만 망설였다. 모토키에게 전화를 하면 조수가 완성된 각본을 가지러 와서 모토키에게 건네준다. 그러나 모토키는 현재 다른 팀의 프로듀서로 잡무에 시달리고 있어, 곧바로 읽어줄지 어떨지 알 수 없다. 어찌되었든 바쁜 모토키 소지로가 읽고 나서 조수에게 넘겨, 그 조수가 구로사와에게 전해 준다고 한다면, 오늘, 내일이 아니라, 2, 3일에서 3, 4일은 걸린다. 하루 늦었지만 모처럼 15일 만에 완성되었으니, 구로사와에게 조금이라도 빨리 보이고 싶다.

구로사와 집에 전화를 하자 구로사와가 마침 집에 있어, 나는 작품이 완성되었음을 알리고 여세를 몰아 지금 가지고 가겠다고 말했다.

구로사와의 원고 읽는 법은 세심하였다.

아니, 세심함이나 신중함의 한계를 넘었다. 숨을 죽이고 얼굴을 움직이지 않고, 몸 전체가 미동도 하지 않는다. 눈은 한 글자 한 문장을 따라가지 않고, 원고지 전체를 부감하여 읽는다기보다도 쓰인 모든 것을 흡수하는 느낌이다. 다 읽은 원고지를 넘길 때에도, 얼굴과 몸을 움직이지 않고 초점도 움직이지 않는다. 마치 숙련된 검객이 칼을 빼어 들어 겨누는 자세를 취하며, 상대의 움직임을 주의 깊게 파악하는 긴박함과 같은 시간의 연속이다. 마주하고 있는 나도 그런 압박감과 긴장에 눌려 거의 시간의 감각이 없어졌다.

읽기 시작한 지 어느 정도의 시간이 지났을까, 나는 알 수 없다. 일정한 시간에 원고지 한 장을 흡수하고, 다음 페이지로 넘어가 또 다음 페이지… 297매의 원고를 드디어 다 읽자 구로사와는 한숨을 내쉬었다. 긴 한숨이었다. 인간의 몸에서 어떻게 그렇게 긴 한숨이 나올 수 있을까라고 생각될 정도로 길었다. 그리고 한숨의 꼬리를 이은 여운 속에서 나직이 말하였다.

"하시모토 군… 시나리오는 역시 기승전결(起承轉結)이 있어야 해."

기승전결이란 예부터의 시나리오 용어로, 기는 시작, 승은 전개, 전은 최고조, 결은 끝을 의미한다. 그러나 용어가 오래된 느낌이 들어 우리들은 스타트, 전개, 클라이맥스, 라스트라고 하였고, 이것들을 네 개의 상자에 각각 나누어 넣기 때문에, 기승전결을 '네 개의 상자(四つ箱)'라고 부른다. 그리고 이 또한 생략하여 '큰 상자(大箱)'라고 부르기도 하여, "큰 상자는 어떻게 했어?" "큰 상자는

어떻게 되어 가?"라고 말하기도 한다. 어찌 되었든 시나리오의 구성에 빠져서는 안 되는 네 가지 단계가 있다는 말이다.

구로사와가 자조적인 쓴웃음을 지으면서 말하였다.

"원래 처음부터 끝까지 클라이맥스만으로 이어서, 한 편의 영화를 만든다는 것은 말도 안 되는 착각이었어."

나는 입을 다물었다. 시나리오 작업 중간에는 내가 맛본 적이 없는 이상한 느낌이라고 생각했지만, 그건 이야기를 만들어 나가기 위해 필요한 네 가지 단계, 즉 '네 개의 상자'를 완전히 무시하고, 클라이맥스만으로 한 편의 영화를 구성하는 무리와 모순이었던 것이다. 뭐라 할 수 없는 어리석은 짓을, 머릿속이 텅 빈 느낌이다. 불량품은 〈사무라이의 하루〉뿐만이 아니라, 이어지는 〈일본검객열전〉까지도 불량품이다.

나는 겨우 무거운 입을 열었다.

"그러네요… 처음부터 끝까지 클라이맥스인 영화 따위 있을 리가 없으니까요"

그러나 구로사와는 천하의 구로사와 아키라, 나는 장래가 촉망되는 신예작가, 어째서 그런 둘이 완전히 신인조차도 불가능함을 터득하고 있는, 시나리오가 될 수 없는 것에 빠져들어 정신없이 몰두하는 바보 같은 짓을 하였을까. 인간은 때로는 생각지도 못할 정도로 어리석고 바보 같은 짓을… 아니 모든 것은 〈사무라이의 하루〉 때문이다. 〈사무라이의 하루〉의 중단이 나쁜 뿐 아니라 구로사와에게까지 영향을 주어, 다음 작품에 대한 초조함이 괴물 같은 〈일본검객열전〉을 만들어 낸 것이다.

구로사와가 화제를 조금 바꾸었다. 그러나 어딘가 아직 이 괴물 〈일본검객열전〉에 고집하는 기색이 없지는 않았다.

"그런데 하시모토 군… 검객수행이란 대체 뭐였을까"

나는 구로사와의 의도를 헤아리지 못하고 얼굴을 보았다.

"옛날 검객은 지금으로 말하면 프로야구 선수 같은 것이야."

"…?"

"검 하나로 벼슬을 얻을 수 있고, 그중에는 한슈가 된 자도 있어. 야구방망이 하나로 구단을 옮겨 다니며 고액의 연봉을 받는 프로야구 선수와 마찬가지라고."

나는 끄덕였다.

"그렇게도 볼 수 있네요."

"시대풍조로 놀랄 만한 많은 수의 사람들이 검객의 길로 쇄도하였다고 생각하는데… 아니 이 검객열전에 나오는 유명한 사람은 별도이지만, 대부분은 솜씨를 연마하기 위한 검객수행에 필요한 돈이 있었다고는… 여행비용 말이야. 노잣돈 없이 전국을 떠도는 검객수행이 어떻게 가능했느냐 말이지."

"글쎄 그건… 아니 조사해 보면 알겠지요. 구로사와 씨, 조사해 보겠습니다."

하늘은 맑았지만 바람이 찬 12월 중순이었다.

내가 토호 문예부에 의뢰한 문의사항은, 문예부원이 곧바로 움직여 결과를 모토키 소지로에게 전하였고, 모토키가 나에게 보고하러 오겠다는 연락이 왔다. 그러나 이는 구로사와가 꺼낸 말이므로, 구로사와와 함께 듣는 게 도리라고 생각하여, 모토키 소지로에게 구로사와 집으로 오라고 하였다.

구로사와 집에 간 내가 커다란 난로에 손을 대고 구로사와 마주하고 있자, 몸집이 작은 모토키 소지로가 다급히 왔다. 추위 때문인지 코끝이 빨갛다.

"좀 늦었네, 미안…."

모토키는 둘 사이에 앉자 즉시 말을 꺼냈다.

"검객수행 말인데… 그건 무로마치시대 말기부터 전국시대까지의 현상으로, 검객은 돈이 없어도 전국을 자유로이 이동하였어."

구로사와도 나도 가만히 입을 다물고 있었다.

"그렇다는 것은 어느 도장에 가서 대결을 펼치면 저녁밥을 대접받았고, 다음날 아침 떠날 때에는 건반(乾飯) 한 움큼을 받았어. 건반은 밥을 지어 건조시킨 것으로 그대로 씹어 먹어도 되고, 뜨거운 물로 밥을 만들 수도 있어. 그러니까 검객으로서는 그날 중으로 다른 도장까지 도착하기면 하면 된다는 말이지."

"모토키 씨" 내가 질문했다.

"다음날에 도장이 있다면 그렇지만, 만약 없다면 어찌해야 하는지요?"

"그거 별거 아니야, 절에 가면 되지."

"절이요?"

"응, 여관이 없던 시절이니까. 부득이하게 여행을 하는 자에게는 절이 비호해 주었지. 그러니까 절을 찾아가면 밥을 먹여 주고, 하룻밤 재워 주고, 다음날 떠날 때에는 건반을 한 움큼 받았어."

나는 계속해서 질문하였다.

"그러면 도장도 없고 절도 없으면, 이럴 때에는 어떻게 하지요?"

그러나 모토키 소지로는 전혀 당황하지 않았다.

"당시, 즉 무로마치 말기부터의 전국시대는, 전국적으로 치안이 좋지 않고, 산과 들에는 도적과 산적이 떼 지어 출몰하는 시대였어. 그러니까 어딘가 마을에 들어가, 하룻밤 자지 않고 습격해올지 모르는 밤도둑을 망봐 주기만 해도, 어느 마을이든 백성이 배부르게 밥을 먹여 주었지… 길을 떠날 때에는 건반을 받았고."

나는 가슴이 철렁하여 모토키 소지로에게 다시 물었다.

"백성이 사무라이를 고용했다고요?"

"그렇지."

나는 순간 구로사와를 보았다. 구로사와도 강하게 충격을 받고 나를 보고 있었다. 둘은 얼굴을 마주하고, 무의식적으로 강하게 서로 고개를 끄덕였다.

"이거네."

구로사와가 낮고 묵직하게 말하였다.

"이겁니다."

둘의 대화에 모토키 소지로가 멍하게 있다가, 다음 순간에는 무언가를 기대하고 마른 침을 삼켰다.

내가 구로사와에게 확인을 하였다.

"사무라이의 숫자… 백성이 고용하는 사무라이의 숫자는 몇 명으로 할까요?"

"서넛은 너무 적어. 대여섯에서 일곱, 여덟 명… 아니 여덟 명은 많고 일곱 명 정도가 좋지 않을까."

"그러면 사무라이는 일곱 명입니다."

"그래, 7인의 사무라이야!"

구로사와 아키라는 얼굴을 들어 무언가에 덤벼들 기세로 하늘을 보았다.

마른 침을 삼키고 있던 모토키 소지로가 싱글벙글하였다. 시나리오 작가 두 명이 거대한 먹잇감에 날카로운 이빨을 세웠기 때문이다. 둘의 대화의 구석구석에서는 설정하는 테마와 스토리가 엿보인다. 백성이 사무라이를 일곱 명 고용하여, 습격해 오는 산적과 싸워 승리하는 이야기… 테마와 스토리가 짧은 완결형이고, 게다가 그것이 완전히 일치하는 소재는 백에 하나 있을까 말까 한 희귀한 기획이다.

이 작품은 더할 나위 없이 재미날 요소를 갖고 있다.

"하시모토 군!"

구로사와가 예리하게 나에게 말을 걸어왔다. 출발 전 게이트에서 초조해 하는 말과 마부에게 주의를 주는, 조련사와 같은 질타였다.

"잘 쓰려고 하지 마. 초고는 필요한 내용만을 열거하면 돼."

내가 끄덕이자 말을 이었다.

"그리고 이 시나리오는 액션이 많아. 지문으로 액션이 많아지면 늘어져서 읽기 힘들어. 그러니까 지문이 이어지는 장면은 시나리오식 현재형이 아니라, 과감히 부분부분 소설같이 과거형으로 써, 알았지?"

아타미에 있는 미나쿠치엔(水口園)은 수목이 많고, 넓은 부지에 수많은 단독별채가 있는 고급여관이다.

내가 구로사와와 함께 미나쿠치엔의 별채에 들어간 것은, 다니

타의 집에서 연말연시도 없이 써낸 〈7인의 사무라이〉 초고를 오구니 히데오를 포함하여 셋이서 최종 시나리오를 만들기 위해서로, 1953년 1월 중순이었다.

1년 전에 〈살다〉를 쓰기 위해, 하코네 센고쿠하라에 있는 센쿄로에 틀어박힌 것과 같은 시기로, 센고쿠하라는 너무 추웠기 때문에, 이번에는 구로사와가 모토키 소지로와 상담하여 따뜻한 아타미를 선택하였다. 그러나 오구니는 일정이 겹쳐 약속한 날짜에 오지 못했기에, 〈살다〉 때와 마찬가지로 미나쿠치엔에 들어갈 때는 구로사와와 나 둘뿐이었다.

하룻밤이 지나고 다음날, 작업 첫날의 일이다.

하코네 센쿄로 때와 모든 것이 같아, 커다란 탁자를 놓고 구로사와는 내 오른쪽에 앉았다. 책상은 정방형이 아니라 직사각형이라 구로사와가 면한 쪽이 매우 좁고, 남쪽 뜰을 바라보았다. 하지만 장지가 닫혀 있기 때문에 마당은 보이지 않는다.

내가 원고용지와 연필을 책상 위에 늘어놓고 작업 준비를 하고 있자, 구로사와도 빨간 보스턴백에서 작업도구를 꺼냈다. 하지만 그것은 여느 때와 같은 갱지가 아니라, 두터운 대학노트였다.

뭘까? 기이하게 생각하며 들여다보니, 동그라미가 그려져 있고 다음에 간베라고 쓰여 있다. 사무라이 일곱 명의 중심인물인 시마다 간베(島田勘兵衛)의 인물상이 적혀 있었다.

'키는 5척 4, 5촌, 보통 몸집에 보통 키'부터 시작하여 지극히 자세한 묘사까지 있어, 짚신 신는 법, 걸음걸이, 다른 사람과의 대화법, 등 뒤에서 말을 걸었을 때 돌아보는 법, 있을 수 있는 다양한 상황에 대응하는 거동이 군데군데 그림도 추가되어 대학노트

에 가득하였다.[51]

나는 갑자기 머리를 쿵하고 곤봉으로 맞은 느낌이었다.

〈사무라이의 하루〉는 나 혼자, 〈일본검객열전〉도 나 혼자, 〈7인의 사무라이〉도 단지 나 혼자, 언제나 힘든 작업은 내가 하고, 구로사와는 다마(多摩)강에서 낚시를 하거나, 그림 전시회나 고라쿠엔의 프로야구, 노(能) 구경 등으로 유유자적하게 지내기 때문에, 고독하고 불리한 일은 나 혼자라서 손해 보는 느낌이 들어 개운치 않았는데, 구로사와도 묵묵히 거대한 건물의 기초다지기—눈에 띄지 않게 열심히 작업을 하였고, 꾸준히 심신을 소모해 왔던 것이다.

그러나 이 인물 묘사 범위의 넓음 그리고 그 깊이는 무엇일까?

그것은 범상치 않은, 철저함의 한계를 뛰어넘었다.

시나리오를 쓰는 경우, 누구라도 테마나 스토리는 그 나름대로 만들어 내지만, 번거로우면서 대충하는 것이 인물 설정, 인물 묘사이다. 어느 정도 스토리가 정돈되면, 큰 상자(구성의 네 가지 상자)도 완성되어, 시작이 결정되면 인물 묘사나 설정은 뛰어넘어 본문쓰기에 들어간다. 누구라도 그 필요성은 알고 있지만 번거롭고 내키지도 않아, 게다가 현실적으로 쓰기 시작하여 인물이 움직이기 시작하면, 인물의 성격은 자연히 만들어지기 때문에, 이중으로 수고한다는 생각이 든다.

하지만 그건 그렇지 않다. 인간은 가공할 만큼 수많은 공통점

---

51) 구로사와 아키라가 〈7인의 사무라이〉를 만들기 위해 메모한 대학노트 여섯 권이 최근 출판되었다(『黑澤明「七人の侍」創作ノート』文藝春秋, 2010년).

을 갖고 있으면서, 한 사람 한 사람 특징이 있다. 그러니까 드라마가 성립한다. 인물의 특성을 파고들지 않고 흔하디흔하게 묘사한다면, 배우도 흔하디흔한 연기를 할 수밖에 없다. 인간을 파고들어 특징을 찾아내어야, 배우의 연기에도 비로소 생각하고 노력할 바가 생겨난다.

작품에 어느 정도 긴장감과 깊이를 주는지는, 시나리오 작가가 등장인물에 대하여, 어느 정도 명확한 이미지를 쓰기 전부터 갖고 있느냐에 달려 있다. 본문에 손을 대기 전에 인물의 특성을 파고들지 않는 한, 본문이 시작하고 나서는 어떠한 숙련자라 해도 경험이나 기술력으로 그 부족함을 메울 수 없다.

시나리오의 완성도는 번거롭고 내키지 않아 무심코 누구라도 설렁설렁 넘어가게 되는, 인물 묘사에 있다 해도 과언이 아니다.

구로사와는 인물의 특성을 적어 놓은 대학노트의 페이지를 넘기고 있다.

간베가 중심인물인 만큼 노트의 절반 가까이를 차지했고, 그리고 헤하치(平八), 규조(久藏), 가쓰시로(勝四郎), 고로베(五郎兵衛)… 사무라이 일곱 명의 이미지로 노트가 가득하였다.

이번 작품의 성패는 7인의 사무라이 한 사람 한 사람을 어떠한 성격으로 빚어내는가에 있음을 예측한 것이다. 이를 자기가 가진 능력의 한계까지 최선을 다하려는 노력이라 하면 그만이지만, 이 인물 묘사에 대한 탐욕, 집요함은 무엇일까.

구로사와 아키라, 그의 각본 집필에 있어서의 최대 특징은 철저히 해야 할 곳은 철저히 하고, 보통사람으로서는 아마도 생각할 수 없는 최대한의 노력을 아끼지 않는 것이다.

〈라쇼몬〉 때의 천성적인 번뜩임도, 〈살다〉 때의 합리주의를 뛰어넘는 완전주의도, 그것들은 어느 것도 철저히 해야 할 곳은 철저히 하고, 할 수 있는 최대한의 노력을 아끼지 않는 실행능력에서 나온 것이 아닐까.

나는 원고용지를 앞에 두고, 눈을 천장에 둔 채로 미동도 하지 않았다. 글자는 한 자도 쓸 수 없었다. 충격의 첫 번째 파도가 지나가자 두 번째 파도가 몰려왔다. 첫 번째 파도보다도 그것은 강렬하여, 의식의 저 밑바닥에 숨어 있던 것까지 속속들이 드러났다.

'언젠가, 그다지 멀지 않은 날에 시나리오 작가로서의 구로사와 아키라를 내가 따라잡는다. 그건 단지 시간문제일 뿐이다.'

나는 심각하게 의식한 적은 없다고 생각해 왔다. 그러나 지금은 구로사와 아키라를 목표로 하고 있지만, 곧 그를 따라잡아 시나리오 작가로서는 내가 앞서 나간다. 그런 의식이 마음속에서 꿈틀거려, 그리고 그것을 기정사실로 하여 의심조차 하지 않았던 것이, 마치 가면이라도 벗겨진 듯이… 대학노트로 인하여 오만했음이 그대로 드러나고 산산이 부서져 버렸다.

'따라잡을 수 있는 게 아니야.'

그를 뛰어넘기 위해서는 그 이상으로 인물 묘사를 파고들지 않으면 안 된다. 그럭저럭 기력과 체력으로 그것을 해내었다고 해도, 문제는—그림이다. 그는 그림을 그릴 수 있지만, 나는 그림을 그릴 수 없다. 이 불리함을 메울 수 있는 것은 무엇인가. 이것이 메워지지 않는 한, 그를 따라잡는 일은 도저히 불가능하다.

그렇다면 그러기 위해서는… 어찌되었든 이 작업이 끝나면 무슨 일이 있어도, 먼저 그것에 착수하지 않으면….

"하시모토 군…"

놀라서 얼굴을 들자, 구로사와가 다 읽은 노트를 책상 위에 놓고, 원고용지를 앞에 두고 있는 나를 쳐다보고 있다.

무언가가 걸리는 게 있는지, 팔짱을 끼고 조금 눈썹을 찌푸리고 있다.

"이번 시나리오 말인데… 하시모토 군은 드보르작의 〈신세계 교향곡〉을 아나?"

"네, 레코드도 갖고 있고, 좋아하는 곡이라서 때때로 듣습니다."

"그 〈신세계 교향곡〉을 원작으로 하고 싶은데… 그 의미를 알겠나?"

"알겠습니다."

나는 한마디로 잘라 말했다.

구로사와는 숨을 죽인 채로 얼굴을 빤히 쳐다보았다.

"그건 이제부터 써 나갈, 각본의 질감… 각본을 읽을 때에 느끼는 억양이라 할 수 있는, 음감과 닮은 리듬이겠지요."

"그렇지, 그거야, 그거…"

"시작은 제1악장 그대로 좋고, 제2악장의 흑인영가도, 백성들의 고뇌에는 효과적으로 쓸 수 있지요."

구로사와가 끄덕였다. 무언지 안심한 느낌이다.

"그리고 경쾌하고 시원시원한 제3악장, 이것은 전반부 빠르게 전개되는 부분이고요. 특히 마지막, 장대한 마지막… 최후의 결전은요, 라, 시, 도, 시, 라라를 반복하여, 파도의 물결처럼 계속해서 거대하게 고조되어 가는 제4악장… 최후의 결전은 이것밖에 없습니다."

구로사와는 크게 두세 번 끄덕였다. 마음속에서 흘러나오는 안도감이 얼굴 전체에 미소가 되어 번졌다.

　"좋았어… 그러면 하시모토 군, 이 〈7인의 사무라이〉는 〈신세계 교향곡〉을 원작으로 해서 써 보자고."

　오구니 히데오가 온 것은 작업을 시작하고 일주일이 지난 저녁이었다.

　"호화로운 여관이네. 본관도 있긴 하지만 대부분은 별채들이네. 아타미에 이런 여관이 있는지 몰랐어."

　"오구니 씨, 목욕하시겠어요?"

　"응."

　"이 별채에 달려 있는 목욕탕이라, 작아서 한 명밖에 못 들어가요."

　"한 명이면 충분하잖아."

　오구니를 안내해 온 여직원이 정중히 말하였다.

　"그럼 목욕탕에 물을 받겠으니, 20분에서 25분 정도에 멈추어 주십시오."

　오구니가 거실에서 코트를 옷걸이에 걸고, 옷도 갈아입지 않고 방에 들어와 앉자, 구로사와가 클립으로 고정해 둔 원고를 말없이 내밀었다. 오구니는 묵묵히 받아들고 읽기 시작하였다.

　나는 내일 작업에 쓸 연필을 칼로 깎고 있었다. B3연필 열두 자루가 하루 분량이다. 작업 전 아침에 깎으면 연필심으로 손이 시커멓게 되어 손을 씻어야 되어서, 언제나 작업이 끝나고 목욕하기 전에 깎는다. 하지만 오늘 연필깎기는 마음이 붕 떠 있다. 오구니의 반응이 궁금하다. 〈살다〉 때의 구로사와와의 충돌이 어제 일처럼 떠올랐다. 오구니는 좋게 말하면 순진무구, 나쁘게 말하면 상대의 기분은 아랑곳하지 않고, 상대가 누구이든 개의치 않기 때문에 무슨 말을 꺼낼지 알 수가 없다.

나는 긴박한 분위기 속에서, 오구니의 반응을 때때로 슬쩍 보면서 연필을 계속 깎다가, 마지막 한 자루를 남기고 열한 자루째를 깎고 있을 때, 오구니는 원고를 다 읽고 나서 책상 위에 올려놓고 구로사와 나를 보았다.

"괜찮아, 재미있어!"

라고 말하고,

"이건 잘될 거야… 재미있는 작품이 되겠는걸!"

오구니의 말대로 〈7인의 사무라이〉는 순조로웠다.

첫 번째로 테마와 스토리가 짧은 완결형으로 확실하다.

백성이 사무라이를 일곱 명 고용하여 습격해 오는 도적들과 싸워 승리를 거두는 이야기… 간단명료한 테마로 동시에 스토리도 그것과 일치하는 흔하지 않은 기획이다.

시나리오 작업이 순조로운 두 번째 요인은, 구로사와 아키라가 파고든 인물 설정이다. 범상치 않은 그의 비상한 노력으로, 각각의 인물이 독자적 개성으로 빛을 낸다. 하지만 그것들을 뛰어넘어 리얼리티가 넘치는 약동감으로, 이야기를 의외라 할 정도로 재미있고 강하게 만드는, 그의 노력과는 다른, 아니 그의 노력을 강인하게 뒷받침해 주는 다른 요인도 있다.

등장과 동시에 별안간 재미있어지는, 7인의 사무라이의 중심

인물인 간베는 가미이즈미 이세노모리. 부두목이자 참모역할인 고로베는 쓰카하라 보쿠덴. 검 하나로 살아온 대단한 검객 규조는 미야모토 무사시… 모두 다 글쓴이의 상상이나 착상으로 만들어 낼 수 있는 인물이 아니라 일화가 남아 있는 전설적인 검객들로, 그들은 모두 다 〈일본검객열전〉에서 이동해 온 것이다.

괴물인 옴니버스 〈일본검객열전〉이 〈7인의 사무라이〉의 주인공과 그 밖의 중요인물을 낳은 것이다. 그리고 그 〈일본검객열전〉은 강직하고 절제된 〈사무라이의 하루〉의 중단이 만들어 낸 것— 전혀 생각지도 않은 결과물이 튀어 나온 것이다.

다시 말하면 〈7인의 사무라이〉는 커다란 먹잇감 〈사무라이의 하루〉와 〈일본검객열전〉을 통째로 삼켜, 뱃속에 품고 있기 때문에 재미있는 게 당연하다.

오구니가 와서, 저녁 술자리의 흥이 고조되었다.

나는 술을 마시지 않기 때문에 둘일 경우에는 구로사와가 무료하게 자작을 하지만, 오구니가 상대를 하면 둘은 경쟁하듯이 위스키 잔을 비워, 화제가 만발하면 금세 한 병을 비운다. 여하튼 작업이 척척 진행되어, 생각에 잠기거나 고뇌할 일 없이 너무나 순조로운 나날이었다.

내가 〈7인의 사무라이〉의 앞길에 먹구름의 징조를 감지한 것은, 앞뜰의 하얀 매화가 한 송이씩 피어나기 시작한 때였다. 꽤 각본이 진전되어, 일곱 명이 드디어 모여, 거리에서 마을로 출발하는 일단락이 지어지는 점이었다.

여기서 원고지 163매… 7인의 사무라이가 모이는 것이 전체 길이의 3분의 1이 될 예정이니까, 전체로는 3배인 480매?… 말도 안 된다. 5백 매 가까운 시나리오라니. 잠깐 이건 터무니없는 작품이? 나는 길이가 너무 신경 쓰여서, 상황 설정의 중복 또는 지루한 감이 드는 장면이 없는지, 처음부터 반추하여 대략적으로 살펴보았다.

한밤중에 어느 마을을 습격한 도적집단이 말을 타고 달려와, 새벽녘 언덕 위에서 산기슭의 마을을 내려다본다.

"하는 김에 이 마을도 해치울까?"

"기다려, 작년 가을에 쌀을 쓸어간 지 얼마 안 되었어."

지금 이 마을을 습격해도 훔쳐갈 것은 아무것도 없다.

"그럼 저 보리가 영글면, 다시 오자!"

도적들 집단, 먼지를 내며 말을 몰아 사라진다.

조릿대 수풀 속에서 마을 사람 한 명이 얼굴을 내밀더니, 걸음아 나 살려라 언덕을 뛰어 내려간다. 소식을 들은 마을 사람들이 광장에 모여 선후책을 강구한다.

"다이칸쇼(代官所)[52]에 가서 도움을 요청하죠."

"다이칸쇼 따위 도움이 안 돼. 죽창을 만들어 찔러 죽이자!"

"우리에겐 그런 건… 잠자코 도적들에게 보리를 바치고, 우리들 먹을 것을 좀 남겨 달라고 부탁하는 수밖에 없어."

이도저도 아닌 파, 무장투쟁파, 공손화평파 등 다양한 의견으로

---

52) 다이칸쇼는 한슈의 직할령을 담당하는 다이칸이 주재하던 곳을 말한다.

떠들썩하여 수습이 되지 않자, 대표자가 마을의 몇 명을 데리고 마을 밖 물레방앗간의 촌장인 지사마(爺樣)를 만나러 간다.

지사마는 각각의 의견에 귀를 기울이고, 무장투쟁파의 주장에 찬성하여,

"마땅히 싸워야지."

모두 깜짝 놀라자, 지사마는,

"사무라이를 고용하는 거야."

라고 말하고, 이전의 마을이 불타버려 이곳으로 올 때 보니, 불타지 않은 마을은 사무라이를 고용한 곳이었다고 말한다.

사람들은 조용하다가 옆 사람과 쑥덕쑥덕한다. 그러다가 한 사람이,

"그렇다고 해도, 밥을 먹여 주는 것만으로 우리들을 위하여 싸워줄 사무라이가 있을까요?"

지사마가 눈을 감은 채로,

"배가 고픈 사무라이를 찾는 거지. 배가 고프면 곰도 산에서 내려오는 법이야…."

이러한 경위로 마을의 대표 네 명〔만조(万造), 모스케(茂助), 리키치(利吉), 요헤(與平)〕이 사무라이를 찾기 위해 마을 밖으로 나선다. 영화의 시작으로 이 정도의 분량은 어쩔 수 없다.

그러나 사무라이를 찾는 일이 그렇게 간단할 리가 없다. 여행 중인 검객에게 말을 걸면, 백성 주제에 무슨 소리냐고 흠씬 두들겨 맞거나, 거리의 여인숙에서 낭인에게 술과 밥을 대접하였다가 먹기만 하고 도망가 버리기도 하여, 같은 여인숙에 묵고 있는 머

슴들로부터는 비웃음을 듣고 야유를 당할 뿐이다.

"사무라이 찾았냐? 값싸면서 강하고 괴짜인 사무라이 말이야. 요즘 그런 괴짜는 없어. 돌아가라, 돌아가."

네 명은 계속해서 사무라이를 찾기 위해 노력하지만, 강해 보이는 이는 감당할 수 없고, 이야기를 들어주는 것은 연약한 이든지, 숙박과 밥을 해결하고 도망가는 이밖에 없다. 더 이상 방도가 없어진 네 명은 상의하여, 사무라이 찾기를 포기하고 마을로 돌아가기로 하고 여인숙을 나선다.

돌아가는 길에 네 명은 어느 마을에서 기묘한 광경에 마주친다.

호농(豪農)의 집 앞에 사람들이 웅성거리고 있다.

네 명이 끼어들어 보자, 떠돌이 승려가 집 앞 강가에서 한 낭인의 머리를 깎아 주고 있다.

사람들에게 사정을 물으니, 새벽녘에 도둑이 호농의 집에 들어왔다가 들키자, 세 살 된 주인의 아이를 안고 창고로 도망가서 포획하려 하자 아이를 죽이겠다고 소리쳐 손을 댈 수가 없다.

아이의 어머니가 지나가던 낭인에게 매달려 사정을 이야기하고 도움을 청하자, 낭인은 군중 속에 있던 떠돌이 승려에게 부탁하여 머리를 삭발하는 중이라고 한다.

네 명이 숨을 죽이고 보고 있으니, 머리를 다 깎자 낭인은 허리춤에 차고 있던 칼 두 자루를 떠돌이 승려에게 건네고, 승려로부터는 가사를 빌려 승려 행색을 한다. 그리고 아이의 어머니가 급히 만들어온 주먹밥 두 개를 손에 들자, 잰걸음으로 강가에서 올라와 집으로 들어간다.

군중들도 조심조심 뒤를 따라 집안으로 들어간다. 승려 행색의 낭인은 아무런 주저도 없이 헛간에 다가가 문을 살짝 연다. 헛간으로부터 섬뜩한 목소리.

"오지 마! 들어오면 아이를 죽인다!"

승려 행색의 낭인이 말한다.

"출가의 몸이요, 당신을 잡으려는 게 아니요. 아이가 허기졌을 것 같아 주먹밥을 가지고 왔소. 당신 몫도 있소."

"들어오지 마! 들어오지 말고 거기서 던져!"

승려 행색의 낭인은,

"그럼….."

이라고 말하고, 하나를 살짝 열린 문틈으로 던져 넣고, 조금 있다가 또 하나를 던져 넣는다. 다음 순간에는 발로 흙을 차며 순식간에 헛간 안으로 뛰어 들어간다. 헛간 속에서 쩌렁쩌렁 울리는 기합소리, 이어지는 짧은 신음소리.

헛간 입구의 문이 넘어지고 도둑이 모습을 나타내자, 군중들이 본능적으로 뒤로 물러선다. 하지만 도적은 비틀비틀거리다가 멈추고, 배에서 엄청난 피를 흘리며 무너져 내리듯이 쓰러진다.

헛간에서 아이를 안은 승려 행색의 낭인이 나온다.

어머니가 곧장 달려가 아이를 받아들자, 승려 행색의 낭인은 도둑에게서 빼앗은 피 묻은 칼을 휙 던져버린다.

군중들은 너무 놀라 소리도 내지 못한다.

길을 가는 삭발한 낭인에게서 조금 떨어져, 따라가는 네 명의 백성들. 리키치가 말한다.

"어떻게 해서든 저 사무라이에게 부탁하자. 저 사무라이라면 두 말할 나위 없지."

하지만 다가가려고 하는 리키치를 제치고, 낭인 앞에서 땅에 무릎을 꿇고, 양손을 땅에 대고 머리를 숙이는 자가 있다.

군중의 맨 앞줄에서 낭인의 솜씨에 경탄을 금치 못하던 소년이다.

"오카모토 가쓰시로(岡本勝四郎)라고 합니다. 제발 저를 제자로 받아 주십시오!"

"나는 시마다 간베라고 하는, 입에 풀칠하기도 힘든 낭인, 제자 따윈 없고 필요도 없네."

"아니 어떻게 해서든 제자로… 허락해 주시지 않아도 따라다니겠습니다."

"일어나시오. 할 말이 있으면 걸으면서 듣기로 하지."

관례 전이라 앞머리를 기른 가쓰시로가 일어서자, 곧바로 둘 사이로 뛰어 들어온 리키치가 땅바닥에 거미처럼 납작 엎드린다.

"부탁, 부탁이 있습니다."

여인숙 뒤에서 요헤가 냄비에 밥을 짓는다.

좀 어두운 여인숙 안에서는— 간베가 팔짱을 끼고, 옆에는 가쓰시로, 맞은편에는 리키치, 만조, 모스케 등 세 명이 어깨를 늘어뜨리고 풀이 죽어 있다. 리키치가 심각한 표정으로 말한다.

"그렇다면 아무리 해도…."

간베가 대답한다.

"불가능한 상담일세."

가쓰시로가 말한다.

"스승님, 저라면 백성들에게 죽창을 들게 해서."

"잠자코 있어. 이건 전쟁놀이가 아니야. 게다가 나는 자네의 스승님도 아니고 (라며 세 명에게) 상대는 도적이라고는 해도 40기(騎), 사무라이를 두셋 모아서는 막을 수 없어. 앞쪽은 논이지만 물을 끌어오기 전까지는 말로 공격당할 수 있어. 동서남북에 배치하기 위해서 네 명, 후방에 두 명… 나를 포함하여 아무리 적어도 일곱은…."

리키치가 매달리듯이 말한다.

"그럼 일곱 명, 일곱 명 있으면…."

간베가 웃으면서 말한다.

"이런 이런, 이건 예를 들어 하는 말이고, 일을 하겠다는 게 아니야. 우선 부탁할 만한 사무라이 일곱 명을 모으는 일은 쉽지 않아. 게다가 단지 밥을 먹여 주는 것만으로는 말이야. 그리고 나도 전쟁에는 이제 진력이 났어. 나이 탓이지."

침묵이 감돈다. 머슴들이 화롯가에서 불을 피우고 탁주를 데우고 있고, 장작 튀는 소리에 섞여 리키치의 슬픈 울음소리가 흘러나온다.

머슴이 탁주를 들이키며, 아! 농민으로 태어나지 않아서 잘 되었다, 정말로. 또 한 명이 말한다. 개 팔자가 훨씬 낫지, 죽어 버려, 죽어 버려, 어서 목이라도 매는 편이 편해.

가쓰시로가 이 말을 듣고서는 나무란다.

"머슴들이! 말을 골라 해야지."

머슴, 화를 낸다.

"무슨 소리를 하는 거야, 진실을 이야기했을 뿐인데."

가쓰시로가 화가 나서,

"뭐가 진실이냐. 너희들은 이 백성들의 고충을 모르겠느냐?"

"웃기지 마, 모르는 건 당신이라고."

"뭐!"

간베도 긴장된 예리한 눈으로 머슴을 본다.

"고충을 알겠으면 도와주면 되잖아."

라면서 머슴 하나가 뒤쪽에서 들어온 요헤가 가져온 밥그릇을 들어, 간베의 눈앞에 들이대며,

"이걸 봐, 당신들이 먹을 몫이야. 그러나 이 멍청이들은 뭘 먹고 있다고 생각해? 피죽이야, 피죽. 자기들은 피죽을 먹고, 당신들에게는 흰 쌀밥을 먹인다고!"

밥그릇을 쳐다보던 간베, 나직이 말한다.

"알았다, 소란 그만 피워라."

라 하며 밥그릇을 받아들어, 가볍게 받들어 올리며,

"이 흰 쌀밥, 소홀히 하지 않겠네."

간베가 이리하여 백성들의 부탁을 받아들인다. 여기까지로 100매를 넘어 104매… 이어지는 여섯 명의 사무라이 뽑기—이건 드보르작의 경쾌한 〈신세계 교향곡〉 제3악장처럼, 경쾌한 리듬의 속도감으로 완성되었다.

그러나 간베가 〈일본검객열전〉의 가미이즈미 이세노카미, 부두목이자 참모인 고로베는 쓰카하라 보쿠덴, 검의 명수 규조는 미야모토 무사시니까… 각각의 특징적인 에피소드가 있고, 그 밖에 여인숙 뒤에서 숙박료 대신에 장작을 패던 헤하치, 우연히 간베가 거리에서 만난 옛날 부하 시치로지, 특히 사무라이가 아닌 사무라이로 백성 출신의 기쿠치요에게는 자세한 묘사가 필요하

고, 또한 7인의 사무라이를 고용하게 되었음을 마을에 돌아가 알리는 만조, 이에 반응하는 마을의 움직임도 있어, 사무라이가 모이는 부분만으로 60매는 어쩔 수 없고, 모두 모여 마을로 출발하는 장면까지는 아무래도 긴장감으로 전체가 팽팽히 연결되어 있어, 생략이나 삭제할 여지는 없고, 여기까지 163매는 어쩔 수 없다.

그러나 여기까지가 전체 예정의 3분의 1이니까, 그 이후의 원고를 더하면 최종 시나리오는 480매를 넘는다?… 영화 한 편의 시나리오는 길어도 320~30매, 적은 경우에는 250매로, 원고지 280매를 평균으로 하여 보통 3, 40매가 많거나 적거나 한다. 그러나 표준적인 매수를 200매 이상 오버하는, 480매 이상의 시나리오는 전대미문, 영화의 길이도 4시간을 넘을 텐데, 그런 영화가 만들어질 리가 없다.

그러나 구로사와는 영화의 길이에 대해서는 한마디도 하지 않는다.

오구니는 〈살다〉 때와 마찬가지로, 한 글자도 쓰지 않고 두꺼운 영어책을 읽고 있을 뿐으로, 구로사와가 돌리는 원고를 사령탑 역할로 검열하여 이것저것 지적은 하였지만, 원고지 매수나 길이에 대해서는 아무 말도 하지 않는다.

구로사와 아키라에게는 시나리오에 대한 철학이 있다.

"일은 하루라도 쉬면 안 된다."

그에 따르면 시나리오를 쓰는 작업은, 42.195km를 달리는 마라톤과 닮았다고 한다. 머리를… 얼굴을 들어서는 안 된다. 시선은 약간 밑으로 하고, 전방의 한 곳을 응시하며 묵묵히 달린다. 이렇게 얼굴을 들지 않고 오로지 계속 달리기만 하면 결국에는 결승점에 도달한다.

구로사와와의 하루 작업량은 평균 원고지 15매로, 아침 10시부터 오후 5시까지 7시간 앉아 있어도 5매나 7매인 날도 있지만, 때로는 속도가 붙어 20매, 30매를 넘기는 날도 있어, 평균으로 하면 하루 15매 정도가 된다. 그러니까 3주간 틀어박혀 있으면, 실제 일하는 20일 동안 영화 한 편에 해당하는 300매 정도의 각본이 완성된다.

그는 노(能)를 좋아하여, 작업이 끝난 밤의 식사 때에는 노에 대해서 자주 이야기하고, 언제나 화제로 삼은 것이 제아미(世阿彌)이다. 제아미는 무로마치시대 사람으로, 아시카가 장군의 후원과 비호를 받아, 수많은 명작을 산출하여 오늘날까지 전해지는 노의 예술성을 확립한 사람이다. 그런 제아미가 어느 날 배를 타고 강을 건너고 있자, 중간 정도에서 반대쪽에서 나룻배가 와서, 뱃사공끼리 서로 말을 건넨다. 어이, 날씨 좋네. 응, 고맙게도 날씨가 좋지만, 오늘은 몸이 힘들어. 힘들어? 어째서? 어제 일을 쉬었더니 말이야.

제아미는 자기도 모르게 무릎을 쳤다. 이거다! 이게 비법이다. 쉬면 오히려 몸이 힘들다. 연습에는 하루라도 몸을 쉬어서는 안 되는 것이다.

나도 구로사와가 말한 대로, 시나리오는 마라톤과 같아, 힘들어져서 머리를 들면 좌절로 이어져 끝이다… 고통스러워도 얼굴을 들지 않고, 힘을 내는 수밖에 달리 방법이 없음은 느끼고 있었다.

그러나 그것은 통상적인 300매 정도의 시나리오를 쓸 경우로,

만약 원고지가 400매나 500매가 된 경우에도 그러한 마음가짐이나 법칙이 통용될까. 42.195km를 목표로 하고 출발한 마라톤 선수들에게, 20km를 넘어섰을 때 오늘은 42.195km가 아니라 도착점이 대폭 멀어져 62.195km라고 알리면, 선수들의 기분이나 주행은 어떤 상태로, 아마도 그것은 수습할 수 없는 대혼란을 불러일으킬 것이다.

구로사와가 쓰러진 것은 원고지 320매 정도 무렵이었다.

뜰에 서릿발이 서는 살을 에는 듯한 추운 날의 아침이었다.

구로사와는 보통 때처럼 일어나 목욕을 마치더니, 여직원을 불러 이불을 깔아 달라고 말하고, 조식은 먹지 않고 부탁한 죽을 먹고, 이불 속에 들어가 죽은 듯이 움직이지 않았다. 오구니 히데오는 하필이면 일이 있어 도쿄에 돌아갔고 나와 구로사와 둘뿐이었다.

"의사를 부를까요?"

"아니, 되었어. 좀 누워 있으면 괜찮아지겠지."

어쩔 수 없어 탁자를 방 한쪽으로 밀고, 구로사와가 자고 있는 이불을 등 뒤로 하고, 나는 각본을 쓰기 시작했다.

하지만 점심이 되어도 구로사와는 아무것도 먹지 않고, 밤에도 죽만 먹었다. 다음날이 되어도 아침은 죽뿐으로, 이불 속에 들어가 계속 자기만 하였다.

나는 별 수 없이 어제처럼 탁자를 한쪽으로 밀고, 자고 있는 구로사와를 등 뒤에 놓고 각본을 써내려갔다.

작업은 드디어 클라이맥스에 도달하기 직전이었다.

마을에 들어간 7인의 사무라이는 혼자 사는 리키치의 집에 기거하고, 식사는 마을 주부들이 돌아가면서 맡았다. 리키치에게 아내가 있지만, 3년 전에 그녀의 미모에 눈독을 들인 도적과 담합하여, 마을을 습격하지 않겠다는 약속으로 인신공여로 차출되었다. 하지만 도적이 오지 않은 것은 그해뿐으로, 다음해에는 태연히 약속을 뒤집고 습격해 왔다. 리키치가 극단적으로 무장투쟁파가 된 까닭도, 원한을 넘어선 도적에 대한 강렬한 증오심 때문이다.

또한 7인의 사무라이와 마을 사람들 사이에서 발생하는 이러저러한 알력과 불화, 그러나 간베의 냉철한 대응, 촌장인 지사마의 지휘와 조정, 특히 별나면서 용맹한 백성 출신의 기쿠치요의 촉매작용이 중요하여, 그것들 하나하나를 해결하고 말을 타고 공격해 오는 도적들에 대비하는 방책(防柵)의 정비, 여자아이를 제외한 마을 사람들을 조를 짜서 죽창훈련, 그런 나날 중에 만조가 사무라이들을 믿지 못해 강제로 머리카락을 잘라 남장시킨 딸 시노와 가쓰시로 사이에 뜨거운 사랑이 싹트기도 하는데, 이 부분은 드보르작의 〈신세계 교향곡〉 제2악장 흑인영가에 해당한다.

그리고 보리가 나날이 영글어 수확이 끝나자, 드디어 도적이 습격해 올 때가 무르익는다. 마을 남쪽의 밭두둑을 무너뜨려 물을 넣어 도적들의 말에 대비한다. 그러나 도적은 모습을 보이지 않고 알 수 없는 긴박감만 떠도는 나날 중에, 어느 날 도적이 탄 말 세 마리가 마을 뒤쪽에 염탐을 하러 온다. 그것을 마을 사람이 급히 알리고, 규조와 기쿠치요가 달려가서 순식간에 둘을 베고 한 명을 포로로 잡는다. 포로에게 심문을 하자, 도적들의 근거지는 견고한 요새가 아니라 단순히 띠로 지붕을 한 산채(山塞)에 지나지 않음을 알게 된다.

그렇다면 야간기습을 감행하여 불을 지르고 당황하여 뛰쳐나오는 녀석들을 벨 수 있을 만큼 베고, 상대가 반격하기 전에 재빨리 철수하자. 다섯, 여섯부터 일곱, 여덟 명, 가능하면 열은 베도록 하자. 최후의 결전을 위하여, 습격해 오는 도적의 숫자를 한 사람이라도 두 사람이라도 적게 만들고 싶은 것이다. 그러기 위해서는 이쪽이 선수를 치는 야간기습이다. 말이라면 산채까지 반나절 길로, 도적이 타고 온 말 세 필과 요헤가 갖고 있는 말 한 필로, 규조, 기쿠치요, 헤하치 세 명이 리키치의 길안내로 마을을 뒤로하고 출발한다.

나는 그 기습하는 일행이 저녁놀이 지는 마을을 출발하는 대목부터 혼자서 각본을 쓰고 있었다.

왠지 쓸쓸했다. 마음이 안 놓였다. 매우 고독하였다.

시나리오는 좋아서 시작한 만큼, 쓰는 일에 불안과 고통, 괴로움과 답답함 등을 느낀 적은 한 번도 없다. 그러나 공동작품에서 한 명이 쓰러지고 보니, 시나리오를 쓴다는 일이 눈에 보이지 않는 무언가와의 싸움이기도 함을 싫을 정도로 뼈저리게 느꼈다. 그리고 거기에 숨이 차서 참기 힘들어졌을 때에는 패배의 좌절밖에 없다.

리더이기도 하고 전우이기도 한 사람이, 눈에 보이지 않는 것과의 싸움에서 상처받고 쓰러졌기 때문에, 혼자서 싸워야 하는 고독감은 양어깨를 덮쳐눌러 매우 견딜 수 없었다.

이 작품은 콧노래를 부르며 순조롭게 진행되리라 생각했는데, 역시 무슨 일이 일어날지 전혀 알 수 없다. 아니, 마라톤 경주로서는 이미 42.195km를 넘어, 미지의 영역, 알려지지 않은 미지의 세계를 헐떡이며 달리고 있는 것이다. 언제 나도 쓰러 넘어질지 모른다.

누워 지낸 지 3일째 되는 아침이었다. 구로사와는 아침에 일어나자 목욕을 끝냈다. 여직원이 방청소를 끝내고 이불을 깔려고 하자, "오늘은 괜찮아"라고 말하고 식사는 죽이지만 그것을 마시듯이 먹더니, 탁자를 옮겨 원래 위치에 앉았다. 내가 입을 다물고 이틀간 진척시킨 원고를 내밀자, 그것을 읽고 조금씩 고치기 시작하였다. 뺨의 살이 조금 깎인 듯이 빠졌고, 얼굴은 창백하고 처참한 느낌이었다.

이리하여 둘의 작업은 원래로 돌아왔다. 하지만 하루 15매의 속도로는 돌아가지 못하였다. 나도 피곤이 극에 달하여, 느릿느릿 땅바닥을 기어 다니는 상처 입은 짐승의 방황과 같은 작업 속도였다.

규조와 기쿠치요의 기습은 성공하여, 산채에 리키치가 불을 지르자 당황하여 소란을 피우며 뛰쳐나오는 도적을 차례차례 열 명까지 벤다. 그러나 도적이 쏘아대는 화승총에 헤하치가 쓰러진다. 리키치는 도적과 함께 뛰쳐나오는 아내와 마주치고, 둘은 가만히 얼굴을 바라본다. 다음 순간 아내는 몸을 돌려 등 뒤의 불 속으로 뛰어들고 만다.

헤하치의 시신을 말에 태운 일행은 마을로 돌아와, 마을 동쪽에 새로 쌓은 봉분묘에 헤하치의 칼을 뽑아 꽂는다. 간베가 말한다.

"자네, 어려울 때 도움 될 사람이라고 말했잖아. 어려울 때는 이제부터인데 말이야."

리키치가 무릎 꿇고 울고, 백성들 중에도 흐느껴 우는 이가 있다.

하지만 다음 순간 사람들이 말굽 소리에 일제히 서쪽 언덕을 돌아본다. 흙먼지가 피어오르는 사이로 모습을 나타낸, 마을을 내려다보는 도적 일당 삼십여 기. 어젯밤의 기습에 격노하여 일거에 몰살해 버리려고 쇄도해 온 것이다.

"우하하하하하!" 기쿠치요가 어울리지 않는 웃음소리를 낸다.

"녀석들! 왔구나 왔어! 왔단 말이지!"

드디어 최후의 결전이다.

어디에서라고 할 것 없이 〈신세계 교향곡〉의 제4악장이 들려온다.

나도 알고 있고, 구로사와도 알고 있다. 드디어 여기를 기점으로 마지막까지, 최소한 160매 내지 180매다. 발단부터 7인의 사무라이가 모일 때까지의 전반부, 7인이 마을에 들어와 때가 무르익어 도적이 오기까지의 중반부, 전반 중반은 모두 160 내지 170매로, 최후의 결전이 그 전반부와 중반부보다 짧아서는 안 된다. 이 작품은 원, 투, 쓰리, 즉 쓰리 패턴이다.

최후의 결전은 생리적으로도 다른 부분과 같든지, 아니면 조금 상회하는 매수가 이상적이다. 7인의 사무라이가 마을 사람과 함께 도적과 싸우는 것이 큰 줄거리인 이상, 가장 중요한 클라이맥스가 전반부와 중반부보다 짧아서는 수미일관된 영화로는 될 수 없다. 그러나 여기부터 추가로 160매 내지 180매… 그것은 등골이 오싹할 정도로 현기증이 날 것 같은 분량이다.

오구니가 도쿄에서 돌아왔다.

솔직히 말하면 나는 오구니가 도와주길 바랐다. 한 글자라도 좋으니 써주었으면 했다. 하지만 변함없이 두꺼운 영어책을 읽을 뿐으로, 한 글자도 쓰지 않고 구로사와가 돌리는 원고의 검열만을 하였다.

구로사와와 나는 숨이 곧 끊어질 듯한 상태로 단지 써내려가기만 하였다.

밤의 술자리도, 쓰러진 이후로 구로사와가 금주를 하였기에, 오구니도 조금밖에 마시지 않아 활기 없는 나날이 이어졌다.

나는 몸이 납덩이같이 피곤해져 머리가 멍하고 무엇을 쓰고 있는지 몰랐다. 아침에 일어나 목욕을 하고, 밥을 먹고 책상을 향하여, 무언가 써서 구로사와에게 돌리고, 또 무언가 써서 돌리고, 저녁에는 연필을 깎고 목욕을 하고 밥을 먹고 잤다. 이러한 나날이 벌써 며칠이 이어졌을까, 5일, 1주일, 10일, 20일… 매화는 꽃피우는 기간이 길지만, 어느샌가 다 떨어지고 벚꽃 봉오리가 부풀어 오르기 시작한다. 이 여관에 틀어박힌 지 벌써 두 달 가까이 되려 한다.

나에게 어느 날 신문기자가 단도직입적인 취재를 한 적이 있다.

"시나리오 작가란, 어떤 식으로 작업을 하지요?"

"영화회사에서 영화회사로 옮겨 다니는, 떠돌이 노름꾼이죠."

"떠돌이 노름꾼?"

"그렇죠. 상대의 주문이 마음에 들면 여관에서 숙식을 해결하고 틀어박혀 각본을 쓰고, 다음 영화회사로 옮겨 가는… 속 편한 장사지요. 어찌되었든 비용이 들지 않으니까요."

"비용이 들지 않는다고요?"

"신발은 밖을 나다니지 않으니까 10년에 한 켤레, 와이셔츠에 넥타이를 매는 것도 장례식이나 결혼식뿐으로, 한 해에 서너 번… 입는 것은 모두 여관에서 주는 솜옷으로 충당되니까요."

신문기자는 기가 막혀 아무 말도 하지 못했다.

"어떤 고급여관에 아무리 묵어도 회사가 경비를 대지요. 비용이 드는 것은 소모품인 원고지가 있지만, 이것도 회사가 인쇄한 사내용으로, 내가 가지고 가는 것은 연필 이외에는 아무것도 없습니다. 연필은 짧아지면 꼭지를 끼워 쓰니까, 한 타를 사면 1년은 족해요… 이런 효율적인 장사는 달리 없습니다."

풍자와 과장이 많이 섞였지만, 확실히 이러한 면도 있기는 있다. 그러나 여기에는 중요한 부분이 빠져 있다.

나는 혼자서 틀어박히는 경우, 2주일 이상이 되면 여직원을 통하여 사장의 양해를 구해, 방이 아니라 부엌에 들어가 식사를 한다. 지배인과 여직원, 요리사들이 일상으로 먹고 있는 음식을 같이 먹는 것이다. 요리장이 솜씨를 발휘한 호화요리가 맛있는 것은 기껏해야 이틀로, 이후는 질려 버린다. 그리고 중요한 점이 요리의 간이다. 고급요리가 맛있는 것은 간이 달기 때문이다. 보통 사람들은 그렇게 단 음식만을 먹는 게 아니고, 가정에서는 의외로 보다 매운 음식이나 소금간이 된 것을 먹는다. 그러니까 호화요리가 계속되면 몸에 맞지 않는 것이 누적되어, 몸이 매우 피곤해져 축 늘어지게 된다.

구로사와와 함께인 경우에는, 혼자서 부엌에 들어가 식사를 할 수는 없기 때문에, 30일이든 50일이든 호화요리를 먹을 수밖에 없다. 요리장이 장기체류니까 식단에도 신경을 써서 다양하게 궁리해서 식사를 준비해 주고 있음은 알지만, 기본적으로는 달게 간을 한 요리임은 변함이 없기 때문에, 몸은 깊은 곳에서부터 늘어져서 위축되고 생기를 완전히 잃고 만다.

영화회사는 우리를 여관에 보내는 일을 '간즈메(缶詰)'[53]라고 한다.

자기 집에서 본인에게 맡기고 쓰게 하면 기한이 한없이 늘어지기 때문에, 작가를 여관에 보낸다. '간즈메'… 이 정도로 적절한 단어는 없다. 시나리오 작가가 여관에 틀어박혀 작업을 하는 일은 통조림이 되는 것이다. 물론 인간에게 통조림이 좋은 환경일 리 없다.

하루라도 반나절이라도 빨리 이 환경에서 벗어나고 싶지만, 그러나 원고를 끝내지 않으면 탈출할 수 없다. 그러니까 몸에 채찍질을 가해 능률을 올려, 되는 대로 작업을 빨리 마무리 짓는다. 영화회사로서는 시나리오 작가의 대접을 좋게 하려거나, 좋은 작품을 만들어 내기 위한 방책이 아니다. 양산체제의 영화 제작에는 '간즈메'가 효율적이니까, 비용은 필요경비로 어쩔 수 없이 지불하는 것이다.

우리들이 미나구치엔에 틀어박힌 지 얼마만큼의 날짜와 시간이 흘렀을까.

미나구치엔은 하얀 감옥이었다. 우리들 방은 남쪽이 툇마루로

---

53) 간즈메는 통조림이라는 뜻의 일본어로, '캔(缶)에 채워 넣는다(詰める)'는 의미이다.

뜰이 보이지만, 요리를 가져오거나 손님을 안내하는 여관 사람들의 모습이 때때로 보이기 때문에, 구로사와가 싫어하여 장지를 닫아 버렸다. 사방이 백목(白木)으로 만들어진 하얀 감옥이었다.

하얀 감옥에 통조림이 된 우리들 셋은, 마라톤으로 말하면 42.195km는 이미 지났고, 벌써 60km를 넘어… 지칠 대로 지쳐 단지 휘청휘청 달리고만 있는 몽유병자와 같은 상태였다. 하지만 때때로 어딘가 멀리서부터 아련히 〈신세계 교향곡〉 제4악장이 들려왔다.

그런 나날 중에 단 하나 분명히 기억하고 있는 일이 있다.

어느 날 작업을 하고 있자 차를 준비한 여직원이 방에 들어오려고 하였다. 매일 오후 3시에는 차를 갖다 주었다. 그런데 여직원은 순간 움찔하며 발을 멈추더니, 무언가에 튕기듯이 한두 발 뒤로 물러서 움직이지 않았다. 그리고 숨을 고르고 잠시 후에 다시 방으로 들어왔다.

그날 밤 식사를 탁자 위에 늘어놓는 여직원에게 물어보았다.

"오늘 점심때 말인데, 방에 들어오려다가 들어오지 못했지. 그건 왜 그랬나?"

여직원은 조심스레 말하였다.

"이 여관에서는 때때로 바둑이나 장기의 명인전이 열립니다. 첫날은 그 정도가 아닌데… 승부가 정해지는 둘째 날이 되면, 차를 가지고 방에 들어가려 해도, 기사(棋士)들의 무시무시한 기백으로, 무언가 분위기가 매우 얼어붙어 있어 안으로 들어가기 힘듭니다."

구로사와와 오구니가 묵묵히 있었다. 나도 잠자코 있었다.

"그런데 오늘은… 죄송합니다만, 최근 쭉 그랬습니다만… 그런 바둑이나 장기와 비할 바가 아닙니다. 더욱 살기(殺氣)라 할까, 오싹함이… 원고를 쓰고 있는 구로사와 선생님과 하시모토 선생님으로부터 발산되어 방 전체를 온통 뒤덮어 빠지지 않습니다. 무섭고… 두려워서 안으로 들어갈 수 없었습니다. 죄송합니다."

구로사와도 나도 지칠 대로 지쳤고, 숨이 끊어질 듯한 상태로 단지 타성에 의하여 무언가를 쓰고 있다고 생각하고 있었지만, 의외로 그렇지 않고 둘 다 남아 있는 체력을 전부 쏟아 부어 단지 기백과 기력만으로 쓰고 있었던 것이다.

그리고—원고지 174매에 이르는, 이틀에 걸친 7인의 사무라이와 도적의 결투 하나하나를 세심하고 극명하게… 습격해 온 도적들에게 다양한 전법을 구사하여, 결국은 지력도 체력도 모두 써서 결국 도적을 한 명도 남기지 않고 섬멸하는 7인의 사무라이와 그에 협력하는 마을 사람들의 장렬한 사투를 단지 기백과 집념만으로 어떻게든 써낸 것이다.

하지만 사무라이도 마을 사람들도 희생을 피할 수는 없었다.

마을 동쪽에 칼을 꽂은 봉분이 네 개 늘어서 있다.

그 앞에 선 간베, 좌우에는 시치로지와 가쓰시로.

고로베는 전투가 한창일 때, 규조와 기쿠치요는 섬멸 바로 직전에 도적이 쏜 화승총에 쓰러졌다.

칼이 꽂힌 봉분에 바람이 스쳐 지나간다.

간베가 말한다.

"또 살아남았군."

시치로지가 아무 말 없이 고개를 끄덕인다.

간베가 말을 잇는다.

"그러나 이번에도 졌어."

시치로지와 가쓰시로가 의아한 얼굴을 하며 간베를 쳐다본다.

"아니… 이긴 것은 우리들이 아니라, 저 백성들이야."

간베 일행은 몸을 돌려 마을 남쪽을 본다.

남자도 여자도 온 마을이 총동원되어 모내기를 하고 있다.

밝은 목소리로 합창하는 노래, 큰 북을 두드리며 선창하는 리키
치.

모종을 흔들며 부는 바람에, 간베의 목소리가 섞인다.

"사무라이는 이 바람처럼 대지를 스쳐 지나간다. 그러나 땅은 언
제까지라도 남아… 백성들은 그 땅과 함께 살아남지."

6월의 바람이 또 불어, 노랫소리와 큰북소리가 울리는 논 위를
스쳐 지나간다.

(F·O)

(끝)

완성하고 보니 〈7인의 사무라이〉는 원고지 500매를 넘어 504매
에 달했다.

사가미만은 앞쪽의 하쓰시마(初島)가 보이지 않을 정도로 어두
웠다. 하지만 뺨을 스치는 바람이 그렇게 차지는 않고 시원하다.
오늘은 3월 며칠이 되었을까. 나는 완성한 지 얼마 안 되는 504매
의 원고를 넣은 보스턴백을 발밑에 두고, 아타미역의 플랫폼에

서 있다. 밤 8시 반이 지났다.

전면에 펼쳐지는 바다의 칠흑 같은 어둠에, 눈앞의 아타미 거리의 등불이 선명히 떠올라 아름답다. 이 두 달간 한 번도 나가본 적이 없는 아타미 거리이다.

나보다 한발 앞서 미나구치엔을 나서 교토로 서둘러간 오구니를 태운 특급열차는, 시즈오카나 하마마쓰 부근을 지나고 있을 것이다.

도카이도선의 상행열차가 역에 들어와서, 나는 원고를 넣은 보스턴백을 매고 올라탔다. 구로사와는 아내 기요코가 왔기 때문에, 미나구치엔에서 하루나 이틀 휴양하고 도쿄로 돌아간다.

2등칸은 비어 있어 보스턴백을 그물망에 올려놓고 좌석에 앉았다.

미나구치엔을 나와 택시에 탈 때는 피로가 극에 달해, 기차에 타면 좌석에서 쓰러져 죽은 듯이 자면서 도쿄로 가려고 마음먹었지만, 아타미역에서 택시를 내려 표를 사고 플랫폼을 향하기 시작하자, 한발 한발 걷는 감각이 기억나서 머릿속의 혼탁함이 조금씩 조금씩 사라져 몸 전체에 생기가 돌아왔다.

아무리 심한 뱃멀미라도, 육지에 한발 내딛으면 즉각 회복하는 평형감각과 마찬가지로, 기차에 타면 죽은 듯이 쓰러지리라 생각했지만, 안정감 있는 매우 쾌적한 쿠션이 있는 좌석에 앉자 달랐다. 한숨 돌리자 열차는 발차하였고, 동시에 손발에 탄력이 생겨 온몸의 혈관이 파도쳐, 전혀 예상치 못했던 각성(覺醒)의 범위를 뛰어넘는, 생기가 기운차게 온몸을 감쌌다.

아마도 평생 잊을 수 없는 자신감과 패기가 가득 차올랐다.

"이제부터 나는 어떠한 작품이라도 쓸 수 있다."

원고지 504매의 〈7인의 사무라이〉가 귀중한 점을 나에게 주었던 것이다.

여유 있는 작업에서는 아무것도 만들어지지 않는다. 지력도 체력도 상실하고, 정력도 끈기도 모두 써 버리고, 피를 토하는 듯한 상태에서도 계속 써서 작업을 완성한 경우에만 비로소 피와 살이 되어 체득할 수 있는, 글 쓰는 이의 자부심과 자신감, 힘이었다.

그뿐만이 아니다. 닫혀 있던 가슴에 뻥하니 창이 열린 듯한 상쾌한 개방감이다. 나는 커다란 해방감에 도취되었다. 통조림, 즉 여관에 틀어박힘으로부터의 해방이 아니다. 구로사와 팀, 구로사와 아키라로부터의 해방이다.

히사이타 에지로는 〈우리 청춘 후회 없다〉와 〈백치〉, 우에쿠사 게노스케는 〈멋진 일요일〉과 〈주정뱅이 천사〉, 기쿠시마 류조가 〈들개〉와 〈추문〉… 모두 다 두 편으로 구로사와 팀을 졸업했다. 하지만 나는 〈라쇼몬〉 〈살다〉 〈7인의 사무라이〉로, 세 편이다.

아니 단순히 작품 편수의 문제가 아니다. 나는 〈7인의 사무라이〉에서 온힘을 다했고, 구로사와도 모든 힘을 쏟아 부었다. 앞으로 둘이 얼굴을 맞대어도, 우려낼 대로 우려낸 찌꺼기가 된 둘에게는, 〈7인의 사무라이〉는커녕 의미 있는 작품 따위 써질 리가 없다.

어찌되었든 이 이상은 구로사와도 나에게 작업에 대해서 말을 걸지 않을 터이고, 또한 가령 구로사와가 의뢰한다고 하여도, 나는 더 이상 구로사와 팀과는 안한다. 눈에 보이지 않는 스케줄을 지배하고 있는 커다란 쇠사슬인 구로사와 팀의 구속으로부터 떠나, 이제부터 마음대로 자유롭게 영화의 세계를 돌아다닐 것이다.

"하시모토여… 잘되었네."

내가 얼굴을 들어 정신을 차리자, 열차는 이미 유가와하라(湯河原)를 지나, 차창의 어두운 사가미만의 어둠 저편에 환영처럼 이타미의 얼굴이 떠올랐다. 흑백필름, 초상화와 같은 이타미였다.

"드디어 자기 나름의 자와 컴퍼스를 손에 넣었군."

"네… 이제부터는 무슨 작품이라도 쓸 수 있을 것 같습니다. 그런데 선생님, 하나 걱정되는 점이 있습니다."

이타미는 아무 말 없이 나를 쳐다보았다.

"쓰려고 생각하면 어떤 작품이라도 쓸 수 있습니다. 하지만 무엇을 써도 〈7인의 사무라이〉를 뛰어넘는 작품은 할 수 없지 않을까… 그런 걱정이 듭니다. 아이들은 아직 초등학생과 유치원생으로 두 명, 이제부터는 몇 년, 몇 십 년을 시나리오로 밥을 먹고살아야 하는데, 〈7인의 사무라이〉 이상의 작품이 나올 수 없다고 한다면, 왠지 섭섭하다고 할까, 슬프다고 할까, 시나리오 작가로서 이래도 되는가, 그런 생각이 듭니다."

"하시모토여, 힘들 때나 고민될 때가 있으면, 구로사와 아키라를 떠올려라."

"?…"

"그는 이번 〈7인의 사무라이〉의 촬영에 모든 것을 쏟아 부어, 아마도 이 영화가 그의 대표작이 될 것이다. 그 자신에게도 이 이상의 작품은 무리로, 이것을 뛰어넘는 작품은 일생동안 만들 수 없다. 그러나 그는 아직 43세… 앞으로도 감독을 계속해 나가지 않으면 안 되는데, 무엇을 만들어도 〈7인의 사무라이〉를 뛰어넘을 수 없다는 초조함, 중압감, 허무함, 조바심, 보통이 아닌 고뇌와 번민에서 우러나오는 신음은, 신이… 작품을 만들고 명성을 얻은 자에게 내리는… 신의 천벌이다."

나는 지그시 이타미를 쳐다보았다.

"하시모토여, 만약 자네도 그런 점에서 고통과 고뇌가 생긴다면, 구로사와 아키라를 떠올려라. 구로사와 아키라가 자네보다도 열 배, 스무 배, 아니 백 배도 더 고통스럽다."

도쿄에 돌아오자, 작가들이 모이는 세타가야구 소시가야의 '히라타(平田)'에서 구로사와와 나는 무릎을 맞대고 검토하여, 전반부에서 40매 정도를 잘라내었다. 〈7인의 사무라이〉 최종판은 460매로, 완성된 영화의 상영시간은 3시간 27분이다.

구로사와 아키라, 오구니 히데오, 하시모토 시노부… 이 세 명 중, 만약 누군가가 도중에 길이를 걱정하여, 그걸 입에 담았다면 작품은 거기서 좌절 혹은 붕괴되었을지 모른다. 또한 좌절이나 붕괴까지는 아니더라도 작품 후반부는 상당히 생략되어, 재미가 상당히 떨어지는, 뭔가 부족한 작품이 되었을 것이다.

이러한 작품이 완성될 수 있었던 것은 명료한 테마와 스토리를 바탕으로, 그걸 표현하기 위하여 삼 단계 구성을 완강히 준수하여, 시나리오만 재미있게 쓰면 영화 또한 재미있고 길이는 관계가 없다고 생각하여, 세 명이 각오를 하고 길이에 대해서는 한마디도 입에 담지 않았기 때문이다.

1960년대 소련에서 열린 영화 심포지엄 때문에 모스크바에 갔을 때, 영화 아카데미를 통하여 모스크바대학 영화과로부터 〈7인의 사무라이〉에 대해서 강연을 의뢰받은 적이 있다. 많은 사람들 앞에서 말하는데 서투른 나는 곧바로 거절했지만, "소련에서도 〈7인의 사무라이〉를 상영했나요?"라고 묻자, 아카데미 사무국장이 어이없다는 듯이 웃었다.

"미스터 하시모토는 아무것도 모르시네요. 세계 각국의 이름 있는 영화학교의 텍스트에는 일관되게 공통된 작품이 있어요. 그게 〈7인의 사무라이〉입니다."

공동각본의 빛과 어둠

작가 선행형

좋은 시나리오로부터 나쁜 영화가 만들어지는 경우도 있다.

그러나 어떠한 일이 있어도 나쁜 시나리오로부터 좋은 영화가 만들어지는 경우는 없다.

이타미 만사쿠의 영화헌법 제1조이다.

이를 일본 영화계에서 성실하고 꼼꼼하게, 자신의 작업에서 실증한 이가 구로사와 아키라이다. 만약 이타미 만사쿠가 살아 있다면, 구로사와 아키라의 수법에 의표를 찔려 무심코 "앗" 하고 탄성을 내었을지 모른다.

어느 날 나는 구로사와에게 단도직입적으로 물어본 적이 있다.

"구로사와 씨는 혼자서도 쓸 수 있음에도, 언제나 누구와 함께 각본을 써서, 감독하는 작품은 공동각본이 되는데… 왜 다른 작가와 함께 작업을 하는지요?"

"그건 말이야, 하시모토 군, 나는 감독이라고. 각본을 쓰는 것은 괴롭거나 힘들 때도 있어. 어쨌든 현장에 나가니까 이 부분은 현장에서 이러저러하면 되겠지 하고, 그만 각본을 쓰면서 생략하는 일도 생겨. 그러나 각본가와 함께라면 대충 넘어갈 수 없기 때문에, 자연히 구멍 난 곳이 적은 완성도 높은 각본이 만들어지지. 그래서 각본가와 함께 쓰는 거야."

구로사와는 드물게 설득력 있는, 막힘없이 유창한 어조로 말하였다.

그렇지만 이는 거짓말, 새빨간 거짓말이다. 아니 구로사와는 다른 이에게 거짓말을 하는 사람이 아니다. 신문기자나 비평가와의 인터뷰에서 왜 공동각본인지를 언제나 질문을 받기 때문에, 그때마다 나에게 말한 것과 비슷한 내용을 이야기하지만, 한없이 이를 반복하는 중에 이야기에는 설득력이 더해져 유창해지고, 제 3자에게는 그럴듯하게 들림과 동시에, 자기 자신도 공동각본은 이러한 이유로 하고 있다고, 어느샌가 믿어 버린 모양이다.

하지만 사실은 그렇지 않다. 구로사와와 함께 작업을 한 사람이라면 모두 알고 있다. 구로사와는 요즘 칼싸움 영화가 잘 나가니까 라는 식으로, 그렇게 대충 각본을 쓰는 사람이 아니다. 혼자이든 공동이든 상관없이, 각 장면을 철두철미하게 일종의 질감(템포와 리듬)으로 이어, 생략 따위는 일절 할 수 없는 유형이다. 다른 작가와 함께 작업을 하는 것으로 허점 없는 완성도 높은 각본이 나온다는 말이 거짓말임은, 그가 다른 감독을 위하여 혼자서 쓴 각본을 시험 삼아 한 번 읽어 보면 누구라도 알 수 있다.

그렇다면 그는 왜 자신이 감독하는 작품에는 다른 작가와 함께 각본을 쓰는가.

대답은 간단명료하여, 자기 혼자 쓰는 것보다 다소는… 아니

분명히 완성도가 높다고 생각하기 때문이다. 다른 작가에게 의뢰한다는 것은 시간과 예산을 요하는 큰일로, 시작점에서 작가가 초고를 써내는 데까지 1개월 정도, 그리고 회의를 하여 수정본을 만들고, 그리고 자신도 참가하여 최종본이 나오려면 마무리에 최저 3, 4개월에서 반년 가까이 걸린다. 혼자라면 3주에서 1개월 정도로 끝낼 수 있기 때문에, 완성된 작품의 수준이 만약 비슷하다면, 매우 바보 같은 시간 낭비이고, 너무나도 의미 없는 기획비(각본료)의 낭비이기도 하다.

구로사와가 갖은 신경을 쓰고 힘을 들이고 또한 그에 동반하는 시간과 돈을 쓰더라도 공동작업을 하는 것은 그에 걸맞은 무언가가 있기 때문이다.

한편 각본을 같이 쓰게 되는 작가는 어떠할까.

작업을 받아들이는 순간, 보통 작품의 세 배의 수고가 들 것을 각오하지 않으면 안 된다. 첫 모임부터 초고를 쓰기까지는 다른 작품과 마찬가지이지만, 초고가 완성되자마자 양상이 완전히 바뀐다. 통상적으로는 완성된 초고에 다소의 수정을 가하면 최종본이 되니까, 초고라 해도 그것은 완성작품인 것이다.

하지만 구로사와와의 작업에서의 초고는 완성작품이 아니고 단지 검토용의 소묘 정도에 불과하고, 작품이 착안한 대로 되어 있나 아닌가, 착안 그 자체에 빈틈이나 잘못, 기획에 안이함이 없는지 어떤지 또한 이 작품을 더욱 보다 깊이 있고, 재미있게 하기 위해서는 형태를 어떻게 바꾸면 좋을지… 이러한 이것저것을 판단하고, 검토하기 위한 재료에 지나지 않는다. 바꾸어 말하면 초고는 완성작품과는 매우 거리가 있는, 기획 그 자체에서 한발 내

딛은 정도의 테마와 스토리를 재구축하는 먹잇감에 지나지 않는다. 따라서 최종 시나리오에 초고는 편린을 남기는 경우도 있지만 거의 형태를 남기지 못한다.

그러나 어느 정도의 수고와 시간이 걸리든지, 이는 각본의 기초 강화니까, 이타미 만사쿠라 해도 딱히 놀라지는 않을 터이고 감동하지 않을 것이다. 문제는 그 다음의, 최종본을 쓰는 방법이다.

"구로사와 작품의 공동 집필… 그 최종본은 어떤 식으로 하는 것입니까? 각자가 각각 자신이 쓸 부분을 분담하는 것입니까?"

"아니, 분담 같은 것 없어요. 모두 다 같은 장면을 씁니다."

"모두 같은 장면을?"

"그렇죠. 세 명이든 다섯 명이든, 시작! 하면 일제히 같은 장면에 착수하죠."

"그러면 경쟁이네요. 누가 쓴 것이 가장 재미있나. 그래서 가장 잘된, 재미있는 것이 최종본이 되는 것이네요."

"뭐, 그런 셈이죠."

"그러나 큰일이네요, 그건"이라며 질문한 젊은 시나리오 작가는 기가 막힌 듯이 한숨을 내쉬며,

"각본가로서는 뼈를 깎는 고통 같겠네요. 매일 매일이 살아남기 위한 경쟁이니까요."

질문자가 말한 대로, 같은 장면을 경쟁하며 쓰기는 쉽지 않다. 처음은 초조와 좌절감의 연속으로, 자신의 사고체계에 고장이 생긴 듯한 위화감… 머리의 조직이 단락하여 불꽃을 일으켜 타 버려, 당장이라도 부서질 듯한 위기조차 느낀 적도 있다.

하지만 이 같은 장면의 경쟁도 하다 보면 조금씩이지만 익숙해

진다. 서너 장면을 이은 경우에는 잘 쓰고 못 쓰고의 실력 차이가 숨김없이 드러나지만, 독립된 한 장면만이라면 개개인의 스타일 차이가 표면에 드러날 뿐, 잘 쓰고 못 쓰고의 구별이 힘들다. 어느 쪽이 좋은지 나쁜지 우열을 가릴 수 없는 것이, 두 명이면 두 가지, 세 명이면 세 가지, 네 명이면 네 가지가 만들어진다.

구로사와는 영화에 대한 법칙이나 이론을 좋아하지 않아 일절 입에 담지 않는다.

그런 그가 흔치 않게 잡지 『영화평론』에 기고한 글이 있다. 영화는 어떠한 다른 예술과 닮아 있는가에 대한 글로, 그는 가장 닮은 것이 음악이라 하였다. 음악은 감각을 청중에게 전할 뿐으로 무언가를 설명할 수는 없다.

영화도 마찬가지로 설명하지 않으면 안 되는 것을 설명하여도, 관객은 알 수 없고 설명은 일절 불가능하기 때문에, 본질적인 부분에서 양자는 매우 공통적인 면이 있다는 것이다.

나도 그 의견에 대찬성이어서, 누군가가 각본과 가장 닮은 것은 무엇이냐고 물어보면, 주저 없이 음악의 악보라고 대답한다.

악보는 연주자에게 음악을 시작하게 하는 명령서, 각본은 감독을 비롯한 모든 영화 스태프에게 화면과 소리를 만들어 내게 하는 명령서이다. 악보와 각본은 단순히 명령서로서의 일치만이 아니라, 내용에서 중요한 점이 공통된다.

우리들이 쓰는 각본에 가장 중요한 점은, 문자의 나열 및 배열이 만들어 내는 억양… 템포와 리듬이다. 한편 악보는 모든 것이 템포와 리듬 그 자체이다. 나에게 각본을 쓰는 일은 소설이나 희곡(무대각본) 등과는 아마도 세계가 다른 것으로, 교향곡을 작곡

하고 있는 기분이 들기도 한다.

구로사와 팀에서 준비 시작! 하고 같은 장면을 쓰기 시작했다고 하자. 어조는 각각 다르지만, 누구라도 이 장면이 쾌활한 2박자인지, 아니면 보통으로 전개되는 4박자인지, 또는 한탄과 영탄의 3박자인지 정도는 대략 알 수 있다. 그러니까 음악의 경우에 한 마디를 바꾸어 넣는 것이 용이하듯이, 각본에서도 한 마디 단위의 교환이 의외로 간단하다.

예를 들면 구로사와가 자신이 쓴 원고를 눈앞에 놓고, 책상 위 좌우에 내가 쓴 것과 기쿠시마 류조가 쓴 것이 있다고 치자. 구로사와는 이 장면을 전체적으로는 자기 것으로 가고 싶다. 하지만 내가 사용한 단어, 숙어, 글자의 배열 그리고 빚어내는 감각 등 그리고 기쿠시마의 것에서도 마찬가지로 좋아 보이는 부분이 있다.

이를 합치는 일이 의외로 간단하다. 자신의 원고에서 해당부분을 빼버리고, 다른 사람이 쓴 부분을 끼워 넣는다. 마디의 교환이므로, 앞뒤를 아주 조금 고치기만 하면 된다. 이렇게 하여 구로사와가 쓴 각본 속에, 나와 기쿠시마가 쓴 부분이 들어간다. 그리고 편집의 흔적이 없는, 마치 처음부터 그대로 만들어진 듯한 각본이 완성된다. 동시에 각본 그 자체가 구로사와 스타일에, 나와 기쿠시마의 스타일이 합쳐져서, 이제까지 없던 신선한 혼성합창과 같은 각본이 태어나는 것이다.

또한 이와는 다른 이용방법도 있다. 구로사와가 각각 완성된 세 명의 같은 장면을 읽고, 전체적으로 기쿠시마 것이 재미있다고 생각하면, 아무 주저 없이 기쿠시마의 원고를 선택하여 자신의 스타일로 수정하고, 다시 자신의 원고와 내가 쓴 원고로부터 좋아 보이는 부분을 합쳐 충실한 내용의 최종판을 만든다.

이렇게 같은 장면을 여럿 준비함으로써, 그것들로부터는 어떠한 편집이라도 가능하여, 내용이 충실하고 박력 있는 참신한 각본이 만들어진다.

구로사와 팀의 공동각본이란, 동일한 장면을 복수의 사람이 각각의 눈(복안, 複眼)으로 써내고, 그것들을 편집하여 혼성합창의 질감이 있는 각본을 만들어 내는 것으로, 바로 이 점이 구로사와 작품의 최대 특징이다.

영화계에서 공동으로 각본을 쓰는 경우는 적지 않다. 그러나 그것들은 누군가가 쓴 각본에, 프로듀서나 감독이 수정하고 싶지만 각본가가 응하지 않기 때문에, 다른 작가를 기용하여 손을 보고는 공동각본이라 부르는 경우가 99퍼센트이다. 아주 드물게 마음 맞는 동료가 있어, 공동으로 일을 맡아 분담하여 작업을 하는 예도 없지는 않다. 하지만 구로사와 팀처럼 한 작가가 먼저 초고를 만들고, 최종판에서는 동일 장면을 여럿이 써서 그것들을 취사선택하여 빈틈이나 약한 부분이 없는, 충실하고 게다가 참신한 혼성합창이라 할 수 있는 각본을 만드는 것은, 일본 영화계에서도 유례없는, 내 스승인 이타미 만사쿠도 이러한 각본 집필방법을 드높이 칭찬했을지 모른다.

아니, 이러한 각본 집필은 아마도 일본만이라 아니라 세계 어느 곳에도 유례없는, 구로사와 아키라가 주재하는 구로사와 팀 독자적인 것이 아닐까.

한마디로 말하면, 구로사와 아키라라서 가능한 것으로 인간을 바라보는 초월적인 그 특유의 안목이 있기 때문이다.

공동작가인 히사이타 에지로는 시나리오 작가라기보다도 극작
가로 저명하였고, 우에쿠사 게노스케는 구로사와의 중학교 동창
으로 토호영화 배우 출신, 다니구치 센키치는 구로사와와 동세대
감독이지만 다른 사람의 시나리오는 써본 적이 없고, 기쿠시마
류조는 야스미 도시오(八住利雄)[54]의 문하생이긴 하지만 신인이
었고, 나는 이타미 만사쿠 문하생이지만 완전한 아마추어… 구로
사와와 공동작업을 한 이들은 모두 최상급의 프로가 아니다.

　　그러나 자신이 선택한 이 사람이라면 프로급, 아니 작품의 진
척도에 따라서는 일류의 프로 이상의 작업을 해낼 수 있다고 예
측한, 구로사와 아키라의 예리함에는 소름조차 돋는다.

　　구로사와 아키라는 영화가 본질적으로 음악과 닮았다고 말했다.

　　일세를 풍미하는 인기 절정의 가수는 수많은 명곡을 노래한다.
하지만 진정한 의미에서의 그의 노래는, 세상 사람들에게 갈채를
받기 시작한 최초의 곡뿐으로, 그 뒤의 곡은 전부 첫 번째 곡의 변
주에 지나지 않는다. 인간은 각자 특유의 노래를 갖고 있기는 하
지만, 그것이 단 하나밖에 없다는 사실을 구로사와 아키라는 본
능적으로 깨닫고 있었는지 모른다.

　　구로사와가 감독한 영화는 1943년 〈스가타 산시로〉로 시작하
여, 〈가장 아름답게〉 〈속 스가타 산시로〉 〈호랑이 꼬리를 밟은 사
나이〉로 이어지지만, 〈스가타 산시로〉와 그 속편은 질감이 같기

---

54) 야스미 도시오(1903~1991)는 와세다대학을 나와 각본가로 활동하였고,
　　일본시나리오작가협회 이사장을 역임하였다. 대표작으로는 〈결전의 하늘
　　로(決戦の大空へ)〉(1943), 〈전쟁과 평화(戦争と平和)〉(1947), 〈설국(雪
　　國)〉(1957) 등이 있다.

때문에, 실질적으로는 〈스가타 산시로〉〈가장 아름답게〉〈호랑이 꼬리를 밟은 사나이〉 등, 질감이 다른 세 작품을 쓰고 그리고 촬영을 전부 끝냈을 때, 다음에는 자신이 무엇을 써도 이 세 작품 중의 어느 것과 닮을 것이라는… 그러한 불안이 머릿속을 떠나지 않았을 것이다.

그래서 극작가인 히사이타 에지로에게 다음 작품인 〈우리 청춘 후회 없다〉의 선행집필을 의뢰했다고 생각된다. 그리고 그 공동각본의 최종판을 만드는 것으로, 생각지도 않은 동일 장면의 이용에 의한 효율적인 방법과, 자신의 스타일과 히사이타 에지로의 스타일이 합쳐지는 혼성합창, 이제까지 없었던 전혀 새로운 질감의 각본이 만들어짐을 체험했던 것이 아닐까.

한 번 이렇게 효율적이고, 효과가 큰 각본 집필방법을 경험하고 그것이 몸에 익으면, 혼자서는 각본을 쓰지 못하게 되는 것도 당연하다. 하지만 혼성합창도 한 편 내지 두 편까지는 참신하지만, 인간 한 명이 가진 독특한 노래가 하나이기 때문에, 그 이상은 매너리즘에 빠지기 쉬워 작품을 계속하기 위해서는 공동작업의 상대를 바꾸어 나가지 않으면 안 된다.

　　히사이타 에지로 〈우리 청춘 후회 없다〉〈백치〉
　　우에쿠사 게노스케 〈멋진 일요일〉〈주정뱅이 천사〉
　　다니구치 센키치 〈조용한 결투〉
　　기쿠시마 류조 〈추문〉〈들개〉
　　하시모토 시노부 〈라쇼몬〉〈살다〉〈7인의 사무라이〉

다섯 번째 공동작가인 나는 그만 두 편을 넘어 세 편을 같이 작
업하였다.

이러한 작품(작가 선행형의 공동각본)은 모두 시대의 각광을 받
아, 관객에게는 충실한 만족감을 주었고, 비평가는 소리 높여 절
찬을 반복하였다. 그리고 사람들에게 다음 작품을 기대하게 만들
었고, 다음 작품은 항상 새로운 경지를 개척하여, 이전 작품을 상
회하는 참신함과 재미로 답하여, 그의 명망은 마치 다단계 로켓
처럼 매우 짧은 기간에 신인감독에서 일본 영화의 거장의 자리로,
그리고 〈라쇼몬〉이 이탈리아 베니스 국제영화제에서 금사자상을
수상한 후에는, 일본 영화계만의 구로사와가 아니라, 세계에 통용
되는 영화의 거장, 구로사와 아키라로 등극한 것이다.

곧바로 최종판

〈7인의 사무라이〉를 마무리한 후, 토호, 닛카쓰, 도에이의 작품
을 서너 편 작업하였다. 다음으로 닛카쓰 작품을 준비하고 있으
려니 프로듀서 모토키 소지로로부터 전화가 걸려왔다.

"하시모토 군, 모토키인데, 오랜만이야… 있잖아, 어찌되었든
〈7인의 사무라이〉가 히트하여 일본 영화 개벽 이래의 대흥행이
되었잖아. 그래서 회사도 호세를 부려 재상영관에게는 〈7인의 사
무라이〉를 상영하고 싶으면, 다른 토호 작품 열 편을 같이 구입하
라고 하고 있어. 열 편이라고 열 편! 이래저래 구로사와 아키라 씨
도 바쁘다가 최근 겨우 한숨 돌리게 되었어. 그래서 자네를 좀 만

나고 싶다고 하는데 말이지, 스케줄은 어때?"

"모토키 씨, 일 이야기라면 거절입니다."

나는 가차 없이 딱 잘라 말했다.

"다른 사람은 대체적으로 두 편… 그걸 저는 세 편이나 했습니다. 구로사와 팀은 이제 졸업입니다."

"아니, 일 이야기인지 아닌지 모르지 않나… 촬영이 길어졌고 개봉 후에도 어수선하여 자네와 한동안 만나지 못해서 꼭 만나고 싶다고 하네. 어떻게든 시간을 내줄 수 없는가."

구로사와가 그렇게 말했다면 냉담히 거절할 수도 없는 노릇이라, 나는 할 수 없이 고마에로 갈 약속을 했다. 사적으로 따로 어울리지 않기 때문에 만난다면 일 이야기뿐이다. 만약 일 이야기가 나오면 그 자리에서 거절할 작정이었다.

이노카시라선을 타고 가다가 시모키타자와에서 오다큐선으로 갈아타고, 고마에에 도착하여 구로사와의 집으로 갔다. 구로사와는 넓은 응접실에서 나를 기다리고 있었다.

"하시모토 군, 다음 일 말인데… 각본 쓰는 방법을 바꾸려고 생각해."

구로사와의 말투는 단도직입적이었다.

"…"

나는 묵묵히 구로사와를 쳐다보았다.

"지금까지는 한 명이 선행하여 초고를 썼지만, 그걸 그만두고 모두 모여 집중토의를 하고 처음부터 최종판을 만들려고 해… 과감하게 이런 방법으로 바꾸어 보고 싶은데 말이지."

나는 의표를 찔려 말없이 구로사와를 쳐다보기만 하였다. 공동각본 집필방법의 변경은, 작가에게는 행운 그 자체로 지금까지와는 하늘과 땅차이로 다른 것으로, 너무나 고마운 혁명적인 대변혁이다.

최종판에서의 동일 장면을 서로 쓰는 경쟁은 힘들지만 익숙해지면 좀 나아진다. 그 최종판만이라면 작업시간이 종래의 3분의 1로 줄어들고, 정신적으로도 여유가 생긴다. 구로사와 작품에 임하기 위해서는 마음가짐을 단단히 할 필요가 있지만, 이러한 새로운 시스템이라면 일반적인 흥행영화에 조금 힘을 들이는 정도로, 매우 홀가분하게 일할 수 있다. 하지만 이 새로운 시스템은 나에게 예기치 못한 충격이었다. 이걸로 다음 구로사와 작품은 더 이상 거절할 수 없다.

영화감독은 영화회사의 동향에 민감하다.

나 같은 각본가는 토호와 계약은 하였어도 전속이 아니라 편수 계약이라서, 다른 쇼치쿠, 다이에, 도에이, 닛카쓰 등의 영화회사를 자유로이 왕래할 수 있다. 따라서 어떤 한 회사와 작품을 가지고 충돌하거나 서먹서먹해져도 신경 쓰지 않고, 회사 방침이나 동향 따위에는 관심이 없다. 하지만 감독은 다르다. 회사를 바꾸는 것은 작업장인 촬영소의 변경이기에 일생의 중대한 결정이 된다. 따라서 회사의 동향에는 민감해서 계속 신경을 써야 하고, 구로사와에게도 그러한 면이 없을 수 없다.

토호의 제작본부장 후지모토 사네즈미(藤本眞澄)가 나에게 말한 적이 있다.

"회사로서는 하시모토 군, 자네에게는 구로사와 팀의 일을 맡기고 싶지 않아. 자네가 아니라도 다른 누구이든, 구로사와 팀의 각본은 완성되니까… 따라서 회사로서는 구로사와 팀이 아니라 자네에게는 다른 일을… 구로사와 팀이 한 편 만들 동안, 최저 세 편의 중급 작품을 만들 수 있잖아. 회사 영업상으로는 그 편이 낫단 말이지."

내가 입을 다물고 있자 후지모토는 씩 웃으며 정곡을 찌르듯이 말하였다.

"자네에게도 그러는 편이 좋지 않나. 구로사와 팀이라면 각본료는 한 편, 다른 작품을 하면 세 편을 쓰니 세 배가 되잖아. 서로 그렇게 하는 편이 좋지 않아?"

이러한 회사 측의 작가 운영에 대한 동향이 구로사와의 귀에 들어갔을지 모른다. 아니 만약 그렇다 해도 이에 신경 쓰거나 구속받는 구로사와가 아니다. 그보다 당면문제로서 내 뒤를 이어 초고를 써줄 작가를 주변에서 찾을 수 없었던 것이다.

이 점과 더불어, 그는 패전 이후부터 단독각본이 아닌 공동각본 체제로 이미 열 편이나 되는 영화를 만들어 왔다. 이제 조금 방향을 바꾸어 보아야겠다고 생각했을지도 모른다. 그리고 제작방법을 바꾸어도 작품의 질에는 변화는 없다고 생각했을 것이다.

이제까지의 경험으로는 선행하는 작가가 쓴 초고나 제2고는 최종판에 티끌 정도 남길까 말까로, 어느 작품도 크게 비약하거나 변모하여, 초고나 제2고가 없어도 최종판에 영향을 주거나, 그것을 좌우하는 일은 없다. 따라서 처음부터 전원이 모여 집중토의를 하고, 최종판을… '곧바로 최종판'을 만들어도 작품의 질은 바뀌지 않고, 시간적으로도 효율적이라고 판단했다고 생각된다. 어쨌든 다음 작업을 내가 거절하는 것은 불가능하다.

왠지 나는 쓸쓸하고 허무했다.

'구로사와 씨… 당신과 내가 새삼스레 머리를 맞댄다 해도, 〈라쇼몬〉이나, 〈살다〉 〈7인의 사무라이〉를 뛰어넘는 작품을 만들 수 있을까요?'

나는 이렇게 묻고 싶었다. 그러나 이는 금구(禁句)다. 글쓰기를 직업으로 하는 이상, 항상 가능성에 도전할 수밖에 없고, 뛰어넘을 수 없어도 과거를 뛰어넘으려는 각오가 없으면 새로운 작품에 임할 수 없다.

나는 마음속에서 복받쳐 오르는 것에 비하면, 너무나도 하잘것없는 세세한 불만을 구로사와에게 표현했다.

"구로사와 씨, 이번 작업에는 서방님도 글을 쓰라고 하죠. 오구니 서방님도요!"

나와 기쿠시마는 오구니 히데오를 대선배에 대한 친애와 경애를 표하는 의미로, '오구니 서방님' 혹은 줄여서 '서방님'이라고 불렀다.

구로사와는 잠깐 주저하더니 곧바로 뺨에 쓴웃음을 지었다.

"그러네, 오구니도 조금은 쓰라고 해야겠네."

이즈의 동해안은 절벽과 암초가 많다.

하지만 이나토리(稻取)를 지나 시모다(下田) 근처의 이마이하마(今井浜)까지 가면 하얀 모래 해안이 펼쳐진다. 바로 앞의 소나무 숲 사이에는 때마침 벚꽃이 만개하였고, 파도가 칠 때는 그림에 그린 듯한 백사청송(白砂青松)으로, 크게 구부러져 안으로 들어간 넓은 바다—좌측에는 이나토리의 곶, 정면 멀리에는 이즈의 오시마(大島), 따스한 봄바람이 살랑살랑 불어오는 경치 좋은 이마이하마의 해안이다.

여관 마이코엔(舞子園)은 바로 이 해안이 내려다보이는 전망 좋은 고지에 위치하였다.

원래는 개인 별장으로 규모도 작고, 객실도 본채에는 네 평짜리 방이 두 개, 경사진 절벽 쪽으로 좀 내려가면 신관 건물이 있지만 방수가 두 개인가 세 개뿐이고, 종업원도 한 가족으로 주인인 어머니와 지배인인 장남, 접대 담당인 묘령의 자매 둘로 이루어진 아담한 여관이다.

구로사와, 오구니 그리고 나는 주변 환경이 좋은 마이코엔의 본채에서 '곧바로 최종판' 작업을 시작하였다.

〈산 자의 기록〉

원폭의 공포에 사로잡힌 남자의 이야기이다.

〈7인의 사무라이〉를 아타미에서 집필 중에 쓰러진 구로사와는, 각본 완성 후에 도쿄의 병원에서 진찰을 받으러 갔다가, 커다란 촌충을 발견하고 치료받았다고 한다. 그런 사정도 있어, 이번 이마이하마에서는 서로의 건강에 대한 배려로 작업 종료를 약 한 시간 앞당겨, 매일 해안에 내려가 산보하며 봄 바다와 탐스럽게 핀 벚꽃을 만끽하는 여유 있는 나날이었다.

하지만 어느 날 원고지 5, 60매를 넘긴 무렵에, 나는 문득 머리 한구석에 걸리는 점이 있었다. 전개부분이 조금 정체감이 있고 그게 계속되었다.

'내가 뭔가 터무니없는 말을 한 게 아닐까'

고마에의 구로사와 저택에서, "이번 일에는 서방님도 글을 쓰라고 하죠"라고 제안했다. 그것은 〈7인의 사무라이〉의 고생했던 기억이 뼈에 사무쳤기 때문이었는데, 구로사와도 마찬가지로 〈7인의 사무라이〉 때 힘들었던 모양인지, "아, 그게 좋겠네, 그렇게 하지"라고 간단히 결정해 버렸다. 그러나 구로사와는 단순한 글 쓰는 이가 아니라 팀 리더이기도 하기에, 조금 더 신중하게 생각하여, "그건 아냐, 하시모토 군… 글 쓰는 것은 나와 자네 둘만으로 하고, 오구니는 역시 사령탑이야"라고 말했어야 되는 게 아니었을까.

오구니 히데오는 이번 작업은 처음부터, 구로사와와 나와 같이 동일한 장면의 경쟁에 힘을 쏟고 있다. 내가 오구니에게 해주었으면 하는 것은, 앞길이 막히거나 출구가 보이지 않는 미로에 빠졌을 때 도와주는, 사령탑이나 길안내 역할이다. 구로사와도 아마도 나와 비슷한 마음일 터이다.

하지만 오구니도 각본을 쓰고 있기 때문에, 동일한 장면의 서로 쓰는 경쟁은 간단치 않아 몹시 신경을 쓰고 극도로 피로해져, 도저히 사령탑 역할을 할 수 없었다.

이렇게 오구니가 글 쓰는 역할이 되었기에, 작품은 사령탑이나 길잡이 없이 만들어져 갔다.

오구니 히데오가 사령탑이라면, 이 전개부분에는 당연히 조정에 들어갔을 터이지만, 구로사와는 바로 앞을 응시하며 질질 끌고 갈 뿐이다. 만약 내가 뭐라고 하면, 스토리의 예측을 극단적으로 싫어하는 구로사와가 격노하며 폭발할 것이 눈에 선하여, 구로사와를 제어할 이는 오구니밖에 없는데, 오구니 히데오는 자기 글쓰기로 힘에 부쳐, 이대로는 모든 것이 시간가는 대로, 브레이크 없이 언덕을 굴러 내려가는 듯하였다. 나는 목과 어깨 결림이 너무나 심해지고 등줄기에는 식은땀이 흘렀다. 이대로라면 작품은 제대로 완성되지 못하고 차질이 빚어질지 모른다.

'곧바로 최종판'은 단지 사령탑이나 길안내가 없는 문제뿐 아니라, 그 이전에 치명적이라 할 수 있는 커다란 파탄을 내포하고 있었다.

〈산 자의 기록〉의 각본이 완성된 것은 1955년 4월 말로, 5월부터는 촬영소에서의 회의와 준비, 그 후 리허설을 거듭하여 8월 초에 크랭크인, 10월 18일에 완성하여 11월 22일에 토호계열의 영화관에서 상영되었다.

이마이하마는 가을이 깊어가고, 해지기 전의 밝은 햇빛에 사가미만은 파랗게 물들었다.

내가 툇마루 쪽 장지를 열어놓은 마이코엔의 본채 네 평짜리 방에서 도에이의 작업을 하고 있자, 장지를 발로 부수는 기세로 여직원이 들어왔다.

"하시모토 선생님! 구로사와 선생님이 오셨습니다."

사전에 아무런 연락도 통지도 없는 갑작스러운 방문이다.

구로사와는 현관으로 들어오지 않고 마당을 통하여 방의 툇마루로 와서 방 안의 나에게 "어이"라고 중얼거리듯이 말하고, 몸을 틀어 선 채로 바다를 내려다보았다. 무언가 매우 초조한 얼굴이다.

여직원이 허둥지둥 방석을 툇마루에 놓자 구로사와는 묵묵히 앉았지만, 또 가만히 바다를 바라보았다. 나는 일어나서 여직원이 나란히 놓은 방석에 책상다리를 하고 옆에 앉았다. 하지만 구로사와는 아무 말도 하지 않고 바다를 쳐다보았다. 나도 아무 말 않고 바다를 보았다. 일몰이 다가와 하늘은 장밋빛으로, 바다는 파랑색에 조금씩 검은빛을 더해갔다.

구로사와는 여전히 아무 말도 하지 않고, 조금 강해진 바람 속에서 입을 다물고 바다를 바라본 채였다. 그 표정은 밑바닥에 떨어져 버린 자의, 그지없는 고통에 시달리는 고뇌의 얼굴이었다.

구로사와의 지금 기분은 나도 120%⋯ 아니 그것은 나 자신과도 관련된 문제이기도 하여, 이렇게 해질녘의 바다를 둘이서 바라보고 있자, 너무나 애처로운 적막함이 허무하게 가슴을 가득히 채웠다.

11월 22일에 토호계열에서 개봉한 〈산 자의 기록〉이 기록적인 흥행 실패를 하였던 것이다.

그러나 그건 그렇다 치고, 구로사와는 내가 이곳에 있는 것을 어떻게 알았지? 내 집에 전화해서 확인하였다면 집에서 연락이 왔을 터이고, 모토키 소지로에게 의뢰하였다 하여도⋯ 아니 만약 모토키가 토호 본사에 문의하였다면, 내 스케줄은 문예부가 파악하고 있어 현재는 도에이 작품의 작업 중임을 알 수 있다. 그러나 어디서 집필하고 있는지는, 도에이의 담당프로듀서에게 묻지 않으면 알 수 없다. 모토키가 그렇게까지 하였다고 한다면, 당연히 나에게 전화연락이 왔을 텐데, 연락은 없었다.

그렇다면 구로사와는 내가 이즈의 이마이하마에 있는 마이코엔에서 작업을 하고 있음을 어떤 방법으로 알았지?

구로사와의 얼굴은 여전히 구원할 수 없는 고뇌로 뒤덮여 있었다.

〈산 자의 기록〉의 흥행 실패는 상상을 불허할 정도로 심각하여, 이런 실패는 자신의 과거 작품에도 예가 없고, 나는 그 사실을 믿을 수 없었다. 〈7인의 사무라이〉에서는 일본 영화 개벽 이래의 대흥행으로, 그에 이어지는 구로사와 작품이고 포스터도 구로사와 자신이 참신하고 독특한 그림을 그려 선전에도 신경을 많이 썼다. 그럼에도 불구하고, 개봉 첫날부터 관객이 전혀 오지 않았다. 관객은 어느 정도 몰려들었지만 작품이 재미있지 않다든가, 내용이 너무 어렵다든가 해서 줄어들었다면 이해가 간다. 하지만 처음부터 관객의 모습은 극장에서 찾아볼 수 없었다. 마치 바닥 없는 늪에 빠져들어 가는 듯한 무시무시한 흥행실패다. 그와 동시에 영화 관객의 본능적이고 예리한 예지력에 나는 할 말을 잃고 말았다.

원자폭탄으로 피폭을 당한 피해자 처지는 너무나 딱하고 이렇게 슬프구나 라는 영화라면, 만드는 방법에 따라 흥행할 가능성도 없지는 않다. 하지만 원자폭탄의 공포에 사로잡힌 남자의 생애, 인류가 보유하는 가장 부조리한, 원자폭탄에 어떻게 대처하여 하며, 어떻게 생각해야 하며, 어떻게 해결해야 하는지 등의 철학이, 영화를 만드는 너희에게 있을 턱이 없다고, 관객은 처음부터 작품의 정체를 꿰뚫어 보고, 철저하게 냉랭한 거부반응을 보인 것이다.

일이 이렇게 된 것은 기획의 잘못과, 그에 따른 각본의 완성도가 떨어졌기 때문이다. 그리고 가장 큰 과오의 원흉은 작가 선행형을 없앤 '곧바로 최종판'에 있다.

만약 어느 한 작가가 선행하여 초고를 써냈다면, 구로사와가 한 번 읽어 보고 이 작품 제작이 무의미하고 헛수고임을 직감했을 터였다.

원자폭탄의 공포, 그것을 피폭의 참상 없이 그리려 한다면, 가장 중요한 공포를 전달하는 영상이 없기 때문에, 대사나 행동으로 공포를 설명할 수밖에 없고, 전개되는 드라마는 모두 설명일 수밖에 없다.

그러나 설명하지 않으면 알 수 없는 것은 설명해도 영화에서는 알 수 없다, 이것이 구로사와의 영화에 대한 신조이기 때문에, 이대로는 이해할 수 없는 것을 일방적으로 관객에게 들이대는 것밖에 되지 않으니, 각본 단계에서 구로사와는 아무런 주저 없이 〈산자의 기록〉의 제작을 중지했을 터이다.

한 작가가 쓴 초고가 사장되는 일 따위는 영화계에서는 다반사이지만, 그러나 구로사와가 직접 주관하고, 거장급과 신인작가 두 명을 동원하여 막대한 기획비를 들여 여관에 틀어박히고, 한편 촬영소에서는 스태프가 대기하고 있는 상황이 되면, 각본이 완성되면 그것을 최종판으로 하여 완성도 높고 낮음과는 관계없이, 어쨌든 제작을 진행할 수밖에 다른 방법이 없다.

그러나 진정한 의미로는 그건 최종판이 아니라, 세 명이 쓴 초고에 지나지 않는다. 종래의 구로사와 팀에서의 초고는, 기획의 재검토 그리고 작품을 보다 깊고, 보다 재미있게 하기 위하여 어떻게 형태를 바꾸어야 하는지 등의, 최종판을 위한 모든 준비의 초석이 되지만, '곧바로 최종판'에서는 그 귀중한 초석이 전혀 존재치 않아, 옥석을 가리지 못하고 결점과 미완성부분이 많음에도 초고를 최종판으로 하지 않을 수 없다.

더욱 중요한 점은 작가 선행형의 경우 작업을 맡은 작가가 완성도는 차치하더라도, 테마, 스토리, 인물 설정 그리고 구성 등의 각본 집필 준비를 사전에 하여 초고를 만들어 낸다.

하지만 '곧바로 최종판'에서는, 누가 어느 분야를 담당하는지가 확실치 않다. 우선 나는 자료가 필요하다고 여겨, 프로듀서 모토키 소지로에게 의뢰하여, 물리학자이자 원자력학자이기도 한 다케타니 미쓰오(武谷三男)[55]를 만나, 핵분열은 왜 일어나는지, 원자폭탄의 구조, 피해의 규모와 상황에 대한 상세한 강의를 들었지만, 정작 중요한 테마라든지 스토리에 관해서는 아무것도 하지 않았다. 또한 그것들을 구로사와나 오구니가 했다고도 생각지 않는다.

영화잡지 또는 그 비슷한 지면에서 〈산 자의 기록〉의 각본을 선행하여 만든 이는 바로 나라고 말했던 좌담회 또는 대담 기사가 기억이 나지만, 이는 시나리오에 앞서 내가 다케타니 미쓰오를 만나 취재했음을 가리키는 것이지, 시나리오를 선행하여 썼음을 의미하지 않는다.

어찌되었든 테마와 스토리에 대해서는 여관에 틀어박혀 얼굴을 맞대고 집중적으로 다시 토론할 것이라고 생각했는데, 막상 마이코엔에 틀어박혀 보니 (구로사와는 2, 3일 늦게 왔다) 어디부터 시작할까라는 첫 장면에 대한 토론뿐으로, 갑자기 본문을 쓰는 작업이 시작됐다.

여관에 틀어박히는 것은, 스모로 말하면 이름이 불려 스모 경

---

55) 다케타니 미쓰오(1911~2000)는 제2차 세계대전 중 일본의 원자폭탄 개발에 참여한 물리학자로, 전후에는 원자력의 안전한 이용을 주장했다.

기장에 올라가는 것과 같다. 그 후는 이기느냐 지느냐의 승부로, 어떻게 싸울까 등의 작전은 경기장에 올라가기 전에 정해 놓지 않으면 안 된다. 다시 말하면 시나리오는 테마와 장면배치에 대한 생각이 있어야 완성되는 것으로, 그러한 사전준비가 전혀 없이 〈산 자의 기록〉은 집필되기 시작한 것이다.

어찌되었든 〈산 자의 기록〉의 흥행 참패는 잘못된 기획과 불충분한 각본 때문이고, 그러한 재앙의 원인은 치명적인 결함을 내재하는 새로운 각본 집필방법인 '곧바로 최종판'에 있다. 그리고 이 사실은 다른 누구보다도 구로사와가 가장 뼈저리게 깨닫고 있을 터이다.

이즈의 오시마섬은 저녁 안개에 윤곽을 가늠하기 힘들었고, 바다는 파랑색에서 검은 빛으로 바뀌어 가고 있었다.

구로사와는 여전히 마이코엔의 툇마루에 앉아서 바다를 쳐다보고 있다.

나도 나란히 툇마루에 앉아 잠자코 바다를 보았지만, 깊어가는 가을의 해는 두레박이 떨어지듯이 빨리 져서, 장밋빛 하늘은 순식간에 오렌지색으로 빛나다가, 바로 옅은 먹색으로 바뀌고, 바다는 한층 어둡고 검어졌다.

구로사와는 어두워지는 바다로 눈을 향한 채로, 고뇌에 가득한 표정이고, 아무리 지나도 아무 말도 하지 않았다.

영화 일을 하는 이상, 흥행실패는 피할 수 없다고 누구든지 말한다. 하지만 현실로 겪어 보면 그건 그렇게 말처럼 쉬운 일이 아니다.

영화는 흥행에 성공해도 회사의 이익으로, 감독이나 작가에게 몫을 줄 리도 없고, 실패한 경우는 회사의 손실로 감독에게도 작가에게도 책임이나 관계가 없다고 하면 끝이지만, 현실적으로는 반드시 그렇지만은 않고, 흥행 여부는 매우 신경이 쓰여 흥행은 자신들의 작업과 본질적인 면에서 무언가 연결되어 있는, 자르려 해도 자를 수 없는 관계라는 생각조차 든다.

아니 이에 대해서는 조금 슬프지만, 분명히 확증이라 할 수 있는 매우 뚜렷한 기억이 있다.

〈라쇼몬〉이 개봉된 해의 가을, 나는 아사쿠사를 걷고 있었다. 당시 나는 오카치마치에 있는, 근무하고 있던 회사의 도쿄출장소에서 지내고 있었기 때문에, 영화 관람을 위해서는 아사쿠사가 가까웠고, 번화가를 좋아하기 때문에 자주 돌아다니며 생각에 빠지곤 했다.

샐러리맨인 내가 이제부터 직업을 바꾸려는 각본가의 본질은 도대체 무엇일까?

나는 갑자기 발을 멈추었다. 쇼치쿠의 영화관 '도키와자(常盤座)' 앞에서 점원 두 명이 쉰 목소리로 외치고 있었다. "어서 오세요!" "어서 오세요!"

나는 발에 못이 박힌 듯이 멈추어 서서 그 남자들을 보고 움직일 수 없었다. 설마? 아니 이거다, 틀림없다… 이거다. 내가 이제부터 할 일의 본질은 영화관 앞에서 점퍼를 입고, 추운 날 콧물을 주먹으로 닦으며 소리를 높여 "어서 오세요!" "어서 오세요!"라고 외치는 것이다.

나는 어느샌가 망상 속에서 점원으로 변했다.

옆에는 또 한 명의 점원이 나란히 서 있다, 구로사와 아키라다.

둘은 인기척이 없는 텅 빈 극장 앞에서, 힘껏 소리를 높여 애처로운 길거리 공연가처럼 호객행위를 계속한다.

"어서 오세요!"

"어서 오세요!"

구로사와 아키라는 슬펐다.

강렬한 충격이었다. 영화감독 경력 13년, 열다섯 편째 작품에서 처음으로 알게 된 굴욕, 흥행부진이라는 결정적인 상처이다.

태연하였다. 겉은 아무 일 없다는 얼굴이다. 하지만 내심은 통한의 극치로 매우 슬펐다. 밑바닥에 떨어진 한탄이다. 하지만 견디었다, 어떻게든 견디었다. 개봉 이후 단지 참고 견디었다.

하지만 어느 날, 어찌해도 견딜 수 없게 되었다. 앉지도 서지도 못하였다.

이 고통과 슬픔은 어느 누구도… 친형제나 아내와 자식도 알지 못한다.

아니 연대책임이 있는 사람이 이 세상에 두 명 있다. 그 두 명은… 오구니 히데오와 하시모토 시노부다. 충동적으로 오구니 히데오에게 전화했지만, 오구니 히데오는 교토에 일이 있어 도쿄에는 없다.

'그럼 하시모토는 어디지?' 어디서 작업을… 올 4월에 이즈의 이마이하마에서 헤어지고 만나지 못했다. 혹시 하시모토가 작업을 하고 있다면, 그 이즈의 이마이하마가 아닐까… 자신도 모르게 오다큐선 전동차에 탔다.

오다와라에서 도카이도선으로 갈아타, 아타미에서 이즈 급행으

로 다시 갈아타, 일직선으로, 아니 이전에 왔던 경로로, 이토(伊東)
에서 내려 택시를 타고 가와나(川奈), 야와타노(八幡野), 아타가와
(熱川)를 거쳐 이나토리(稻取)를 지나면, 동쪽 해안에 절벽도 암초
도 없는 완곡한 하얀 모래밭이 갑자기 펼쳐진다.

그 이마이하마에서 국도의 좁은 옆길로 들어서 구불구불 한 번,
두 번 꺾어지면, 본 적 있는 마이코엔이 나타나고, 그 마이코엔에…
있다! 하시모토가 있다! 역시 하시모토 시노부는 이마이하마에서 작
업을 하고 있다. 그러나 만난다 해도 건넬 말은 없고, 단지 "어이"라
고 웅얼거리는 한 마디뿐으로, 툇마루에 둘이 나란히 앉아 가만히
저물어가는 바다를 쳐다볼 뿐이다.

슬픔을 알아줄 사람을 만나고 싶었다. 만나면 슬픔도 고통도 조
금은 나아지겠지… 아니 그건 반대였다. 슬픔이 그대로 전도되는
사람이 옆에 있으면, 슬픔도 고통도 역으로 배가 되어, 고뇌와 비통
함이 더욱 그칠 줄 모르게 확대하고 강해진다.

구로사와와 나는 다만 저물어 가는 사가미의 바다를 쳐다볼 뿐
이었다.

정면에 있는 오시마섬은 저녁 안개에 더 이상 보이지 않았고,
완곡하게 튀어나온 왼쪽의 이나토리 곶에서 불빛이 점멸하였다.
바다는 한층 어둡고 검게 펼쳐지기 시작하였다.

바람이 기세를 더했을까. 미미하지만 파도소리가 조금 강해졌다.

구로사와가 띄엄띄엄 나에게 말을 꺼낸 것은, 마이코엔의 여직
원 자매가 절벽 아래쪽 신관에 구로사와가 묵을 방을 준비하고,

그 옆방에 저녁식사 준비를 끝냈기에, 둘이 탁자를 마주하고 앉았을 때이다.

"실은 말이야, 하시모토 군···."

구로사와는 위스키를 한 모금 들이키고 말을 시작했다.

미국의 저명한 프로듀서로부터 유럽에서 명망 있는 감독 두 명, 미국에서 한 명, 일본에서는 구로사와 아키라 등 네 명으로, 옴니버스 영화를 만들고 싶다는 의뢰가 들어왔다고 한다. 지금 세계 영화계를 이끌고 있는 최상급 유명감독 네 명이 모여, 한 편의 영화를 제작하는 것을 목적으로··· 재료는 딱 떨어지는 스릴러로 한정한다고 한다.

"재료는 스릴러인데, 괴담 같은 것도 괜찮으니까, 뭔가 소재가 될 만한 것 하시모토 군 없나?"

"스릴러나 괴담 같은 것 말씀이죠?"

"그렇지···."

"그렇다면 이런 것은 어떨까요. 〈저주받은 못〉이라 하는데요."

"〈저주받은 못〉?"

나는 샐러리맨 시절 한시적으로 목재 부문의 책임자로 이동된 적이 있다. 어느 날 공장을 둘러보다가, 갑자기 쨍하는 예리한 금속소리가 났다. 놀라서 쳐다보자 제재용의 수레가 멈추어, 뛰어내린 소장이 전기톱 스위치를 끄고 수레로 가서 거대한 목재의 절단면을 확인하고는 갑자기 몸을 돌려 목재를 운반하는 책임자인 나이 많은 직원을 호통 쳤다.

"혜(幹) 씨, 보라고! 30년이나 50년 된 것으로 나무속 깊이 박혀 있는 것이라면 몰라도, 이 다섯 치짜리 못은 2, 3년 전, 기껏해야

5, 6년 전 것이라고 눈으로 봐도, 손으로 만져 보아도 알 수 있어! 신사(神社)의 나무는 위험하니까 조심하라고 말했잖아!"

그로부터 20분 후 헤는 부하직원과 함께, 수레에서 내린 거대한 통나무를 정과 굴림대로 굴려, 밝은 태양 밑에서 자세히 점검하였다. 하지만 연하의 소장에게 혼난, 그 울분이 풀리지 않았는지, 부하직원에게 입정 사납게 투덜투덜 불평을 쏟아 부었다.

"내가 신사의 나무니까 조심하라고 말했잖아. 너희들 눈알 어디 달고 있어? 50년, 100년 전 것이라면 녹슬었겠지만, 이런 새 못에는 전기톱이 못 쓰게 된다고."

"헤 씨!"

나는 헤가 손에 들고 있는 지렛대와 장도리로 뽑아낸, 태양에 비추어 보고 있는 둘로 잘린 못을 보자 등줄기가 오싹하였다.

"옛날이라면 있어도 이상치 않겠지만, 지금도 있네요, 이런 게."

헤는 흘끔 나를 치떠 보았다.

"예나 지금이나 변함없지요."

헤는 본사에서 파견되어 온, 삼나무와 노송나무도 구별 못하는 젊은 공장장을 외경과 멸시가 섞인 눈으로 보았다.

"공장장, 당신도, 젠장, 저런 녀석은 때려죽이고 싶다고 생각하는 사람이 이 세상에 있을 터예요. 한 사람이나 두 사람."

이야기가 일단락이 지어지자, 구로사와는 몸을 내밀었다.

"괜찮은데, 하시모토 군, 괜찮아… 하지만 이 이야기는 헤이안시대로 해야 해."

"헤이안시대?"

"그래, 노(能)의 곡목 중에도 그런 게 나오는 작품이 있는데, 대단해. 다음 그 곡목을 하면 같이 보러 가자고, 스이도바시(水道橋)의 노가쿠도(能樂堂)에. 어찌되었든 옴니버스 건이 정해지면, 그 때는 〈저주받은 못〉으로 하는 것으로 정해 두자고"

내가 끄덕이자 구로사와는 다짐하였다.

"하시모토 군은 현대물을 생각하는 것 같지만, 이건 헤이안시대, 절대적으로 헤이안이야. 헤이안의 여자가 하얀 기모노를 입고 입에 검은 빗을 물고, 쨍쨍 소리를…"

구로사와는 조금 기운이 났는지, 자작으로 위스키를 더 마셨다.

대화가 끊기자, 저녁부터 강해지기 시작한 바람이 기세를 더하였는지, 파도소리가 희미하게 산기슭까지 울려왔다.

구로사와는 다음 작업에 대해서는 아직 생각하지 않았는지 아무 말도 하지 않았다. 이번 작업이 실패한 최대 원인인 '곧바로 최종판'에 대해서도, 그것을 다음에도 계속할지 어떨지는 한 마디도 하지 않았다.

그 후, 이마이하마의 마이코엔에서는 네 편의 영화각본이 완성되었다.

〈밑바닥(どん底)〉〈거미의 성(蜘蛛巣城)〉〈숨은 요새의 세 악인(隱し砦の三惡人)〉〈나쁜 놈일수록 잘 잔다(惡い奴ほどよく眠る)〉 등 네 편으로, 각본 집필의 순서와 영화개봉 시기는 반드시 일치하지 않고, 제작 형편으로 전후가 바뀐 경우도 있다. 그리고 〈나쁜 놈일수록 잘 잔다〉는 작가의 수가 늘었기 때문에, 도중부터 가와즈하마(河津浜)의 여관으로 옮겼다.

이들 작품은 역작이긴 하지만, 종래의 구로사와 작품의 특색인 생기, 윤기, 참신, 과감하고 대담함, 다이내믹한 전개가 보이지 않아, 작품의 성과를 과시하거나 명망을 더해 주는 작품이 아니다.

공동각본의 특징인 혼성합창도, 구성원이 완전히 고정화되어, 매너리즘의 타성뿐으로… 특히 오구니 히데오가 사령탑을 맡지 않은 영향이 크다.

오구니가 사령탑이면, 브레이크와 핸들 조작을 맡기 때문에, 나와 구로사와 아키라는 액셀을 밟기만 하면 된다. 그러나 사령탑이 없어지면, 각자가 핸들과 브레이크이기 때문에, 실패를 피해 자제하고, 과감한 도박은 피하고 안전을 도모하기 때문에 완성되는 것은 어찌해도 형태뿐의, 거무스레한 생기 없는 작품이 된다.

오구니 히데오를 원래 위치로 돌리면 되지만, 그건 이미 무리다. 쓰는 편이 편하기 때문이다. 바둑이나 장기의 명인전보다도 긴박한 분위기 속에서, 한 글자도 쓰지 않고 단지 만들어지는 원고를 기다려 판단을 내리는… 이것이 얼마나 엄하고 힘든 일인가. 쓰는 게 훨씬 편한 것이다. 오구니 히데오에게 "다시 한 번 사령탑으로"라고 말하면, 핏대를 올리며 분연히 자리를 차고 일어나, 구로사와 팀으로부터 이탈할 것이 눈에 선하였다.

그렇다고 해도 구로사와의 완고함은 보통이 아니다. 지기 싫어하는지, 고집불통인지, 나에게는 도대체 이해할 수 없는 면이 있다. 〈산 자의 기록〉에서 그 정도로 큰코다쳤으면서도, '곧바로 최종판'을 그만두지 않고 계속하였다.

그러나 사전준비의 밑그림을 철저히 행한, 초고가 있는 '작가 선행형'과 비교하여, 그러한 제반 준비 일체를 생략하고, 연습 없이 바로 시작하는 '곧바로 최종판'은 마무리에서 노출되는 결함이 너무나도 많아, 각본의 질적 저하를 면할 수 없다.

공동각본도 전후의 〈우리 청춘 후회 없다〉부터 〈7인의 사무라이〉까지의 '작가 선행형'은 아찔할 정도의 광채로 생기가 넘쳤으나, '곧바로 최종판'으로 확 달라진 1955년의 〈산 자의 기록〉 이후는 무대가 바뀐 것처럼 그림자 부분이… 막막하여 앞이 보이지 않는 어둠의 세계에 돌입한 것이다.

• 〈밑바닥(どん底)〉
러시아의 문호 막심 고리키의 소설 『밑바닥』을 원작으로, 배경을 에도시대로 바꾼 작품이다.

그러나 나는 니가타(新潟)현에 스키 타러 가서, 이와하라(岩原) 스키장의 비탈에서 넘어져 목뼈를 다쳤기 때문에 이 작품에는 참가하지 못하여, 구로사와 오구니 히데오 둘이서 완성한 작품이다. 그래서 틀어박힌 때와 장소는 모르지만, 전후사정을 고려해 보면 마이코엔 이외의 다른 장소일 리는 없다.

재료가 어둡고 음울한 느낌이라, 공동각본에 참가하지 못해서 잘되었다고 생각되기도 한다.

그러한 사정도 있어 완성된 각본은 읽지도 않았고, 영화도 보지 않았다.

• 〈거미의 성(蜘蛛巢城)〉
어느 날 오구니 히데오로부터 갑자기 전화가 걸려와,
"좀 있다 갈게, 오늘 있지?"

잠시 후 오구니 히데오가 내 집에 왔다.

"하시모토, 이번에 구로사와가 이야기하면 반드시 나와 줘. 자네가 없으면, 구로사와는 자네 욕만 해, 하루 종일 말이지. 난 구로사와 입에서 자네 욕을 듣는 것 이제 질렸어."

"갈게요, 오구니 씨. 〈밑바닥〉 때에는 목이 아파서 그랬지만, 이번에는 틀림없이 가겠습니다… 그런데 뭘 하죠?"

"맥베스… 셰익스피어의 맥베스야."

"맥베스? 어려운 소재네요."

나는 그다지 셰익스피어를 좋아하지 않는다. 영어가 유창하여, 영국의 일류극장에서 유명한 배우의 연극이라도 본다면, 감명을 받든지 또는 터득하는 점이 있을지도 모르겠지만, 번역된 책을 읽는 한 무리가 있다. 극단적으로 지문이 짧고, 대사만 괜스레 많아 싫증난다. 대사에 기지가 번뜩이고 매력이 있어 인지(人智)의 표리를 뚫어 보고 있다고 찬탄하는 이도 많지만, 나는 과도하다고 생각한다.

그래서 새삼스레 번역된 원작을 읽으려니 내키지 않아, 스토리는 대체로 기억하고 있어서 다시 책을 넘겨보지 않고 작업하러 갔다.

이마이하마에 도착하자 뜻밖에 기쿠시마 류조가 와 있었다.

기쿠시마는 나보다 네 살 위로, 작품경향은 조금 다르지만 구로사와 팀의 선배 작가이고, 시나리오작가협회에서 야스미 도시오가 이사장이던 시절에는 둘이 상무이사를 맡아, 호흡이 맞는 콤비를 이루어 억지스럽고 매몰찬 일도 많이 하여, '작가협회의 쌍두마차'라 불리며 시나리오작가협회의 황금시대를 이루며, 업계나 다른 저작권단체가 '괴물 작가협회'라 하며 두려워하기도 하였다. 따라서 서로에게 허물없이 말을 건넬 수 있는 친한 사이이다.

기쿠시마는 방긋 웃으며 다가왔다.

"하시모토 군, 이번에 같이 일하게 되었네."

"예, 잘 부탁드립니다."

기쿠시마의 참가로, 공동 작가는 세 명에서 이번에는 네 명이 되었다.

오구니 히데오와 둘이서는 손이 딸린다고 느낀 구로사와가, 내가 고집이 센 점과 만일 내가 불참할 경우도 감안하여, 사전에 기쿠시마에게 와달라고 말한 것으로 생각된다.

기쿠시마로서는 1950년의 〈추문〉 이래, 7년 만의 구로사와 팀 복귀였다.

〈거미의 성〉은 원작을 일본의 전국시대로 가져간 것으로, 특별한 고생이나 고심 등은 딱히 없었다.

• 〈숨은 요새의 세 악인(隱し砦の三惡人)〉

전작 〈거미의 성〉에서 7년 만에 구로사와 팀으로 복귀한 기쿠시마 류조가, 이 작품에는 정력적이었다.

나는 〈산 자의 기록〉 이래, 구로사와 작품에는 어쩔 수 없이 끌려가는 느낌이지만, 기쿠시마는 반대로 적극적이고, 당시 구로사와 작품의 침하경향을 우려하면서 동시에 구로사와와의 공동각본으로 자신의 레퍼토리가 풍부해지고, 그것들의 영상화를 기대하는 열의도 있어, 이 기획도 기쿠시마의 제안으로 수차례 고마에의 구로사와 저택을 방문하여 구로사와와 사전협의를 한 듯했다.

이 작품은 구로사와가 예전에 쓴 야마나카 미네타로(山中峯太郎) 원작의 〈적중횡단삼백리(敵中橫斷三百里)〉[56]를 방불케 하는 적진 돌파를 주 내용으로 하는 활극이다.

전국시대 어느 번(藩)이 이웃 번과의 싸움에 져서 영토의 대부분을 잃는다. 하지만 이 번에는 숨은 요새가 있고 그곳에는 마른 나뭇가지에 숨긴 황금이 있다. 겉으로는 장작같이 보이지만, 실은 황금 2백 관이 숨겨져 있다. 영주인 공주와 주종 세 명이 그 황금을 말과 손수레에 실어, 갖은 위기를 헤쳐 적진을 횡단 돌파하여 결국 동맹을 맺은 번의 영토에 도착하여 재기를 꾀한다는 활극장편이다.[57]

이마이하마에서 얼굴을 마주했을 때, 이미 구로사와와 기쿠시마가 탈출 불가능한 상황을 몇 종류 만들어와, 그것을 어떻게 돌파할지를 나와 오구니에게 숙제로 내놓아 당황하였다.

이마이하마에서의 네 명의 생활은, 각자 성을 가지고 있는 영주 네 명이 모인 것 같은, 시나리오 작가 올스타 총출동이라는 느

---

56) 야마나카 미네타로(1885~1966)는 육군 출신의 소설가로 1930년에 『적중횡단삼백리』를 잡지 『소년구락부(少年俱樂部)』에 연재하여 큰 인기를 끌었다. 이 소설을 구로사와 아키라가 각색한 각본으로, 모리 가즈오(森一生, 1911~1989) 감독이 〈러일전쟁 승리의 비사 적중횡단삼백리〉라는 제목으로 1957년 영화로 만들었다.

57) 이는 조지 루카스 감독의 〈스타워즈〉에 가장 많은 영향을 준 작품으로 유명하다. 기본 내러티브인 공주 구출도 유사하고, 몇몇 장면에서는 비슷한 카메라 구도도 발견할 수 있다. 또한 C-3PO와 R2-D2는 〈숨은 요새의 세 악인〉에 나오는 다이헤와 마타시치를 모델로 했다.

낌으로 즐거웠다.

저녁에 항상 해안으로 내려가 산보를 하였고, 나는 모래사장에서 기쿠시마와 캐치볼을 하였다. 기쿠시마는 관절염으로 다리가 조금 불편하였지만, 서투른 야구라 해도 토호본사 문예부의 야구팀 멤버였다. 기분 좋을 정도로 땀이 나면, 옆에서 달리기나 줄넘기를 하고 있는 구로사와와 오구니와 함께 여관으로 돌아가, 온천에서 땀을 내고 저녁에는 술자리가 벌어졌다. 구로사와와 오구니는 말술이라도 사양치 않는 주당이고, 기쿠시마와 나는 조금밖에 마시지 않았지만 화제가 만발하였다.

어느 날 우연히 먹거리에 대한 이야기가 나왔다.

어느 곳의 장어, 튀김, 초밥, 스테이크, 중화요리가… 어느 것도 초일류의 식당으로 맛있어 보였다. 하지만 눈알이 튀어나올 정도로 비싼 음식들이다. 아니 그 정도로 돈을 낸다면 맛있는 게 당연하다.

정말로 맛있는 것은 어릴 적 한참 성장할 때에 아무 생각 없이 무아지경으로 먹던 가장 익숙한 음식, 그게 가장 맛있지 않을까… 각자의 추억의 음식들을 만들어 보기로 하였다.

첫 타자는 기쿠시마이다.

"나는 야마나시(山梨)현의 고후(甲府) 태생으로, 어릴 적에 가장 맛있다고 생각한 것은, 조개 조림입니다."

"기쿠시마" 오구니가 의아하다는 얼굴을 지었다. "야마나시현 고후는 바다가 없는 산간 지방이야. 어떻게 그런 곳에 조개 조림이 있어?"

"오구니 서방님, 거기에는 사연이 있어요."

이야기는 다케다 신겐(武田信玄)[58]까지 거슬러 올라간다. 가이(甲斐) 지역은 산이 많다. 그러나 강대한 다케다 신겐의 위력을 두려워한 주변의 번으로부터 여러 공물이 보내져 왔다. 오다와라(小田原)의 호조(北條)는 해산물인 조개류를 술과 간장에 절여, 산을 넘어 고후까지 운반해 왔다. 조개는 그 긴 여정에 흔들리며 뜸이 들어, 고후에 도착하였을 때에는 뭐라 표현할 말이 없는 맛이 된다. 이것이 그 후 고후의 명물이 되었다고 한다.

기쿠시마는 눈을 지그시 감았다.

"이 조림을 따뜻한 흰밥에 올려 먹으면… 이처럼 맛있는 것은 이 세상에 없지요."

다음날 기쿠시마가 곧바로 고후에 전화하여, 이틀 후에는 바로 그 조림이 도착하여, 밤에는 고후의 명물을 맛보았다.

"이거 진짜 맛있네." 오구니 히데오가 소리를 높였다. "좋아, 그러면 내일은 내가 어릴 적을 생각해 맛있는 것을… 아오모리(青森)현 하치노헤(八戸)의 특산물이다!"

오구니 히데오가 마이코엔의 직원 자매에게 시켜 만들게 한 요리는 기묘하였다.

커다란 냄비 가득 무즙을 채우고, 지배인인 장남에게 이나토리까지 사러 가게 한, 커다란 절인 연어머리 세 개를 부엌칼로 다져 넣어 졸였다. 오구니 히데오가 침을 삼키며 "이제 되었나?"라며 뚜껑을 열자 김이 올라와, 무즙이 끓는 소리가 크게 들렸다.

---

58) 다케다 신겐(1521~1573)은 전국시대 가이(甲斐, 현재의 야마나시현에 해당) 지역의 다이묘로, 구로사와 아키라의 〈가게무샤〉에 등장한다.

내가 주섬주섬 젓가락을 들어, 집어올린 연어의 머리고기를 입에 넣자, 무즙 맛이 들었는지, 지금까지 먹어본 연어에는 없던 풍미로 너무나 맛있다.

"오구니, 이 무즙 맛있어." 구로사와가 말했다. "무즙은 그냥 생으로 먹는 것인데, 이게 왜?"

무즙은 절인 연어의 소금과 기름으로 풍미가 있는 조림이 되어, 밥 위에 얹으면 다른 반찬은 필요 없고, 몇 그릇이라도 먹을 수 있을 것 같았다. 계속해서 냄비에 젓가락을 가져가는 세 명의 모습을 보며, 오구니는 어깨를 조금 으쓱했다.

"이게 내가 어렸을 때 최고의 음식… 아오모리현 하치노헤의 절인 연어 머리와 무즙 조림이야."

라고 말하고 오구니는 내 쪽으로 얼굴을 돌려,

"그런데 하시모토 군, 내일은 자네 차례인데, 자네는 어디 출신인가?"

"효고현입니다."

"효고현? 간사이군."

"그렇습니다, 효고현 히메지시의 북쪽… 니시하리마의 산 속입니다."

오구니는 크게 끄덕였다.

"야마나시의 고후, 아오모리의 하치노헤 그 다음은 효고의 니시하리마군."

이틀 후, 나는 가벼운 점심식사가 끝나자 세 명에게 알렸다.

"오후 작업은 쉬겠습니다… 저녁식사 재료 준비하려고요."

세 명은 당황한 얼굴을 하였다. 하지만 아무 말도 하지 않았다.

나는 여관에서 입는 솜옷 그대로에 운동화를 신고, 마이코엔 뒷문으로 나가, 좁다란 길로 언덕을 올라갔다. 내가 만들려는 요리의 주인공은 삼치로, 세토나이해 지방에서 잡히는 제철에만 나는 생선이라서, 사가미만에서는 구하기 힘들지 몰라 그 경우에는 도미라도 준비해 달라고 장남인 지배인에게 부탁해 놓았다.

언덕길을 올라가자, 12, 3분 만에 전망이 좋은 장소가 나왔다. 바다를 차단하며 남동으로 펼쳐지는 산골짜기이다. 하지만 식생(植生)을 살펴보니 찾으려는 산초(山椒)는 없다.

어릴 적부터 산과 들을 뛰어놀아, 마을 뒷산의 식생은 다 알고 있다. 특히 산초 뜯기는 물릴 정도로 해서, 어디에 군생하는지, 산기슭의 형태와 관목의 무성함, 양치류의 분포만을 보기만 하여도 알 수 있다.

"저쪽이군."

목표로 한 곳까지 내려와 살펴보니, 산기슭 수림이 끝난 곳과 산길 사이의 좁은 공간에, 야생의 산초가 반들반들 녹색 잎을 달고 있었다. 하리마의 산도 이즈의 산도 똑같은 조엽수림대(상록활엽수)이기 때문이다.

나는 품속에서 보자기를 꺼내, 네 끝을 묶어 주머니로 만들어 산초 잎을 뜯어 넣었다. 장소를 이동하면서 2시간 가까이 두 움큼 정도를 뜯었다.

"이거면 되었어, 이 정도 있으면 충분해."

여관에 돌아오자, 마이코엔의 자매는 내가 어제부터 말해 놓았기 때문에, 죽순, 표고버섯, 연근, 박고지, 얼린 두부 등등의 재료

준비를 끝내고, 밥도 이미 지어 놓아 밥상으로 옮기고 있었다.

"선생님, 식초뿐 아니라 술과 미림도 넣으시지요?"

"예, 조금 달착지근하게 만드는 게 비법이거든요."

밥상의 하얀 밥에 식초, 술과 미림을 더해 달게 하여 초밥용 밥으로 만들고 재료를 섞는다. 이제부터가 중요하여 깨끗이 물로 씻은 산초 잎을, 한 장 한 장, 초밥 위에 빈틈없이 빽빽이 올려놓는다. 이중삼중으로 정성스럽게 겹친다. 그리고 준비한 산초를 다 쓰면, 발을 올리고 하얀 천으로 감싸, 솥뚜껑으로 가볍게 누른다. 이렇게 세 시간 정도 지나면 뚜껑과 하얀 천과 발을 치우고, 이중삼중 올려놓은 산초 잎도 빼내고, 맨 위에 조금 반점모양으로 남긴 후 맛을 본다. 이후는 식초에 절인 도미회를 적당히 늘어놓고, 마무리는 계란말이를 좁고 길게 잘라 한쪽 면에 뿌린다.

"맛있어 보이네요." 자매가 감탄했다.

"반 이상 남으니까, 어머니랑 오빠랑 같이 드세요."

딱히 특별할 것 없는 간사이식의 초밥, 하지만 누구라도 한 입, 입에 넣는 순간 "음!" 하고 소리를 낸다. 입 속 가득히 산초의 향기가 퍼져 목 깊숙이까지 전달된다. 이후는 충동적인 식욕에 자극되어 계속 먹는다. 먹고 또 먹는다. 때때로 숨을 쉴 뿐 밥을 더 달라고 하여 묵묵히 먹는다. 구로사와도 오구니도 보통 술을 마시니까, 밥을 밥그릇에 가득 담지 않지만, 오늘은 가볍게 한두 잔 마시고는 초밥에 한 번 입을 대자, 그 후는 묵묵히 먹기만 계속했다.

나는 시중을 들고 있는 자매가 걱정이 되었다. 가족 네 명이서 먹을 수 있을 정도로 남는다고 말했는데, 이 정도로는 자매 둘, 아니 일인분조차도 염려되었다.

오구니가 원시 근시 겸용 안경을 반짝 빛내면서, "더 있어?"라며 자매 직원에게 말을 걸었다. 자매 중 여동생이 무정하게 대답하였다. "반 그릇 정도밖에… 이제 일인분도 남지 않았어요." "전부 다 먹었어? 과식하면 안 되지, 그만 먹어야겠다."

그때, "아, 많이 먹었다, 먹었어…"라고 배를 쓰다듬던 기쿠시마가,

"하시모토 군… 산초는 어디에도 있지만, 그 사용법이 중요하군."

"가난한 자의 지혜입니다, 기쿠시마 씨."

기쿠시마가 의아한 얼굴을 지었다.

"제가 태어난 마을은 소작인뿐인 빈촌이어서요."

구로사와, 오구니, 여직원까지 나를 쳐다보았다.

"이건 제 할아버지의 어린 시절이야기니까, 막부 말기부터 메이지 초기라고 생각합니다."

가을 수확이 좋지 않으면, 식사는 보리에 쌀을 한 움큼이나 두 움큼 넣을 뿐으로, 이른 봄이 되면 밥의 양을 늘리기 위하여 나무의 새싹을 따서 넣지만, 거기에는 예부터 선인들의 교훈이 전해 내려온다.

"다른 것은 괜찮지만 산초는 안 된다. 산초를 넣으면 밥이 너무 맛있어져, 밥을 많이 먹게 된다."

다음은 드디어 구로사와의 차례였다.

하지만 그로부터 이틀이 지났지만, 구로사와는 아무것도 만들지 않았다. 아니, 무언가를 만들려는 기색도 없다. 삼일 째 되는 밤, 저녁식사시간에 오구니 히데오가 재촉했다.

"구로사와… 자네는 내 고향 옆에 있는 아키타(秋田)지."

"그렇지, 난 아키타현 출생이지."

"그럼 아키타의 맛나는 음식은 언제 만드는 거야?"

"그게… 어릴 적에 도쿄로 이사 와서, 아키타 음식은 아무것도 기억하고 있질 않아."

구로사와는 술잔을 탁자에 놓고 시선은 먼 곳을 향했다.

"아키타 것으로 내게 남아 있는 것은… 노래뿐이야."

"노래?"

"축하할 일이 있거나 할 때에, 친척이 이삼십 명 모여서 술을 마시면서 부르는 노래야."

"그 노래를 기억하고 있어?"

"어렴풋이 기억하고 있지."

"그럼 그거 불러봐. 맛있는 것 대신으로."

구로사와는 고개를 끄덕이고 위스키를 한 입 마시고, 부스럭부스럭 몸을 움직여서, 책상다리를 고쳐 무릎을 꿇고 앉았다. 그리고 숨을 고르자, 눈을 저 멀리를 향하며 노래하기 시작했다.

나는 움찔하였다. 오구니와 기쿠시마는 순간적으로 얼굴을 마주하였다. 가사는 토착성이 강한 사투리라서 한마디도 알아들을 수 없지만, 목소리에는 윤기와 활기가 있고 가락도 절묘하여, 그럭저럭한 민요 가수보다 훨씬 뛰어났다.

시원시원한 가락은 구마모토(熊本) 민요 '오테모얀(おてもやん)'과 비슷하지만, '오테모얀'과는 전혀 달리 훨씬 가락이 구성지고, 깊은 설국(雪國)의 애수가 왠지 묻어났다.

우리들 세 명은 숨을 죽이고, 놀라운 구경을 하는 눈으로 구로

사와를 쳐다보았다

어이, 왔구나, 짜잔, 짜잔, 짜잔!

때때로 추임새를 넣어 가며 구로사와는 노래 도중부터 손박자에 맞추어 노래를 불렀다. 여념 없이 그저 망향을 노래하였다. 왠지 몸도 마음도 모든 것이 날아가 버려, 가벼워진 것처럼 보였다. 그렇다면 평상시의 구로사와 아키라는 자신이 짊어졌든지, 아니면 누군가가 짊어지게 했든지, 무언가 엄청나게 무거운 것(영광이나 허식 같은 것)을 짊어지고 있는 게 아닐까. 그것들로부터 전혀 해방되지 못하는 것이다.

이런 구로사와 아키라를 보는 것은 처음으로, 오구니도 기쿠시마도 아마도 마찬가지가 아닐까.

우리들은 틀어박혀 작업을 하고 있으면, 쓰고 있는 작품이 목숨 다음으로 중요하다고 생각한다. 하지만 작업이 끝나고 영화화가 되어 세월이 지나면, 그것들은 기억 속에서 희미해져 없어진다. 그러나 언제까지나 없어지지 않고 시간을 뛰어넘어 일생의 기억으로 선명하게 추억으로 남는 것도 있다.

산간지방 가이의 조개 조림, 아오모리현 하치노헤의 연어머리와 무즙 그리고 효고현 니시하리마의 스시가 그것이다. 그중에서도 특히 인상에 남는 것은, 출생지 '아키타 민요'를 경쾌하고 여념 없이, 단지 향수의 일념으로 불러 대던 구로사와 아키라이다.

• 〈나쁜 놈일수록 잘 잔다(惡い奴ほどよく眠る)〉

나의 각본 참가는 제멋대로이고 불손하고 일방적이었다. 작업에 할당한 시간은 2주일, 그 대신 각본료를 받지 않기에 책임이 지극히 가벼웠다.

구로사와 팀이 제2캠프라고 칭한, 마이코엔에서 가와즈하마의 여관으로 이동한 시점에 나는 도쿄를 출발하여 합류하였다. 그곳에는 오구니와 기쿠시마와 더불어 히사이타 에지로가 있었다. 히사이타와는 얼굴은 아는 사이였지만, 같이 작업을 하기는 처음이었다. 이렇게 총 다섯 명이 모였다.

가와즈하마에 모인 다섯 명. 앞줄 왼쪽부터 히사이타 에지로, 구로사와 아키라, 오구니 히데오. 뒷줄은 하시모토 시노부(왼쪽)와 기쿠시마 류조

네 명이라면 탁자의 한 면을 한 명씩 차지하면 되지만, 다섯 명이면 어느 한쪽에 두 명이 되어 갑갑하다. 게다가 나는 구로사와의 왼쪽이 원래 위치지만, 거기에는 히사이타가 있기에 구로사와의 오른쪽에 기쿠시마와 나란히 앉았다. 원고를 쓰는 손이 편하지 않았다.

작업은 도중 참가이기 때문에 이야기의 흐름에 따라가기 힘들어, 우물쭈물하는 사이에 약속한 2주일이 지나 도쿄로 돌아왔다.

좀 있다가 완성된 각본이 우송되어 왔지만, 왠지 읽을 생각이 들지 않았고 완성된 영화도 보지 않았다. 이름을 내건 각본가의 한 명으로서는 무책임하고 분별없는 행동이지만, 이 작품에는 각본을 손에 들게 하거나, 시사회나 영화관까지 발을 옮기게 하는 무언가가 없다.

영화의 내용은 토지개발공단의 부정부패를 다룬 현대물이지만, 어딘가 생기가 없고 〈산 자의 기록〉 이후는 아무리 해도 산뜻하지 못한 작품만이 이어졌다.

영화 관계자들 중에는 구로사와 작품에 고개를 갸웃거리는 자도 나타나기 시작했다.

어떤 거장이나 명장에게라도, 때로는 재미없는 작품이나, 기대에 어긋나거나 완성도가 떨어지는 작품이 있다. 하지만 그래도 기다리고 있으면 기대를 충족시키는 작품이나 기대 이상의 작품도 나온다.

하지만 구로사와 작품의 경우에는 조만간, 조만간이라는, 기대감만이 연속되었고, 완성된 작품은 어느 것도 뭔가 부족하다. 졸작이나 실패작은 없지만, 영화 특유의 매력과 재미가 넘쳐나서, 관객 동원에도 묵직하게 반응이 있는 작품이 나오지 않았다.

이대로는 구로사와 작품은 땅에 떨어져, 과거의 영광만이, 아니 현재 만들어진 작품이 빛이 나야 과거의 작품도 조명을 받는다. 현재의 작품이 쇠약하면, 과거의 작품은 일체의 에너지원을 잃고 영광은 사라져, 단순한 과거의 유물이 되어 버리는 것이다.

여하튼 쉽지 않은 사태지만, 그러한 작품 부진은 작가가 작업에 임할 때에 '선행'이냐 '곧바로'냐 등의, 작업의 내막적인 준비 순서에 원인이 있기 때문에, 프로듀서도 영화회사의 수뇌부도 전혀 알 수 없다.

구로사와 작품의 부진 그리고 그것이 이어지는 원인은 당사자인 구로사와 아키라 이외에는, 나와 오구니, 기쿠시마 세 명밖에 알 수 없다.

우리 셋은 구로사와의 작품 이외에서 얼굴을 마주할 때도 있다. 하지만 약속한 듯이 구로사와 팀의 작품이나 작업에 대해서는 한마디도 언급하지 않는다. 만약 누군가가 무슨 말을 꺼내면 당연히 보완책을 찾지 않으면 안 된다는 점에 의견이 일치할 것이고, 그건 현재의 '곧바로 최종판'을 '작가 선행형'으로 돌리는 방법밖에 없음도 명확하다.

하지만 누가 선행할까, 그것이 문제다. 새삼 구로사와 팀의 선행이라면 나는 절대로 싫고, 오구니도 기쿠시마도 그럴 것이다. 만약 자신이 선행하지 않고 선행이라는 말을 꺼내면, 누군가 다른 작가를 추천해야 한다. 그 작업이 잘되면 좋지만, 그렇지 못할 경우에는 추천한 작가와 구로사와 사이에 서서, 빼도 박도 못할 입장이 되어 버린다. 누구라도 그런 역할을 맡기는 싫다.

그렇다면 구로사와 작품은 구로사와 자신이 어떤 수를 쓰지 않는 한, 바꿀 방법이 없다. 그러나 구로사와는 지기 싫어하는 성격에다가 옹고집이라서, 자신이 시작한 '곧바로 최종판'을 원래대로 '작가 선행형'으로 돌리리라고는 생각되지 않기에, 이대로는 악화일로일 수밖에 없다.

아니 나에게는 그러한 점을 운운할 자격이 더 이상 없다. 〈나쁜 놈일수록 잘 잔다〉 이후 나와 구로사와 팀의 관계는 매우 멀어져, 다음 작품 〈요진보(用心棒)〉에는 각본 참가는커녕, 기획의 내용이나 제작 경위마저도 전혀 몰랐다.

• 〈요진보(用心棒)〉

나는 영사가 끝나자 박수를 쳤다. 나도 모르게 손이 아플 정도로 박수를 쳤다. 극장 안은 입추의 여지가 없는 만원으로, 서서 보던 관객이 앞을 다투어 돌아가는 관객의 자리로 몰려들어 큰 혼잡이 일어났다.

하지만 나는 좌석에 앉은 채로 박수를 계속 쳤다.

각본을 쓴 기쿠시마와 구로사와 그리고 꽉 찬 화면구성과 역동감 넘치는 작품을 끝까지 만들어 낸 구로사와를 위하여, 나에게는 전망이 없어 보였던 '곧바로 최종판'이, 의외로 마치 나를 비웃듯이 화려한 한 송이 꽃을 피워 대성공을 거둔 것이다.

좀 있다가 일어나 관객을 헤치고 극장을 나와 보니, 창구에서는 표를 사려는 손님들이 줄을 지어 있었다. 아마도 구로사와 작품으로서는 〈7인의 사무라이〉 이후 오랜만의 대성공이 아닐까.

우리들이 흔히 부르는 '시부토(澁東, 시부야의 토호다카라즈카 극장)' 앞의 오르막길 도겐자카(道玄坂)에는 눈부신 오월의 태양이 내리쬐었다.

나는 이상하게 기분이 들떠서, 술이라도 한 잔 마시고 싶은 기분이 들었다. 하지만 혼자였고 대낮이기도 하여, 발은 자연히 도겐자카를 내려가 단골 카페로 향하였다. 야마노테선의 선로 밑 카페에 운 좋게 길가가 보이는 창가 자리가 비어 있었다.

주문한 커피가 나오자, 컵을 들어 다시 한 번 구로사와와 기쿠시마에게 축하한다고 말하고 커피를 입에 대었다.

모든 것은 구로사와와 기쿠시마, 두 명의 수훈이지만, 나에게는 이마이하마에서의 〈숨은 요새의 세 악인〉의 하루가 선명한 기억으로 되살아났다.

마이코엔에서는 탁자를 방 중앙에 놓고, 나는 대청마루를 향하여 앉고, 오른쪽에는 구로사와가, 정면에는 대청마루 기둥을 등 뒤에 둔 기쿠시마, 왼쪽이 오구니가 앉아, 원고는 항상 오른쪽으로 돌아 내가 쓴 것은 구로사와, 기쿠시마, 오구니 순서로 돌아 다시 나에게 돌아왔고, 다른 사람이 쓴 것은 왼쪽의 오구니를 통하여 내 손에 전해져, 동일한 장면을 두고 경쟁한 내용이 확인되었다.

어느 날 내 원고가 구로사와를 통하여 기쿠시마로 전해지자, 기쿠시마는 다음 차례인 오구니에게 주지 않고, 고개를 갸우뚱하다가 얼굴을 들어 나에게 말하였다.

"하시모토 군, 이렇게 파고들어가 버리니까 움직이질 못하잖아. 그 바로 전에 이렇게 하면 어떨까."

라 말하고 오구니에게 주지 않고 직접 내 원고를 고치기 시작했다. 다 고치자 정면에서 직접 나에게 건넸다. 나는 받아보고 내 눈을 의심하며 경탄했다. 뭐라 표현할 수 없는 훌륭한 전개였다. 기쿠시마의 시나리오 작법은 정평이 나 있지만, 너무나도 절묘하였다.

내가 그 원고에 매혹되어 있자, 옆의 구로사와가 손을 뻗어 자기에게도 보여 달라고 하였다. 구로사와는 나에게서 기쿠시마가 고친 원고를 손에 들고 읽고서는, 곧바로 얼굴에 경련이 일어났고 숨을 거칠게 내쉬었다.

구로사와와 내 각본은 선행 직진형이고, 기쿠시마와 오구니는 몰고 가는 형이다. 내 결점과 장점은 구로사와의 결점이고 장점이기도 하다. 자신이 보고 넘긴 원고, 아니 반드시 그것이 잘되었다고 생각지는 않지만, 자신으로서는 어떻게 고칠까, 직감으로 고칠 힘이나 기술이 없다. 하지만 기쿠시마는 쉽사리 그것을 해냈다. 그러한 기쿠시마의 절묘한 실력에는 구로사와도 감탄한 나머지 소리를 내지 못한 것이다.

일찍이 〈들개〉에서 같이 작업을 하였기에, 구로사와도 기쿠시마의 실력을 알고 있다. 하지만 구로사와 팀을 떠나… 변화무쌍한 이 세계에서 산전수전을 겪은 기쿠시마 류조는 예전의 기쿠시마 류조가 아니었던 것이다.

탁월한 전개방식이란? 무엇이 어떻게 탁월한지 이런 식으로 표현한다면 알기 쉬울지 모른다.

예를 들면 도에이영화의 야쿠자물에서, 의형제가 살해당한 다카쿠라 겐(高倉健)이 목숨을 걸고 최후의 결전을 위해 적진에 쳐들어간다. 하지만 그 도중에서 후지 준코(藤純子)가 "잠시만요!"라며 길거리에서 뛰쳐나와 매달린다. "부탁이니까… 가지 마세요!"[59]

나나 구로사와는 이 장면에서 어찌할 바를 모른다. 다카쿠라 겐을 어떻게 해야 할까. 여기서 우두커니 서 있을 수도 없고, 그렇다고 후지 준코를 밀쳐 버리고 뛰어가 버릴 수도 없다. 이도저도 못하고 드라마가 멈추어 버린다.

하지만 도에이의 작품을 쓰는 작가에게는 익숙한 장면이다. 후지 준코는 다카쿠라 겐에게 매달려 떨어지지 않고 계속 울다가, 좀 지나서 "하지만 아무리 막아도 당신은 가겠지요"라 하며 눈물을 닦고 다카쿠라 겐으로부터 떨어지며,

"그럼, 가세요… 가세요!"

"미안하네!" 다카쿠라 겐은 후지 준코에게 손인사를 하고는 단숨에 뛰어간다.

실로 매끄러운 흐름이다.

나와 구로사와는 스모로 말하면 상대 선수를 힘으로 경기장 끝까지 밀고 가지만, 상대가 버티면 거기서 움직일 수 없게 된다. 하지만 기쿠시마는 그 이상 밀 수 없을 때에는, 미는 척하면서 밀지 않고 역으로 끌어당겨 상대의 균형을 무너뜨리는 기술로 끝내 버린다.

기쿠시마의 전개방식에는 이러한 당기는 기술이 많아 여하튼 효과적이지만, 과용하면 억지스러움이 두드러진다. 스모로 말하면 짜고 하는 스모… 연극으로 말하면 속임수 연극, 억지스러운

---

59) 다카쿠라 겐(1931~)과 후지 준코(1945~)는 1960년대 야쿠자영화로 큰 인기를 얻은 배우들이다.

연극이 된다.

이야기에 진실성을 추구한다든지, 인간의 진실에 다가가려는 경우, 이러한 수법을 쓰면 단번에 작품이 파괴되어 버린다. 하지만 처음부터 이것은 꾸며진 이야기, 완전한 허구임을 관객에게 알려 둔다면, 의외로 이러한 수법이 쓸모가 있다.

구로사와의 이제까지의 영화는, 오리지널이든, 원작이 있든 또는 번역 작품이든, 그것들은 꾸며진 이야기라 해도 그 바탕에는 진실에 육박하는, 리얼함을 느끼게 하는 작품이 압도적으로 많기에, 이러한 수법이 일절 사용될 수 없었다.

하지만 리얼함이 전혀 필요치 않은 소재, 맨 처음부터 관객에게는 재미있는 허구의 이야기임을 충분히 인식시킨 작품, 즉 철저한 오락물이라 한다면 이러한 수법이 자유자재로 쓰일 수 있다.

면밀한 사전준비가 없더라도 테마나 스토리를 파고들지 않아도, 인물의 성격묘사나 이야기의 구성에 그다지 신경을 쓰지 않아도, 곧바로 작업에 들어가도 이러한 각본이라면 '곧바로 최종판'으로 만들 수 있는 것이다.

기쿠시마의 능수능란한 전개방식으로부터, 만드는 방식에 따라서는 새로운 오락물의 각본이 산출되지 않을까. 그리고는 자신의 연출력으로 이제까지 없었던 재미있는 오락작품이 만들어지지 않을까라고 구로사와는 생각했을지 모른다.

'아니 구로사와가 그렇게 간단히 생각했을 리 없어.'

〈산 자의 기록〉 이래, 다른 사람에게는 일절 밝히지 않았지만, 초조와 번뇌의 고독한 나날들이 이어졌던 것이 아닐까. 〈산 자의 기록〉의 실패는 스토리가 미지수이고 확정되지 않은 오리지널한 것이었기 때문에, 다음에는 확실하고 명확한 형태가 있는 원작물로 하자고 하여, 고리키의 〈밑바닥〉이나 셰익스피어의 〈맥베스〉를 다루었지만, 이것들도 형태만 정돈되었지 작품에서 발효하는 풍부한, 영화 독자적인 재미가 없다.

할 수 없이 다음은 소재를 바꾸어, 예전에 쓴 〈적중횡단삼천리〉와 비슷한 역사 활극 〈숨은 요새의 세 악인〉을 만들어 내었다. 그러나 활극의 요소는 액션과 화면의 빠른 전개인데, 이 작품은 무거운 황금 운반을 주제로 하였기 때문에 스피드 감각이 결핍하여 활극의 쾌감과는 거리가 있다.

마지막은 작가 다섯 명이 총동원된 〈나쁜 놈일수록 잘 잔다〉에서 승부수를 던졌지만, 이것도 시류를 타지 못해 어중간하게 끝나고 말았다.

더 이상 방법이 없고, 물러설 곳도 없다. 작품은 상승기류를 타지 못했고, 모두 다 하향곡선을 그리고 있어, 다음 작품에서 만약 실패한다면, 영광도 명성도 모든 것을 잃을지도 모른다.

벼랑에 내몰린 이상은 모 아니면 도다. 당기는 기술도 두려워하지 않고, 과감하게 이제까지 하지 않던 오락물을 해보는 수밖에… 좋아, 하자, 해보자! 그것이 성공, 대성공을 거둔 것이다.

공동각본에는 빛과 어둠이 있다.

1946년에 '작가 선행형'으로 출발한 이래, 1954년의 〈7인의 사무라이〉까지는 찬란히 빛났지만, '곧바로 최종판'으로 이행한 다음 작품인 〈산 자의 기록〉부터 1960년의 〈나쁜 놈일수록 잘 잔다〉까지는, 앞이 보이지 않는 어두운 그림자로 들어가 버렸다. 그러나 다음해인 1961년 〈요진보〉에서는 갑자기 '곧바로 최종판'이 되살아난 야생마처럼, 눈부신 빛 속으로 뛰쳐나간 것이다.

이제부터는 당분간 빛의 세계가 이어진다. 조금 테마를 바꾼다면 두 편이나 세 편의 오락물 기획에는 부족함이 없다. 그리고 공동작가의 중심은 기쿠시마 류조니까, 나는 더 이상 구로사와 팀과는 연이 없다.

'잘되었다… 정말 잘되었다.'

아까 시부토에서 무아지경으로 박수를 치던 것은, 구로사와와 기쿠시마를 축복함과 동시에, 순식간에 본능적으로 자기 자신에게도 열심히 박수를 보냈던 것이다. 이것으로 구로사와 팀으로부터는 무죄방면으로 해방된다.

나는 다른 사람과는 달리 내가 가져간 원고인 〈라쇼몬〉으로 데뷔한, 이른바 구로사와에게 인정받아 작가가 된 특수한 경우이기 때문에 구로사와가 부탁을 하면 어떠한 무리를 해서라도 작업에 참여하지 않으면 안 되는 입장이기도 하다. 그만큼 〈7인의 사무라이〉가 끝났을 때에는 구로사와 팀으로부터 졸업했다고 안심했지만, 그것은 일방적인 허무한 기쁨에 지나지 않았고, 역시 눈에 보이지 않는 사슬로 연결되어 있었다.

하지만 이번에야말로 그 사슬이 틀림없이 완전히 끊어진다… 만세! 정말로 만만세로, 무언가 온몸에 좀이 쑤시고 하늘을 나는 야생마처럼… 아니 용이라도 된 듯이 마음껏 공중을 헤엄쳐, 하늘 끝까지 갈 것 같은 해방감이다.

이제부터는 작품 편수를 줄여 한 편에 얼마가 아니라, 흥행성적에 따라 각본료를 받는 작가를 지향해도 되고, 더 나아가서는 영화를 만드는 프로덕션을 세울 꿈도 있어, 정말로 자유자재로 영화의 세계를 휘젓고 다닐 것이다.

그러나 곰곰이, 아니 절실히 생각해 보았다. 구로사와는 운이 강한 사람이다. 〈요진보〉와 이어지는 두세 편의 작품으로, 이후 10년… 아니 20년은 세계 영화계 거장으로서 구로사와의 지위는 조금도 흔들리지 않을 것이다. 구로사와는 정말로 운이 강한 사람이다.

'그러나 이는 누구도 생각지 못한, 대변신이다… 마치 지카마쓰가 난보쿠로 변신한 것이다.'

지카마쓰는 지카마쓰 몬자에몬(近松門左衛門)으로, 〈소네자키신주(曾根崎心中)〉와 〈고이비캬큐야마토오라이(戀飛脚大和往來)〉의 작가, 난보쿠는 쓰루야 난보쿠(鶴屋南北)로 〈도카이도 요쓰야 괴담(東海道四谷怪談)〉과 〈덴지쿠 도쿠베 이코쿠바나시(天竺德兵衛韓噺)〉 등의 작가로, 둘의 작품에는 시나리오에 참고가 되는 점이 많아, 항상 내가 경애해 마지않는 에도시대의 완전히 대조적인 색깔이 다른 희곡작가이다.[60]

설마라고 생각하던 '곧바로 최종판'이 만들어 낸 화려한 한 송이 꽃 〈요진보〉는, 나에게는 왠지 아수라(阿修羅)와도 닮은… 화려하다기보다는, 제철 아닌 때 피어난 일말의 괴이함이 감도는, 터무니없이 커다란 자주색 꽃 같다는 느낌이 없지는 않았다.

---

60) 지카마쓰 몬자에몬(1653~1725)이 서민들의 의리와 인정, 동반자살로 끝나는 애절한 사랑을 그렸다고 하면, 쓰루야 난보쿠(1755~1829)는 배신과 살인, 그리고 원한을 품은 귀신이 등장하는 작품을 특기로 하였다.

하시모토 프로덕션과
구로사와 아키라

두 명의 조감독

〈요진보〉이후 구로사와의 행적은 다채롭고 파란만장하고 드라마틱하기도 하다.

〈요진보〉에 이어서 〈쓰바키 산주로(椿三十郎)〉와 〈천국과 지옥(天國と地獄)〉이라는, 흥행에 성공한 오락대작 두 편이 있고, 그 2년 후에는 평범하지만 의욕작이라 할 수 있는 도쿠가와막부의 고이시카와 양생소(小石川養生所)를 무대로 한 시대극 〈붉은 수염(赤ひげ)〉이 이어진다.[61] 하지만 그 다음 작품에서는 생각지도 않은 불상사를 만난다.

미국의 영화회사 20세기 폭스사가 〈도라 도라 도라(Tora Tora

---

61) 고이시카와 양생소는 에도막부가 빈민구제를 위해 세운 무료 의료시설이다. 양생소 건립을 막부에 건의하고 설립 후에는 주도적으로 치료에 임한 의사 오가와 쇼센(小川笙船, 1672~1760)의 별명이 '붉은 수염 선생'이었다. 구로사와 아키라의 영화 〈붉은 수염〉은 오가와 쇼센을 모델로 한 야마모토 슈고로(山本周五郎, 1903~1967)의 소설 『붉은 수염 진료담(赤ひげ診療譚)』을 원작으로 한다.

Tora)〉를 교토의 도에이에서 촬영 중에, 스케줄을 소화하지 못했다는 이유로 구로사와 아키라를 감독에서 강판시킨, 비상사태가 1969년 발생하였다.

이때 구로사와가 신경쇠약에 걸렸다는 소문이 영화계와 언론에 퍼졌다. 건재를 과시하는 의미에서도 무언가 찍지 않으면 안 된다고, 구로사와 등이 주재하는 영화감독모임 '사기의 회(四騎の 會)'〔구로사와 아키라, 기노시타 게이스케(木下惠介), 고바야시 마사키, 이치카와 곤(市川崑)〕에서 야마모토 슈고로(山本周五郎)의 소설을 원작으로 하는 〈도데스카덴(どですかでん)〉이 기획되었다. 오구니 히데오와 함께 나도 급히 차출되어 〈나쁜 놈일수록 잘 잔다〉로부터 10년 만에 구로사와와 함께 시나리오를 쓰게 되었다.

구로사와 팀과는 연이 끊겨 두 번 다시 작업은 하지 않으리라 생각하던 나였지만, 이러한 비상사태에서의 긴급소집이므로 어쩔 수 없었다.

하지만 나는 기쿠시마의 불참이 신경쓰였기에 이를 묻자, 오구니의 설명으로는 〈도라 도라 도라〉의 후유증으로, 구로사와와 기쿠시마는 피가 튈 정도로 심각하게 다투었고, 둘은 영원히 결별했다고 한다.

별다른 도리가 없어 구로사와, 오구니, 나 세 명이 일을 진척시켜 나갔지만, 〈도데스카덴〉은 구로사와가 다루기에는 스케일이 작아, 커다란 캔버스에 커다란 그림을 그리는 것이 특징인 구로사와가, 작은 화폭에 꽃 한 송이를 그리는 것 같은 기획이기도 하여 각본 작업도 대략 2주 만에 끝났다.

그 후 구로사와는 자살미수를 하기도 하여, 나는 커다란 충격

을 받았다.[62]

〈도라 도라 도라〉의 극히 불명예스러운 감독 강판, 〈도데스카
덴〉의 흥행부진, 거기에 자살미수라는 불상사… 일본의 영화자본
뿐 아니라 미국의 영화자본도 구로사와에게는 일절 손을 내밀지
않게 되어, 영화감독으로서의 재기는 거의 절망적으로 보였다.

하지만 구로사와는 운이 강한 사람, 마치 가라앉지 않는 전함
(戰艦) 같았다.

그의 비할 수 없이 탁월한 영화적 재능은 자본주의 국가가 아
니라 예술에 이해가 있는 공산주의 국가에서 다시 꽃피었다. 소
련이 국빈대우로 구로사와를 초빙하여 오랫동안 그의 염원이었
던 블라디미르 아르세니예프(Vladimir Arsenyev)[63] 원작 『데루스
우잘라(Dersu Uzala)』의 영화화를 결정한 것이다. 구로사와는 소
수의 스태프를 이끌고 소련에 가서, 힘든 시베리아 촬영을 감행
하여 1975년 영화가 완성되어 개봉되었다.

마치 기적이라고 할 수 있는 불사조와 같은 컴백이었다.

하지만 일본과 소련에서 개봉된 〈데루스 우잘라〉의 동원 관객
수는 의외로 적어 예상 밖의 실패였다.[64]

'곧바로 최종판'도 〈요진보〉, 〈쓰바키 산주로〉, 〈천국과 지옥〉

---

62) 1971년 12월 22일 구로사와 아키라는 자택 욕실에서 면도칼을 이용하여
자살을 기도하였다.
63) 블라디미르 아르세니예프(1872~1930)는 러시아의 탐험가로, 시베리아
식물군에 대하여 최초로 기록한 이로 유명하다.
64) 평론가들의 평가는 좋아 이 영화는 1975년 모스크바 영화제 최우수작품
상, 아카데미 외국어영화상 등을 수상하였다.

으로 이어지는 3년간은 찬란히 빛나는 햇빛을 받는 커다란 꽃이었지만, 2년의 공백을 둔 〈붉은 수염〉부터는 조금씩 빛이 어두워지기 시작하여, 〈데루스 우잘라〉의 실패로 이어져, 돌고 도는 회전무대처럼 막막하게 앞이 보이지 않는 짙은 안개 속으로 돌입해 가기 시작하였다.

하시모토 프로덕션(1974년 설립)과 구로사와는 아무런 관계가 없다.

하지만 하시모토 프로덕션의 제1회 작품 〈모래그릇〉의 감독 노무라 요시타로(野村芳太郎), 이어지는 제2회 작품 〈핫코다산(八甲田山)〉의 감독 모리타니 시로(森谷司郎)는 모두 구로사와의 조감독을 역임한 이들이다. 그렇다고 둘 다 단순히 수많은 조감독 중의 한 명은 아니었다.

모리타니는 명감독 나루세 미키오(成瀬巳喜男) 감독의 조감독에서 구로사와 팀의 조감독으로 이동해 왔다. 오랫동안 적당한 조감독이 없어 그것이 약점이었던 구로사와 팀에, 퍼스트 조감독 모리타니 시로, 세컨드 조감독 데메 마사노부(出目昌伸), 서드 조감독 오모리 겐지로(大森健次郎) 등으로, 조감독이 충실한 황금시대를 구가하게 되었다. 모리타니는 구로사와 아키라 이후를 짊어질 차세대 감독으로, 토호 촬영소의 주목을 한 몸에 받은 수재로, 나와는 절친한 사이이기도 하여, 그와 함께 한 작품으로는 〈목(首)〉, 〈그래도 우리 젊은 날(されど我らが日々—)〉, 〈일본침몰(日本沈没)〉 그리고 〈핫코다산〉이 있다.

한편 노무라 요시타로와의 만남은, 이건 운명적이라고밖에 달

모리타니 시로

리 표현할 말이 없다.

어느 날 내가 〈간오케마루의 선장(棺桶丸の船長)〉(구로사와와 같이 각본을 썼지만 영화화되지는 못했다)의 준비모임 때문에, 고마에의 구로사와 집을 방문했다.

그날 구로사와는 매우 흥분하고 있어 일 이야기를 할 상황이 못 되었다.

당시 구로사와는 쇼치쿠(松竹)의 오후나(大船) 촬영소에서 〈백치〉를 촬영 중이었고, 마무리가 길어져서 그 문제로 쇼치쿠 사장인 기도 시로(城戸四郎, 1894~1977)와 한창 정면으로 부딪치고 있던 때였다.[65]

"하시모토 군…." 구로사와는 우울한 표정으로 개탄하였다.

"내가 쇼치쿠의 오후나 촬영소에서 〈추문〉과 〈백치〉 두 편을 찍었어. 그런데 좋은 일은 하나도 없었어. 단지 쇼치쿠의 오후나에는 노무라 요시타로라는 일본 제일의 조감독이 있다는 걸 알았어."

"일본 제일의 조감독이요?"

"그래. 그런 사람은 토호에도, 다이에에도 없어. 일본 제일이라고."

---

65) 〈백치〉는 원래 4시간짜리로 완성되었으나, 쇼치쿠가 흥행에 문제가 있다고 하여 결국 166분으로 대폭 편집되어 극장에서 상영되었다.

여하튼 작품에 대한 논의가 되지 않아, 2, 30분 동안 잡담만 하다가 돌아가려던 차에, 쇼치쿠의 〈백치〉프로듀서인 고이데 다카시(小出孝)라는 사람이 기도 시로 사장의 말을 전하기 위해, 노무라… 방금 전에 말이 나왔던 일본 제일의 조감독, 노무라 요시타로와 함께 왔다.

구로사와는 기도 사장의 대리인인 프로듀서 고이데에게는 차

노무라 요시타로

갑게 무시하며 눈길도 주지 않았지만, 노무라에게는 싱글벙글 웃으며 바로 나에게 소개해 주었다.

"하시모토 군, 쇼치쿠의 조감독 노무라 요시타로 군이야. 노무라 군, 〈라쇼몬〉을 나와 함께 쓴 시나리오 작가 하시모토 시노부일세."

나와 노무라가 "처음 뵙겠습니다"라고 머리를 숙이자 구로사와가

"하시모토 군은 몇 년이지?"

"예?"

"태어난 연도 말이야."

"1918년입니다."

"노무라 군은?"

"1919년입니다."

"동년배이군. 이제부터 자네들의 시대가 반드시 올 것이야. 둘

이서 사이좋게, 함께 일을 하도록 해."

그로부터 6년 후에 나는 노무라와 일을 하였다. 히노 아시헤(火野葦平, 1907~1960) 원작으로 아쿠타가와상을 수상한 〈분뇨담(糞尿譚)〉이다.

각본가로서의 내 일은 대부분은 토호에서였지만, 도에이의 실력자 마키노 미쓰오(マキノ光雄, 1909~1957)에게도 주목받고 있었고, 또한 닛카쓰, 다이에에도 절친한 기획자, 프로듀서가 각각 있어, 쇼치쿠의 일이 들어올 여지가 없었다. 오후나 촬영소는 어딘가 먼 외국 영화회사와 같은 느낌이고, 구로사와 집에서의 우연한 만남과 구로사와의 소개가 없었더라면, 노무라 요시타로와는 서로 평생 동안 알 리도, 일을 같이 할 리도 없는 인연 없는 중생이었을지 모른다.

하지만 둘이 처음 만나 만든 〈분뇨담〉의 완성도는 그다지 좋지 않았다. 원인은 감독의 독단적인 각본 수정에 있었다. 큰 수정은 아니지만 쥐가 이곳저곳 갉아먹은 듯하였다. 보통 나는 각본 수정을 한 감독과는 두 번 다시 일을 하지 않는다. 일류감독은 각본의 수정 따위는 하지 않는다. 각본을 수정하는 것은 실력 없는 이류 또는 삼류 감독의, 편협한 사견에 바탕을 둔 것으로, 그건 개악일 수밖에 없다. 이러한 무단개정의 상습범들은 그것이 습성으로, 각본이 누구 것이든 어떤 작품이든 개작을 꼭 한다. 그러므로 나는 상대가 '상습범'임을 알게 되면 철저히 그와의 일을 기피한다.

그러나 노무라의 경우는 구로사와 매직(magic), 즉 구로사와 집에서의 만남과 구로사와의 소개로 인한 강한 운명에라도 얽혔는지, 두 번째 작업을 그다지 싫어하거나 기피하지도 않아 마쓰모

토 세이초 원작의 〈잠복(張込み)〉을 또 같이 만들게 되었다.

하지만 완성된 영화를 보고 놀랐다. 아니 처음에는 믿을 수 없었다. 첫 장면부터 마지막 장면까지, 〈잠복〉은 장점도 단점도 각본 그대로로, 한 글자 한 문장도 고치지 않고 촬영된 것이다.

〈분노담〉이 기대했던 정도로 좋지 않았던 이유는 자신이 행한 각본의 무단개정임을 날카로이 간파하고, 다음 작품에서는 바로 대응하여 일절 개정을 하지 않았다. 나는 마음속으로 경의를 표했다.

'미안했습니다… 구로사와 씨가 말한 대로이군요.'

노무라는 구로사와의 추천대로 날카로운 지성의 소유자이고, 뛰어난 판단력에 적응력을 겸비한, 범상치 않게 영리한 사람이다.

시나리오 작가는 적당히 써 버리는 부분도 있지만, 감독이 글자 하나 문장 하나 고치지 않고 쓰인 대로 그대로 촬영한다고 하면, 작가는 적당히 넘어갈 수 없게 되고, 긴장을 늦추거나 어물어물 넘기거나, 얼버무리는 일이 일절 불가능해진다. 그 이후 〈제로의 초점(ゼロの焦点)〉, 〈최후의 카드(最後の切札)〉, 〈그림자 차(影の車)〉, 그리고 〈모래그릇〉과 쇼치쿠 창립 이래의 최대 흥행작이라 불리는 〈여덟 개 묘지 마을(八つ墓村)〉로 이어지는, 내가 집필한 단독 각본의 감독으로서는 노무라가 단연코 가장 많아, 일곱 편을 같이하였다.

내가 아는 한의 영화계나 다른 교제 범위에서, 이 노무라 요시타로 정도로 두뇌가 명석하고 예리한 선견을 가진 사람은 없다.

어느 날 노무라와 함께 긴자의 야마하홀에서, 스티븐 스필버그의 〈조스(Jaws)〉의 시사회를 보고 나서, 가까운 카페에서 커피를 마셨다. 하지만 둘 다 한참 동안 아무 말도 하지 않았다. 그러다 내가 말을 꺼냈다.

"잘 만든 영화네요."

노무라는 크게 끄덕였다.

"전부 OK컷으로 이어져 있군요."

나는 입을 다물고 끄덕였다. 그의 말 그대로였기 때문이다.

영화를 감상하는 경우, 나는 보통의 영화팬의 한 사람에 지나지 않는다. 하지만 어딘가 직업의식이 있는 탓인지, 화면에는 때때로 NG컷이 눈에 들어온다. 한 편 전부가 OK컷으로 연결되는 작품은 거의 없다. 배우의 한계, 예산의 한계, 시간의 제약 등으로 원래라면 NG컷이지만, 어쩔 수 없이 OK로 하지 않을 수 없는 장면이 어떻게든 들어가기 마련이다.

하지만 〈조스〉의 경우 내게는 NG컷이 눈에 띄지 않았다. 예를 들면 부교(浮橋)를 상어가 물어뜯고 물속으로 사라지는 인상적인 장면이 있는데, 이 경우 한 번에 OK된 것이 아니라, 다섯 번이든 여섯 번이든 부교를 다시 만들고 속도를 바꾸어 찍기도 하여, 그 중에서 이것이 OK라고 할 수 있는 필름을 골라서 사용한 것이다.

"정말로 처음부터 끝까지 전부 OK컷이었습니다."

"하시모토 씨… 이제부터 스필버그의 영화를 볼 필요는 없겠군요."

"예?"

노무라는 살짝 눈을 지릅뜨며 나를 쳐다보았다. 안경 속의 눈이 반짝 빛나면서, 고약하면서 조금은 냉혹한 얼굴이기도 하다.

"영화감독을 평생 한다 해도, 그런 작품은 한 편 만들 수 있을까 말까입니다. 그러므로 그에게는 〈조스〉가 최고라서… 이제부터는 무엇을 찍어도 이 이상의 작품은 더 이상 만들 수 없으니까요"

나는 노무라의 말에 일종의 진실성을 느껴, 그 이후는 스필버그의 영화를 한 편도 보지 않았다. 그러나 스필버그의 영화가 개봉될 때마다, 노무라의 예언이 신경 쓰여 영화를 본 사람들에게 확인하지만, 그들의 의견을 종합하면 노무라의 예언은 멋지게 적중하였고 정곡을 찔렀다.

무언가 시공을 뛰어넘는 무시무시한 선견지명이다.

하지만 나는 노무라 때문에 쇼치쿠 본사에 불려가 기도 사장에게 몹시 혼난 적이 있다.

기도 사장으로부터 전화가 와서 본사 사장실로 가자, 기도 사장은 쇼치쿠 작품의 레퍼토리를 보여 주며 거리낌 없는 의견을 구해 왔다. 내가 이런저런 이야기를 하자, 다음으로는 기획안을 보여 주며, 감독과 각본가의 조합 그리고 배우 캐스팅에 대하여 내 솔직한 의견을 구했다. 기도 사장은 일찍이 다이에의 나가타 마사이치(永田雅一)[66] 사장과 더불어, 영화계 최고의 냉혹한 독재적인 사장으로서 유명하였다. 이제는 그 신통력도 쇠퇴하였다는 소문을 들었지만, 정정하였고 정력적이고 일개 각본가를 불러 제3자 의견에도 심각하게 귀를 기울이는, 경영자로서의 열의랄까 인품을 느끼게 하였다.

기도 사장과의 이야기가 대체로 끝나서 내가 자리를 뜨려고 하

---

66) 나가타 마사이치(1906~1985)는 다이에 영화회사의 실질적인 설립자이다. 〈라쇼몬〉을 비롯하여 〈우게쓰 이야기(雨月物語)〉, 〈지옥문(地獄門)〉 등의 제작에 관여하였다.

자, "아, 하시모토 군⋯."이라며 기도 사장은 잊고 있었다는 듯이,

"노무라 건은 엄청난 민폐였어."

나는 어리둥절한 표정을 지었다. 영문을 알 수 없었다.

"노무라가 호테이(芳亭) 씨의 아들이라서 그러는 게 아니야."

'호테이 씨'란 쇼치쿠 오후나 촬영소의 전신인 가마타(蒲田) 촬영소를 개설하고, 촬영소 소장에 취임한 쇼치쿠의 공로자 노무라 호테이(野村芳亭)를 말하고, 노무라 요시타로는 그의 장남이다.[67]

"나는 최근 일이 년 안으로 노무라를 촬영소에서 빼내어, 본사 제작본부장에 앉힐 작정이었어."

나는 놀라서 그를 보았다. 아니 그러고 보니 3, 4년 전에 오후나 촬영소에서 누군가로부터, 노무라는 몇 년 안에 본사의 제작본부장이 될 것이라고 단편적인 이야기를 들은 적이 있다. 제작본부장은 영화회사에서 가장 중요한 중추적인 지위이다.

기도 사장은 말을 이었다.

"제작본부에서 3, 4년 있으면 영업으로 돌리고, 그쪽 공부가 끝나면 전무나 부사장으로 하여, 내 후임에는 노무라를⋯ 쇼치쿠를 이끌 사람은 노무라밖에 없다고 생각하고 있었지."

나는 숨을 죽이고 듣고 있었다.

"그런데 자네가 그에게 독립 프로덕션 형태로 〈모래그릇〉 따

---

67) 노무라 호테이(1880~1934)는 영화 초창기에 감독활동을 하다가 1920년 쇼치쿠가 본격적으로 영화 제작에 뛰어들자, 가마타 촬영소 소장이 되었다. 쇼치쿠의 가마타 촬영소는 1920년부터 1936년까지 도쿄에 있었던 영화촬영소로, 9,000평의 부지를 차지하였다. 1936년 오후나 촬영소가 개설되면서 가마타 촬영소는 폐쇄되었다.

위를 찍게 하여, 게다가 흥행에 따른 보수까지 쥐어 줘, 관리자가 될 마음을 잃게 하여 평생 감독을 하게 만들었어."

"…."

"자네는 〈모래그릇〉이 흥행에 성공하여 기분이 좋을지 몰라도 괜한 참견이었어, 정말로. 덕분에 쇼치쿠는 장래의 대들보를 잃고 말았어."

쇼치쿠 본사를 나와 시부야로 돌아가는 지하철 속에서, 나는 팔짱을 끼고 깊은 생각에 빠졌다. 가슴에 구멍이 뻥 뚫린 기분이었다.

'만남이야, 문제는. 그때에… 구로사와 집에서의 만남만 없었더라면, 노무라 씨는 지금….'

영화감독보다도 영화회사 사장 쪽이 사회적인 인지도나 일반적인 평가는 훨씬 높다. 하지만 노무라 자신에게 쇼치쿠의 사장이 좋은지, 평생 감독이 좋은지, 이것은 나로서는 이해도 판단도 할 수 없다… 아니 그것은 이제 제3자의 의사와 생각 따위가 닿지 않는, 운명이랄까 숙명일 수밖에는….

'그러나 그렇다고 해도 노무라 씨에게 나는… 나는 도대체 무엇이었던가?'

노무라에 대한 그러한 잠재의식이 있던 탓일까, 어느 날 나는 부주의하게 혀를 놀리고 말았다.

구로사와는 두 명의 조감독에 대하여 전적으로 신뢰하고 있었지만, 호불호가 심한 탓일까, 완전히 다른 극단적인 양면성을 보였다. 모리타니 시로에게는 차갑고 냉혹했지만, 노무라 요시타로에게는 따스하고 상냥했다.

모리타니의 집은 도요코선의 히요시(日吉)로 도심으로 출퇴근할 때에는 시부야역이 가까워서, 사쿠라가오카(櫻ヶ丘)에 있는 하시모토 프로덕션 사무소에 자주 얼굴을 내비쳤다. 하지만 몇 시간 이야기를 하여도 구로사와에 대해서는 한마디도 하지 않았고, 나도 구로사와에 대해서는 입에 담지 않았다.

그런데 어쩌다 오는 노무라는 모리타니와는 대조적으로, 잡담 중에는 구로사와의 인품이나 작품에 대한 이야기가 나왔다. 그래서 무심코 이런 말을 내뱉고 말았다.

"그러면 구로사와 씨에게, 나… 하시모토 시노부란 도대체 무엇이었나요?"

노무라의 안경 속의 눈이 빛나고 눈썹이 살짝 움직였다. 나는 순간적으로 등줄기에 식은땀이 흘렀다. 무언가 말해서는 안 되는, 엄청난 말을 입에 담았다는 예감이 들었다.

"구로사와 씨에게 하시모토 시노부는 만나서는 안 되었던 남자였지요."

"예?"

"그런 남자를 만나 〈라쇼몬〉이란 영화를 찍어, 그 작품이 전후 최초의 국제영화제 수상작 따위가 되어서… 영화와는 원래 관계가 없는, 사상이라든지 철학, 사회성까지 작품에 끌어들이게 되어, 이도저도 이상하게 얽혀 무겁고 힘든 것이 되어 버렸으니까요"

나는 너무나 화가 치솟았다. 내 입에서 나온 부주의한 말을 후회는 하였지만, 노무라의 말투는 너무나도 일방적인 궤변같이 들렸다. 나도 그만 정신을 잃고 감정적이 되었다.

"그렇다면 노무라 씨, 구로사와 씨의 작품 중에서 〈라쇼몬〉, 〈살다〉, 〈7인의 사무라이〉가?"

"그런 작품들은 없는 편이 좋았어요."

"예?!"

나는 엉겁결에 소리를 질렀다.

"그런 작품들이 없어도, 구로사와 씨는 세계의 구로사와로… 현재처럼 허명(虛名)에 가까운 구로사와가 아니라, 훨씬 리얼하고 현실적인 거장 구로사와 아키라가 되었을 터입니다."

노무라가 나를 노려보았다. 안경 너머로 눈을 지릅뜨며 눈이 반짝 빛나면서, 조금 냉혹하고 신랄한 고약한 얼굴이 되었다. 나는 전율했다, 이 얼굴을 본 적이… 이전에 스필버그 영화는 더 볼 필요가 없다고 예언했던, 그때의 노무라의 얼굴이다.

"나는 구로사와 씨와 두 편 같이했기 때문에, 어느 정도의 연출력… 즉 힘이 있는지를 알고 있습니다. 그의 영상감각은 세계적인 수준을 뛰어넘었고, 게다가 자기 작품을 더욱 비약시키는 한없이 강한 에너지가 넘칩니다. 그러니까 협잡물… 괜한 협잡물이 아니라 순수하게… 순수하게 말입니다, 영화의 재미만을 추구해 갔다면 그는 빌리 와일더에 윌리엄 와일러를 더하여, 둘로 나눈 감독이 되었을 것입니다."

나는 입을 다문 채였다.

빌리 와일더(Billy Wilder)는 〈선셋 대로(Sunset Blvd.)〉와 〈뜨거운 것이 좋아(Some Like It Hot)〉, 〈아파트 열쇠를 빌려드립니다(The Apartment)〉 등으로 사람들을 감동시킨 명감독, 윌리엄 와일러(William Wyler)는 〈로마의 휴일(Roman Holiday)〉과 〈벤허(Ben-

Hur)〉 등의 대작을 만든 세계적으로 저명한 감독이다.

"빌리 와일더보다도 정교히, 대작에는 윌리엄 와일러보다도 기초가 강하며 예리한 화면을 구성해 내는, 그런 감독이 어떤 영화를 만들까… 하시모토 씨도 이해할 수 있을 것입니다. 반드시 재미있는 작품을 많이 만들어, 전 세계의 영화팬과 우리들을 오싹하게 만들거나, 두근두근하게 만들어 진정으로 즐길 수 있게… 과장 없이 문자 그대로의 세계 영화의 왕이… 하시모토 씨는 그렇게 생각지 않습니까?"

나는 눈앞이 깜깜했다. 노무라의 말에도 일리가 있지만 어딘가 현학적이고 중요한 점이 틀렸다. 무언가 말하려고 했다. 하지만 말이 나오지 않았다.

그것은, 혼슈 북단 핫코다산에서 눈보라를 3년간 쫓아다니며 찍은 〈핫코다산〉이 완성되어, 토호계열의 영화관에서 개봉하자 기록적인 대흥행을 거둔 해… 1977년의 끝이 얼마 남지 않은 날의 일이었다.

〈가게무샤(影武者)〉

구로사와가 하시모토 프로덕션 사무소에 온 것은, 구로사와에 관하여 노무라의 말을 듣고 난 지 반년이 지난 1978년 초여름이었다.

노가미 데루요(野上照代, 1927~)가 함께였다. 노가미는 다이에에서 만들어진 〈라쇼몬〉 이래, 쇼치쿠에서의 두 작품(〈추문〉, 〈백치〉)

을 제외하고, 모든 구로사와 작품의 스크립터로 일해 온 사람으로, 실질적으로는 구로사와 프로덕션에서 구로사와 감독 작품의 프로듀서 역할을 하였다.

구로사와와는 〈도데스카덴〉을 함께 작업한 이래 10년 만의 재회였다. 그는 매우 체중이 늘어나 보여 사쿠라오카의 언덕길이 힘들었는지, 뺨에 땀을 흘리며 마주하고 나서도 계속 하! 하! 하고 숨을 헐떡였다.

"하시모토 군, 힘든 언덕이야."

"아 뭐… 익숙해지면 그 정도는 아닙니다만."

"오늘 자네에게 부탁이 있어서."

노가미가 종이봉투에서 각본을 한 권 꺼내어 구로사와에게 건넸고, 구로사와가 그것을 탁자 위에 올려놓았다. 제목을 살짝 보니 〈가게무샤〉라 쓰여 있다.

"이런 각본을 써 보았는데 읽어 보고 의견을 말해 줘."

내가 끄덕이자,

"지금 토호 쪽에 영화화하자고 말을 하고 있는데, 그에 대해서도 하시모토 군이 힘이 되어 주었으면 좋겠어."

"알겠습니다… 할 수 있는 데까지 해보겠습니다."

구로사와와 노가미가 차를 한 잔 마시고 돌아가자, 나는 곧장 각본을 집어 들었다. 각본가 난에는 구로사와 아키라, 이데 마사토(井手雅人)[68]라고 적혀 있다.

---

[68] 이데 마사토(1920~1989)는 소설가로 활동하다가 신토호에 입사하여 시나리오 작가로 활동하였다. 구로사와 아키라의 〈붉은 수염〉, 〈가게무샤〉, 〈란〉 세 작품의 각본 집필에 참여하였고, 그 밖의 그의 대표적인 각본으

나는 이게 뭐지라고 생각했다. 기쿠시마와는 싸우고 헤어져서 어쩔 수 없다고 하지만, 오구니 히데오의 이름이 없기 때문이다. 나와 구로사와 팀과의 연이 끊긴 지 이미 10여 년, '곧바로 최종판' 체제는 그대로라 해도, 집필자의 면면에는 변화가… 아니 이데 마사토는 기쿠시마가 발굴한 사람으로 나도 잘 알고 있고, 분명히 〈붉은 수염〉에서 구로사와 팀에 참가하였던 기억도 난다.

나는 한 시간 정도로 〈가게무샤〉의 각본을 전부 읽었다.

무언가 몸속의 힘이 빠져 허탈한 느낌이었다. 어휴 하는 큰 한숨이 나왔다. '좋지 않아, 어떻게 고칠 수도 없어'… 완성도가 떨어지고, 지루하고, 단지 어렵기만 하다.

이야기는 전국시대의 무장 다케다 신겐에게 가게무샤[69]가 있었다라는 것에 지나지 않는다.

그 가게무샤의 기구한 운명이나 활약에 대한 묘사가 두드러지지도 않고, 다케다 신겐의 위대함이 그려진 것도 아니다.

특히 가게무샤임이 탄로나는 계기가 가와나카시마(川中島) 전투에서 우에스기 겐신(上杉謙信)과 칼싸움을 했을 때 등에 난 상처 때문이다. 매일 욕조에 들어가는 습관이 없던 시대지만, 냉수나 뜨거운 물로 몸을 씻는 일은 일상적이어서, 등 뒤에 상처가 없기 때문에 정체가 탄로 나는 것은 마치 아이들이나 속을 것 같은 뻔한 속임수이다.

로는 〈아내는 고백한다(妻は告白する)〉(1961), 〈구로베의 태양(黑部の太陽)〉(1968), 〈떨리는 혀(震える舌)〉(1980) 등이 있다.

69) 적을 속이기 위하여 비슷하게 생긴 사무라이를 대신하는 사람을 가리킨다.

난조 노리오(南條範夫)가 쓴 동명소설 『가게무샤』는 오른쪽 눈을 화살로 뽑혀 고통스러운 비명을 지르는 한 무사의 장면으로 시작한다. 주인공인 성주(城主)가 전투에서 화살이 박혀 오른쪽 눈을 잃었기 때문에, 가게무샤의 오른쪽 눈도 화살로 빼내는 것이다. 이런 강렬함에 비한다면 영화는 상대가 안 된다.

여하튼 공동각본 〈가게무샤〉는 실패작이다.

공동각본으로는 걸작이나 명작은 어렵지만, 졸작이나 실패작이 없는 점이 특징이다. 복수(複數)의 인간에게 복안(複眼)의 눈이 있는 만큼 빠뜨리는 곳이 없다. 이제까지의 구로사와 팀의 각본에도 완성도의 높고 낮음이 있지만, 분명한 졸작이나 실패작은 한 편도 없다. 단적으로 말하면 〈가게무샤〉는 공동각본의 종언, 복수의 집필자가 동일한 장면을 쓰는 의미를 상실하였기에, 공동각본 그 자체의 붕괴였다.

나는 왠지 슬퍼졌다.

스쳐 지나간 먼 옛날의 기억이 향수처럼 되살아났다.

〈라쇼몬〉의 번뜩함, 〈살다〉의 완전주의라 할 만한 테마와 스토리, 인물을 깊숙이 파고드는 묘사, 〈7인의 사무라이〉의 경이적이라 할 수 있는 인물 묘사에 대한 집념은 어디로 가 버린 것인가.

아니 〈7인의 사무라이〉에 이어지는 〈산 자의 기록〉부터는, 각본을 쓰는 방법이 크게 변화했음은 사실이다. 하지만 '곧바로 최종판'이 이런저런 결점을 낳는 방식이라 해도, 이렇게 완성도에 차이가 나는 각본이 나오리라고는 믿을 수 없다.

그렇다면? 왜? 어째서?

아니 지금은 그런 것을 묻거나 생각할 여유는 없다. 〈가게무샤〉를 우선 어찌할까이다. 가장 좋은 것은 영화화하지 않는 것이지만 불가능하다. 구로사와가 소련에서 〈데루스 우잘라〉를 촬영한 것은 4년 전이다. 소련에 외화(外貨)사정도 있어 감독보수는 의외로 적었다고 한다. 그렇다고 하면 최근 3, 4년은 무수입… 대체할 작품이 있을 리가 없고, 어떻게 해서든 〈가게무샤〉는 어디론가 억지로라도 제작 궤도에 올리지 않으면… 작품의 좋고 나쁨이나, 흥행할까 말까 등을 따질 때가 아니다.

구로사와의 방문으로부터 4, 5일 지나자, 노가미가 전화를 걸어와 함께 토호의 본사로 가자고 하였다. 제작의 교섭상대는 토호영화 사장 다나카 도모유키(田中友幸, 1910~1997)이다.

독립 프로덕션과의 영화 제작 교섭은 토호 본사 조정부의 일이기 때문에 사장인 다나카와의 만남은 의외였다.

토호는 만성적자인 촬영소를 본사와 분리시켜, 독립재정의 '토호영화'를 별도 회사로 만들었다. 토호 본사로서는 구로사와 프로덕션이나 하시모토 프로덕션과의 직접적인 접촉을 피하고, 토호영화를 가운데에 세워 구로사와 프로덕션이나 하시모토 프로덕션의 의도나 의향을 사전에 알아두려고 하는지 모른다.

노가미가 자료를 내보이며 주연은 가쓰 신타로(勝新太郎)[70]이고, 예산 규모는 10억 엔을 제시했다. 다나카 도모유키는 미적지

---

70) 가쓰 신타로(1931~1997)는 〈자토이치(座頭市)〉 시리즈와 〈병사 야쿠자(兵隊やくざ)〉 시리즈 등으로 최고의 인기를 누리던 배우였다. 원래 〈가게무샤〉의 주인공으로 정해졌으나, 촬영 중에 구로사와 아키라와 불화가 생겨 강판 당하였다.

근한 태도로 토호가 제작을 맡을지 어떨지 확실히 하지 않았다. 그리고 나중에 답을 하겠다고 하여, 그날은 어쩔 수 없이 그대로 돌아왔다.

3, 4일 지나자, 다나카 도모유키로부터 사무소로 전화가 걸려 왔다.

"하시모토 군, 지금은 본사이고 이따가 촬영소로 가는데 도중에 들러도 괜찮나?"

"아, 그러시죠, 기다리겠습니다."

4, 50분 지나자, 다나카 도모유키가 와서, 내 방에서 마주 앉았다.

"하시모토 군, 〈가게무샤〉 건 말인데"

라며 다나카 도모유키는 정면에서 나를 보며,

"오늘은 하시모토 군에게… 내가 가장 신뢰하고 존경하는, 시나리오 작가 하시모토 시노부에게 직접 묻고 싶은데 말이지."

나는 왠지 철렁하는 느낌이었다.

"구로사와와 이데 마사토 두 명이 쓴 〈가게무샤〉의 각본 말인데, 그거 하시모토 시노부의 눈으로 읽어 보았을 텐데… 좋은 각본인가, 아니면 나쁜 각본인가?"

나는 몸에 전기가 흐르는 듯이 움찔했다. 숨이 막혔다. 고통스러웠다. 궁지에 몰린 이런 체험은 처음으로, 마치 사형대에 올라 목에 밧줄이 감긴 듯한 느낌이었다. 필사적으로 팔아 보겠다고 하고 있는 각본을 나쁘다고는… 그렇다고 그 각본이 좋다고는, 입이 썩어도 말할 수는 없다.

나는 침을 한두 번 삼키며 헐떡였다.

"도모유키 씨… 그 각본은 좋지 않아요, 완성도가 떨어집니다."

"…"

다나카 도모유키는 아무 말도 않고 나를 쳐다보았다.

"그러나 도모유키씨 〈요진보〉 때를 생각해 주었으면 해요."

〈요진보〉가 제작될 때, 토호의 제작총수였던 모리 이와오(森岩雄, 1879~1979)가 각본을 읽어 보고는 이미 촬영이 시작되었음에도 제작중지를 명령했다. "이 각본은 좋지 않아, 구로사와 군이 찍을 만한 작품이 아니야. 지금 중지하면 회사의 손실은 크다. 하지만 구로사와 군의 명예만큼은 아니야. 즉각 중지해야만 해." 그리고 그 모리의 의도를 전달하는 역할을 맡은 이가 프로듀서였던 다나카 도모유키이다.

다나카 도모유키가 이를 구로사와에게 전하자, 구로사와는 얼굴을 벌겋게 붉히고 격노하며, 어떠한 일이 있어도 촬영은 중지할 수 없다고 하였고, 단호하게 촬영을 강행하여 영화를 마무리 지었다. 그러한 〈요진보〉가 생각지도 않은 대히트를 거둔 것이다.

"도모유키 씨… 이러한 예도 있어요. 구로사와 씨의 연출에는 헤아릴 수 없는 점도 있어, 각본을 읽는 것만으로는 알 수 없어요. 〈가게무샤〉의 각본은 재미없지만, 구로사와 씨에게는 자신만의 계산이 있을지 모르잖아요, 이는 〈요진보〉 때와 똑같지 않습니까?"

〈요진보〉는 관객이 처음부터 허구임을 알고 과장과 속임수를 받아들였기에, 연출만 확실하면 관객은 따라왔다. 하지만 〈가게무샤〉는 어딘가 진실성을 느끼게 할 필요가 있음에도 불구하고 그게 전무하기 때문에, 어설프게 이야기가 붕 뜨고 지루해지기에 연출로 보완할 수 없다. 똑같은 '곧바로 최종판'으로 만들어진 각본이라도 〈요진보〉와 〈가게무샤〉는 본질적으로 다르다.

하지만 나는 그걸 말할 수 없었다.

다나카 도모유키가 묵묵히 생각에 빠졌다가 이윽고 한두 번 고개를 끄덕이고,

"알았네"라고 말하고,

"그러면 시나리오 작가로서의 하시모토 군이 아니라, 하시모토 프로덕션의 경영자로서의 하시모토 군에게 묻겠네."

나는 또 한 번 가슴이 철렁했다. 오늘의 다나카 도모유키는 여느 때와는 달리 작심한 듯 보였다.

"만약 토호가 〈가게무샤〉를 거절하면, 하시모토 군은 어떻게 하려나?"

순간의 공백이 있은 후 나는 말했다. 의외로 매우 자연스럽게 말이 술술 나왔다.

"토호가 거절한다면, 구로사와 프로덕션과 하시모토 프로덕션의 공동작품으로 하여, 쇼치쿠와 도에이의 외화계열로 가지고 가겠습니다."

"쇼치쿠와 도에이의 외화계열?"

쇼치쿠와 도에이가 제휴하는 외화계열은 〈모래그릇〉을 흥행시킨, 토호의 외화계열에 뒤지지 않는 일본 최대급의 영화관 계열이다.

"그렇습니다. 하지만 구로사와 프로덕션의 제작 능력은 미지수라서 잘 모르기 때문에, 하시모토 프로덕션에서 전력을 다하겠습니다. 촬영도 A, B팀뿐 아니라, 유격대로서 C팀을 만들겠습니다."

"…"

다나카 도모유키는 아무 말도 하지 않고 침묵에 빠졌다.

"도모유키 씨, 전 주축인 A팀 구로사와 씨의 옆에 있겠습니다… B팀은 하시모토 프로덕션에서 모리타니 시로, C팀… 특별 유격대인 C팀은 마찬가지로 하시모토 프로덕션, 쇼치쿠의 감독 노무라 요시타로입니다!"

다나카 도모유키는 숨을 멈춘 채 아무 말도 않고 묵묵히 있었다.

"도모유키 씨, 노무라 씨는 물론 모리타니 군도 이제는 일류 감독입니다. 일류 감독을 두 명이나 동원하는 것은 너무나도 호들갑을 떠는 것처럼 보일지 몰라도, 실정을 말하면 누구라도 납득하겠지요… 두 명 모두 구로사와 씨가 긴 감독생활 중에서 가장 신뢰한 조감독입니다. 그 조감독 두 명이 보답을 위하여 감독을 지원하는 것은 당연한 일이지 않겠습니까?"

"…"

"도모유키 씨, 이 B, C팀은 강합니다. 알아서 움직이고 서로 경쟁하여 주축인 A팀을 선동할 것입니다. 아마도 일본 영화사상 최대 규모로, 가장 활기 넘치는 현장이… 저도, 구로사와 씨가 머리 숙여 부탁했기에 이를 받아들인 이상, 하지 않을 수… 그러니까 시작을 했으면 끝을 봐야 하니 전력을 다할 수밖에 없습니다."

그 후 노가미와 그 밖의 관계자의 노력이 있어 〈가게무샤〉의 제작은 구로사와 프로덕션과 토호영화, 배급은 토호로 정해졌기에 안심을 하였다. 토호 측 프로듀서는 다나카 도모유키였다.[71]

---

71) 그 밖에도 프란시스 포드 코폴라(Francis Ford Coppola, 1939~)와 조지 루카스(George Walton Lucas Jr., 1944~)가 제작에 참여하였다.

토호가 만약 영화화하지 않는 경우에는 도모유키에게 말한 대로 하지 않을 수 없기에 조마조마하였다. 그러나 마음속 깊은 곳에서는 하고 싶지 않았다. 쇼치쿠와 도에이의 외화계열에서 〈가게무샤〉를 개봉한 경우의 MG(영화배급 수입의 최저보증)가 8억 엔 정도로 예상되어, 제작에 10억 들기 때문에 만약 영화가 흥행에서 실패한 경우 2억 정도는 하시모토 프로덕션의 부담이 된다. 이것도 괴롭다. 그러나 무엇보다도 내가 가장 두려웠던 것은, 구로사와의 의견과 내 의견이 현장에서 맞지 않을 때이다. 구로사와는 한발도 물러서지 않는다. 나도 완고하여 한발도 물러서지 않는다. 현장은 수습되지 못하는 대혼란에 빠지고 말 것이다. 그런 구로사와와의 싸움만은 어떻게 해서라도 거절하고 싶었다.

　그만큼 토호가 제작에 뛰어들어 〈가게무샤〉로부터 나를 무죄 방면해 준 것은, 정말로 고마웠지만, 끝이 신통치 않았다.

　〈가게무샤〉의 제작 개시부터 1년 가까이 지난 어느 날, 토호 본사의 영업부에서 직원들과 잡담을 하던 중 〈가게무샤〉의 선전부 직원 한 명이 지나갔다.

　"아, 선생님, 일전의 시사회에는 오시지 않으셨더군요."

　"응, 좀 일이 있어서."

　"오늘은 이제부터 일정이 있으세요?"

　"아니, 딱히 아무것도 없는데."

　"그러면 3층 시사실이 비어 있으니 준비하겠습니다."

　아차하고 생각했지만 늦었다. 선전부 직원은 바로 전화로 시사실 준비를 지시했다. 보기 싫었기 때문에 시사회를 가지 않았는데, 이런 곳에서 생각지도 않게… 자신의 서투른 처세술에 기가 찼다.

'좀 용건이 있어서'라고 말하면 될 것을, 바보같이 정직하게 대답했기 때문에 〈가게무샤〉를 보지 않으면 안 될 처지가 되어 버렸다.

토호 본사의 3층 시사실은 가로가 좁고 세로로 길다.

이 시사실에서 참고를 위하여 영화를 혼자서 보는 일은 그다지 드물지 않다. 하지만 오늘은 사정이 완전히 다르다.

나는 시사실의 한가운데 좌석에 앉아 혼자서 〈가게무샤〉를 보았다. 졸거나 한눈을 팔면 영사실의 기사가 한눈에 알아챈다. 아무리 보고 싶지 않은 영화라도, 등을 꼿꼿이 세우고 화면을 응시할 수밖에 없다. 그것은 일종의 고문이다.

힘들었다. 괴로웠다. 내가 〈가게무샤〉에서 가장 괴로웠던 것은 끝이 보이지 않는 〈가게무샤〉 16,201척(피트), 180분 6초의 길이였다. 그리고 동시에 그건 매우 엄숙하면서도 허무한 공동각본 붕괴의 실감이기도 하였다.[72]

〈란(亂)〉

"아, 선생님, 안 그래도 찾아뵈려고 했는데요."

토호 본사 조정부에 갔다가 사장인 마쓰오카 이사오(松岡功)[73]

72) 〈가게무샤〉는 1980년 4월 개봉되어 그해 일본 영화 흥행수입 1위를 차지하였고, 칸느 국제영화제 그랑프리를 수상하였다.

73) 마쓰오카 이사오(1934~)는 토호의 창립자인 고바야시 이치조(小林一三)의 손자로, 1977년부터 2009년까지 토호의 사장 및 회장을 역임했다. 현재는 명예회장이다.

를 만났다.

"선생님께 부탁드릴 일이 있습니다."

"무슨 일이시죠?"

간사이 사투리가 그대로 튀어나오는 마쓰오카를 만나면, 그만 나도 간사이 사투리를 쓰고 만다.

"시나리오를 하나 읽어 주셨으면 해서요."

"누가 쓴 거죠?"

"〈란〉이라고, 구로사와 선생님이 쓰셨어요."

"구로사와 팀이요? 테마는 뭐지요?"

"셰익스피어의 리어왕입니다."

"셰익스피어의 리어왕?"

나는 순간 본능적으로 손을 내저었다.

"안 됩니다, 그런 어려운 것은 전혀 몰라요."

그 후 그 각본이 어떠한 경위를 거쳤는지 모르지만, 외국영화 배급회사인 헤럴드[74]에서의 제작이 정해져 성대한 제작발표회가 행해졌다.

나는 토호의 마쓰오카에게 각본을 읽어 달라고 의뢰받았을 때는, 〈가게무샤〉의 전철을 밟을까 봐 그 자리에서 거절했지만, 내심으로는 이 영화가 제작되어 완성되기를 기대하고 있었다.

〈가게무샤〉 각본의 실패를 누구보다도 잘 알고 있는 것은 구로사와이고, 이번의 〈란〉은 〈가게무샤〉의 실패를 만회하기 위한 승

---

74) 일본헤럴드영화주식회사를 말한다. 1956년 창업한 이 회사는 외국영화 배급을 주로 해오다가 2005년 가도카와 영화로 흡수되었다.

부수이다. 집필자에는 오구니 히데오의 이름도 들어가 있다. 구로
사와 아키라, 오구니 히데오, 이데 마사토 세 명이다. 공동각본은
〈가게무샤〉에서 끝나 버렸다고 생각하고 있었는데… 그렇다면
이는 그의 부활을 건, 기사회생의 작품이다.

그런데 일이 있어 간사이에 가게 되어, 오구니 히데오의 집에
들러 보았다. 교토에서의 작업이 많은 오구니는, 도쿄에서 떠나 비
와호(琵琶湖) 동쪽 호반 가까이에 이주하여, 호동삼산(湖東三山)[75]
의 하나인 백제사(百濟寺)가 위치한 산기슭의 촌락에 살고 있다.

"오구니 씨, 드디어 〈란〉이 헤럴드에서 제작을 시작하네요."

"세상은 넓어. 그런 각본을 영화로 만드는 이도 있어."

"예?"

"하시모토 군, 리어왕이라는 이야기는 리어왕의 일인칭 같은
것이잖아요. 그런데 가장 중요한 리어왕의 심정을 알 수 없다면
말도 안 되는 거잖아."

"리어왕의 마음을 알 수 없다고요?"

"인물 설정이 제대로 되어 있지 않아."

오구니 히데오는 집필 중에 구로사와와 의견이 맞지 않아, 다
툰 끝에 일을 접고 도중에 돌아왔다고 한다. 오구니의 설명에 의
하면, 셰익스피어의 경우는 리어왕이라고 쓰기만 하여도—영국
의 왕실, 왕위, 왕권, 풍습, 습속, 정치형태, 귀족과 서민의 관계 등
을 제3자라도 어느 정도 잘 알고 있기 때문에, 리어왕 자체에 존

---

75) 호동삼산은 비와호 동쪽 산기슭에 위치한 서명사(西明寺), 금강륜사(金剛
輪寺), 백제사 등 천태종 사원 세 곳을 통틀어 일컫는 말이다.

재감이 있고 그의 심정도 잘 알 수 있다.

그러나 이것을 일본으로 가져오기는 쉽지 않다.

특히 전국시대로 한다면, 조상 대대로 이어지는 성주인지 또는 갑자기 그 자리에 올라선 자인지를 먼저 설정하지 않으면 안 된다. 그리고 그의 성장과정으로 소년시절부터 청년시절 그리고 장년부터 만년까지를 상정하여, 드라마가 시작하기까지의 중요 포인트를 추출하여, 가신이 본 영주, 백성이 본 영주라고 써넣어, 그가 무엇을 생각하고, 무엇을 꿈꾸고, 무엇을 원하고, 어떻게 살아왔는지를 설정하는 것이 절대 조건이다. 그런 작업을 하지 않고 각본을 써나가면, 가장 긴요한 그의 심정을 잘 알 수 없어, 한 영주가 나이가 들어 단지 영문 없이 자식들 사이를 왔다 갔다 하는 노인의 이야기가 되어 버린다.

나는 문득 고개를 들었다. 〈가게무샤〉를 생각해 낸 것이다. 〈가게무샤〉도 주역인 가게무샤와 진짜 다케다 신겐의 인물상이 다 같이 빈약하고, 인물 설정이 거의 되어 있지 않았다. 무언가 기묘한 일치이다.

요네하라에서 탄 도쿄행 신칸센은 막차로, 드문드문 승객이 앉은 한산한 차 안에서 나는 생각에 빠졌다. 백제사에 있는 오구니 집에는 그의 건강한 얼굴을 한 번이라도 봐야지 하고 들렀는데, 부인이 거창한 식사를 주문하고 오구니가 기분 좋아 술을 마시기 시작했기에, 일어서기가 뭐해서 그만 자리가 길어지고 말았다.

여하튼 오구니가 일을 도중에서 포기하다니 보통일이 아니다. 하지만 오구니에게도 한 번 말하기 시작하면 상대가 누구이든 전혀 듣지 않는 완고한 면이 있고, 구로사와에게는 구로사와의 사

정이… 무언가를 노리는 다른 생각이 있을지 모른다. 〈가게무샤〉
의 실패로 구로사와에게는 더 이상 물러날 곳이 없다. 그것이 같
은 실패, 인물 설정의 전무와 빈약은 생각할 수 없고, 각본도 오구
니 히데오가 분개할 정도로 완성도가 떨어지는 것이 아니고, 또
한 연출에도 나름대로의 의도가… 다른 사람에게는 예측할 수 없
는 것이 있지 않을까라는 생각도 든다. 예전에 지카마쓰 몬자에
몬이 쓰루야 난보쿠로 변신한 듯한 능수능란한 솜씨도 있고, 어
쨌든 구로사와는 운이 강하다. 〈도라 도라 도라〉에서 감독 자리
에서 강판당하고, 일본의 영화회사는 더 이상 누구도 상대치 않
아 막다른 곳에 몰려 빠져나갈 구멍이 없다고 생각되었을 때에도,
갑자기 소련으로부터 제의가 들어와 〈데루스 우잘라〉를 제작하
지 않았던가.

그는 운이 강하기에 〈란〉에는 무언가, 특별히 기대하는 것이
있지 않을까.

완성된 〈란〉의 시사회는 유라쿠초에 있는 토호의 극장에서 열
렸다.

나는 부랴부랴 집을 나섰다. 나는 영화를 보러 가도 재미없으
면 재빨리 영화관을 나가버리는 버릇이 있다. 시작해서 3분이든
5분이든 시간과는 상관이 없다. 도중에 나오는 일은 실례라서 시
사회에는 가능하면 가지 않고, 간다면 처음부터 끝까지 봐 줄 수
있다는 확신과 예측이 있는 작품뿐이다. 그러나 그날은 그러한
걱정이나 불안이 전혀 없었다.

극장은 만원이었다. 주최가 헤럴드인지 배급을 맡은 토호인지

알지 못했지만, 좌석은 만석이지만 입석을 들이지 않아 보조의자가 필요 없는 착석 상황으로, 너무나도 프로답게 초대장을 딱 맞추어서 보낸 것이다.

영화 〈란〉이 사람들이 기대하는 최고의 분위기 속에서 시작하였다.

그러나 시작하자마자 나는 고개를 갸우뚱하였다.

처음은 몰이꾼이 멧돼지를 모는 사냥 장면이고, 사냥 후의 연회가 이어진다. 사냥으로 포획한 동물들을 불에 구워, 격식 없이 술을 마시는 장면일까라고 생각했지만 그렇지 않다. 사람들은 의복을 단정히 하고 경건한 표정으로, 영주(리어왕)[76]의 말에 귀를 기울이며, 행동거지도 모두다 노(能)의 배우처럼 단아하다.

영화의 독자적이고 리얼한 영상미가 아니라, 너무나도 분명한 양식미가 선행하여 묘한 위화감을 느끼게 하고, 이 영화가 과연 재미있어질까라는 불안이 조금씩 더해 가는 와중에, 스토리가 움직이기 시작한다.

리어왕은 연회에서 영주의 자리를 장남에게 물려준다. 하지만 삼남이 강하게 반발하자, 격노하여 삼남과의 연을 끊고 추방한다. 그러나 영주가 된 장남은 아버지를 소홀히 대우하여, 성난 리어왕은 자식이 너 하나뿐이 아니라고 하며, 가신과 측실을 이끌고 제1성을 나와 제2성에 있는 차남을 찾아간다.

하지만 차남은 이미 형으로부터 통보를 받아, 아버지가 받아들

---

76) 필자는 리어왕이라고 쓰고 있지만, 영화 속 이름은 이치몬지 히데토라(一文字秀虎)이다.

일 수 없는 조건임을 알면서도, 리어왕 혼자면 괜찮지만 다른 이들은 받아들일 수 없다고 말하며 성에 들이려고 하지 않는다. 리어왕은 어쩔 수 없이 수많은 가신과 측실을 거느린 채로 영지를 방랑하기 시작한다.

나카다이 다쓰야(仲代達矢)[77]가 맡은 리어왕은 뚜렷한 이미지로 인상이 강하다. 말에도 행동에도 강약이 있다. 하지만 가장 중요한 그의 심정에는 이해 안 되는 면이 있어, 일방적으로 억지스럽게 스토리를 밀어붙이는 듯한 압박감을 느끼게 하였고, 좀 뻔뻔함이 느껴졌다.

나는 영화관을 벌써 나가고 싶어졌다. 하지만 들어올 때 로비와 홀에서 많은 사람과 얼굴을 마주하고 인사를 건넸다. 헤럴드의 관계자, 토호의 관계자, 수많은 지인과 비평가… 내가 여기서 일어나서 극장을 나가는 것은 당치도 않은 이단자의 파렴치한 행위로, 도저히 있을 수 없는 일이다.

내 눈은 그만 화면에서 벗어나 시선이 관객의 뒷모습으로 옮겨 갔다. 내 자리는 중앙의 뒤쪽이어서 앞쪽의 관객석이 잘 보인다. 보통 나는 관객의 반응을, 즐기고 있는지 지루해 하는지를 객석의 뒤쪽 중앙에 서서 관객의 등과 머리의 움직임으로 판단한다.

따라서 나는 〈란〉을 보고 있는 관객의 반응을 그 자리에서 절절히 알 수 있었다. 관객은 분명히 당황해 하고 있다. 아직 모든

---

77) 나카다이 다쓰야(1932~)는 일본을 대표하는 배우로, 출연한 영화가 세계 3대 국제영화제 및 아카데미상을 모두 수상하였다. 구로사와 아키라의 영화 다섯 편(〈요진보〉, 〈쓰바키 산주로〉, 〈천국과 지옥〉, 〈가게무샤〉, 〈란〉)에 출연하였다.

신경을 화면에 집중은 하고 있지만, 이 영화를 어떻게 받아들여야 할지를 잘 모르는 듯하다.

나는 팔짱을 끼었다.

모든 것은 오구니 히데오가 분개한 대로다. 인물 설정의 결여는 분명한 각본의 실수이다. 아니 단지 인물 설정의 결여뿐 아니라, 더욱 치명적인 것은 스토리의 구성도 극의 흐름에 맡기고 있는 점이다.

리어왕이 많은 가신과 측실을 거느린 채로 영지를 방랑하지만, 그만큼의 많은 사람들이 매번 숙박은 어떻게 하며 아침저녁의 식사는 어떻게 하는지가 전혀 알 수 없어, 스토리의 억지스러움만이 두드러진다.

관객은 아직 신경을 화면에 어떻게든 집중하고 있지만, 인내력에도 한계가 있어 조금 있다가 긴장을 견딜 수 없게 되고 이후는 단지 힘들 뿐이다.

〈란〉도 〈가게무샤〉와 마찬가지로, 여러 명의 작가가 동일 장면에 임하는 '복안의 눈'(객관성)이 결여되어, 일방적인 주관에 의한 결함이 각본에 뒤엉켜 있는 실패작이다.

내 눈에는 화면과 중첩되어—비와호 동쪽 백제사 기슭에 있는 오구니의 집과 자작으로 술을 마시는 오구니의 모습이 떠올랐다.

"리어왕이라니, 그렇게 소재 자체에 정성을 들였나요?"

"아니 그렇지도… 관건은 사전준비와 전개 순서인데, 〈란〉은 일체 그런 것이 없어."

"셰익스피어 작품은 옛날에 뭐였죠? 맥베스였나요, 〈숨은 요새의 세 악인〉? 아니 〈거미의 성〉이던가요?"

"그때와는 다르지. 〈거미의 성〉에는 장기로 말하면 차와 포가 갖추어졌지."

"차와 포?"

"자네와 기쿠시마, 하시모토 시노부와 기쿠시마 류조말이야… 지금과는 전력이 달라."

"그러고 보니 그때는 스타 작가 총출동이라는 느낌이었어요. 이마이하마 시절은 즐거웠죠."

"그때와는 차이가 있어도 너무 있어. 게다가 내가 있으면 모를까, 구로사와와 이데 마사토만으로는… 아니 이데에게 구로사와는 너무나 벅차."

갑자기 오구니의 모습은 사라지고 나는 깜짝 놀라 화면을 응시했다.

생각지도 않은 대전쟁이 시작하려고 하였다.

제3성에 들어간 리어왕을, 장남과 차남의 대군이 정문과 뒷문을 통해 공격해 들어오고 있다. 제3성은 연을 끊고 추방한 삼남의 성으로, 삼남은 성을 나와 이웃의 후지마키(藤卷)의 영지에 가서, 후지마키의 딸과 혼례를 올렸고, 리어왕은 삼남과 그의 가신들의 모습이 없는, 얼마 안 되는 주민만이 남은 제3성에 들어가 있었던 것이다.

하지만 이는 장남과 차남의 책략이었다. 이웃의 후지마키는 삼남을 데릴사위로 삼아 군세까지 자신의 손에 넣었고, 그 삼남의 성에는 리어왕이 있다. 후지마키는 대군을 일으켜 제3성으로 쳐들어가, 리어왕을 포로로 하여 제1성과 제2성을 공략하고, 영지를 자신의 것으로 하려 할 속셈이다. 따라서 장남과 차남은 그전에 제3성의 리어왕을 공격하여 화근을 없애 버리려 한다. 왠지 꾸밈이 많은 '아버지 죽이기'식의 스토리이다.

그러나 전투장면은 장렬하면서 박력이 있다.

리어왕의 가신은 차례차례 살육당하고, 성에는 불이 붙어 하얀 연기와 불꽃이 퍼지기 시작한다. 리어왕은 난투 끝에 칼이 부러져 더 이상 할복할 칼도 남지 않았다.

롱샷으로 불타오르는 성, 그 불꽃의 성으로부터 한 명의 노인이 휘청휘청거리며 걸어 나온다. 하얀 옷에 백발을 치세운, 미쳐 버린 요괴와 같은 리어왕이다.

나는 무심코 "아!"라고 소리를 내었다. 불꽃의 성을 뒤로한 요괴 같은 리어왕이 순간 구로사와 아키라로 보였기 때문이다.

하지만 이는 순간의 착각으로, 분명히 나카다이 다쓰야가 분장한 리어왕이다.

제3성이 불타 버려도 이야기는 일단락되지 않고 파란만장하다.

성을 공격하는 혼란 속에서, 차남의 부하가 장남(영주)을 철포로 쏘아죽이고, 차남이 영주가 되어 제1성에 입성한다. 장남의 부인은 차남을 유혹한다. 이 여자는 원래부터 이 성에 있던 사람으로, 리어왕에게 육친들이 살해당하여 장남의 부인이 되었기에, 리어왕과 그 일족에게는 말할 수 없는 원한 섞인 저주를 품고 있다.

그리고 미쳐 버린 리어왕은 방랑하다가, 자신이 죽인 일족의 자식을 만난다. 생명을 구해 주는 조건으로 그 눈을 못 쓰게 만들어 맹인이 된 청년의 집을 하룻밤의 숙소로 하여, 원한을 초월하는 피리 소리를 듣기도 하고… 쟁란과 살육의 처참한 전투장면, 숙명적인 남녀의 정사, 광기와 제정신을 넘나드는 기백 넘치는 리어왕의 애수, 은혜와 복수를 가로지르는 으스스한 인연 이야기 등, 역사극의 재미있는 재료가 전부 갖추어져 있다. 그럼에도 불구하고 이상하게도 재미가 없다. 격조 높고 양식미가 훌륭한 연출이지만, 이들이 필연성으로 엮어지지 못하고, 그건 그거 이건 이거로 따로따로 놓여 있다고밖에 할 수 없다.

나는 이미 알고 있었다.

'과다한 감정이입… 아니 과다함의 정도를 훨씬 뛰어넘었어.'

극에 등장하는 인물은 작가가 어느 정도의 감정이입을 하지 않으면 살아 움직이지 않는 것도 사실이다. 그러나 거기에는 한계가 있다.

불타오르는 불꽃의 성으로부터 비틀거리며 나오는 미친 리어왕, 그가 구로사와로 보인 때부터 나는 깨닫고 있었다.

'영화 〈란〉의 각본은 리어왕이 직접… 아니 구로사와가 리어왕이 된 심정으로 쓴 것이다.'

구로사와의 노림수는 직설적이라 잘 알 수 있다. 이거라면 테마도, 스토리도, 인물 설정도 필요 없다. 등장인물이 생각하는 대로, 뜻하는 대로 이야기를 진행시키면 된다. 그러나 작가와 작품에 등장하는 인물은 동일인물이 아니라, 개개의 인격을 가진 다른 인간이고, 그 심정에는 작가라 하더라도 끼어들 여지가 없어, 추측 또는 상상할 수밖에 없다.

이를 굳이 동일시하려고 하면 분명히 감정이입의 한계를 뛰어넘기 때문에, 객관성을 잃고 등장인물의 자아뿐인 주장에 빠져 독선적인 작품이 되어 버린다.

등장인물의 주관만으로 쓰인 각본, 객관성이 일체 결여된 각본,

그건 제3자에게 오만불손하고 너무 강요하는 듯이 보인다.

나는 답답해져 참고 영화를 볼 수 없었다.

화면에서는 미친 리어왕이 풀로 만들어진 왕관을 쓰고, 투구라고 하며 기뻐하고 있다. 형편에 따라서 다시 제정신으로 돌아오기도 한다. 무언가 뻔뻔해 보이는 그 장면이 갑자기 어두워져 사라지고 비와호 동쪽 백제사 기슭에 있는 오구니의 집이 된다. 오구니가 곰곰이 생각하며 술을 자작하고 있다.

"구로사와는 축복받은 감독이었어."

"?"

"나는 이름 있는 감독과 일을 많이 해왔지. 누구라도 모두 고생을⋯ 각본에는 갖은 고생을 다하지. 영화는 각본 나름이니까. 그 점에서 구로사와는 축복받았어. 전속이라 할 수 있는 각본가 팀이 있었으니까."

"⋯."

"구로사와 작품은 말이야, 그때그때 채택한 재료와 그때그때 작가의 종합력, 그것을 그대로 반영한 것, 그것이 구로사와 작품이야."

잠깐 대화가 끊겼다.

"그러나 구로사와 씨에게는 구로사와 씨 나름대로의, 리더로서의 이러저러한 노고도 있지 않았을까요?"

"그런 것은 있었겠지, 그러나 그건 대수롭지 않은 일이야."

"아니 그렇지도 않습니다."

"어째서?"

"저는 이런 이야기를 들은 적이 있습니다. 구로사와 씨는 제가 언젠가 감독 일에 손을 댈 것이라고 생각하고, 하시모토 군 감독할 때에는 무엇이 중요한지, 자네 알고 있나? 가장 중요한 것은 혼자서 쓴 각본은 괜찮지만, 다른 작가와 함께하는 경우에는 현장에서 어떻게 하느냐보다, 우선 함께 쓰는 작가를 어떻게 다루느냐에 승부가 달려 있어, 라고 한 적이 있습니다."

오구니는 묵묵히 나를 쳐다보았다.

"현장에서 스태프와 배우는 꾸짖으면 돼. 그러나 작가는 그렇게 안 돼. 소리치면 그쪽도 소리치고, 말을 안 하면 편하지만 날림으로 일을 하게 돼. 이렇게 다루기 어려운 사람들은 없어. 이들에게 일을 시키기 위해서는, 때로는 이들이 쓸 수 없을 정도로 잘 써서 보여야 해. 그러면 갑자기 눈빛을 바꾸고, 없던 힘도 쥐어짜서 쓰게 되거든."

"…"

"구로사와 씨는 당신과 저로부터 어떻게 하면 가진 힘을 끄집어 낼 수 있을까를 필사적으로 고심했던 모양입니다. 그리고…"
라 말하고 잠깐 쉬고,

"저는 구로사와 작품은 여덟 편입니다만, 서방님과 기쿠시마 씨는 더 많지 않나요?"

"나는 열 편 정도던가? 기쿠시마도 마찬가지일 거야."

"서방님과 기쿠시마 씨, 그리고 저… 이런 성격 있는, 보통으로 해서는 상대할 수 없는 사람들을 모아 하나하나 작업을 해나간다…. 그런 일이 다른 사람에게 가능하겠습니까?"

오구니는 침묵에 빠졌다.

비와호 동쪽 마을은 아직 초저녁인데 고요하여, 아무런 소리도 나지 않았다.

"아마도 구로사와 씨니까 가능했다고… 그 점에서 저는 구로사와 앞에도 구로사와가 없고, 구로사와 뒤에도 구로사와가 없다고… 금후는 구로사와 씨와 같이 강력한 작가 팀을 꾸려 그 리더가 되는 영화감독은 더 이상 나오지 않으리라 생각합니다."

오구니는 자작으로 한 잔 마셨다.

"확실히 자네가 말한 대로야."

오구니는 또 자작으로 한 잔 마시고,

"그래도 그건 이미 끝났어."

담배에 불을 붙여 한 번 피우고는, 눈을 가늘게 하며,

"그러나 정말로 잘 꾸려졌던 팀이었지. 전반부는 자네, 하시모토 시노부가 주전투수, 후반부는 기쿠시마 류조… 일본 영화계의 쌍벽이다. 그러나 먼저 하시모토가 떠나고, 이어서 기쿠시마가… 구원과 마무리를 담당하던 나마저도 떠났으니… 구로사와와 이데 마사토 둘이서는 아무것도 안 돼. 일본 영화사에 수많은 명작과 가작을 남긴 구로사와 팀의 공동각본도 결국 〈란〉에서 붕괴… 끝났어."

하지만 영화 〈란〉은 아직 끝나지 않았다. 철포의 일제사격으로 처절한 전투가 시작되었다. 이웃 후지마키의 영지로부터 삼남이 부하를 이끌고, 아버지 리어왕을 구출하기 위해 와서, 영주인 차남의 군대와 싸우고 있다. 삼남은 차남의 군을 물리치고, 황야를 떠돌다 쓰러진 리어왕을 발견하여 구출한다.

전투장면은 이전 작품 〈가게무샤〉보다도 훨씬 힘이 넘치고 재미있다. 그러나 드라마 부분이 되면, 각본의 결함이 노출되어 질

감이 뚝 떨어진다. 리어왕은 제정신으로 돌아와 와락 삼남을 껴안는다. 자신을 육친으로서 사랑해 주었던 것은 이 삼남뿐이다. 그러나 가장 감동적이어야 할 이 장면도 왠지 딴 사람 일만 같아, 이상하리만큼 감동이 제3자에게 전달되지 않는다.

삼남은 리어왕을 말에 태우고 돌아가려 한다. 하지만 생각지도 않은 장소에서 매복병의 사격을 받아 사망한다. 리어왕은 미친 듯이 삼남에게 매달리고, 극도의 격한 충격으로 삼남 옆에서 숨이 끊어지고 만다.

그때 제1성에서는 또 다른 이웃 세력인 아야베(綾部) 군이 쳐들어와, 차남과 그 부인도 최후를 맞는다. 리어왕의 혈통은 이처럼 전원 사망하여 이치몬지(一文字) 가문의 멸망으로 〈란〉이 끝난다.

〈가게무샤〉의 개봉은 1980년이고 〈란〉의 개봉은 1985년이니까, 5년의 세월이 지났다. 그러므로 나는 당연히 〈가게무샤〉의 각본이 먼저이고, 〈란〉이 나중이라고 생각했다.

그런데 매우 시간이 흐른 뒤에 알게 된 사실인데, 〈가게무샤〉보다도 〈란〉의 각본이 먼저 쓰였다고 한다. 그러나 〈란〉의 제작비가 너무 많이 들어 제작을 맡으려는 영화회사가 없어, 어쩔 수 없이 〈가게무샤〉를 썼고 〈가게무샤〉 쪽이 먼저 영화화되었다고 한다.

각본으로서는 〈가게무샤〉보다도 〈란〉 쪽이 빨라서, 순서로는 〈란〉 다음에 〈가게무샤〉이다.

각본으로서 〈가게무샤〉보다도 〈란〉 쪽이 빠르다, 나는 이 사실로부터 실패작이 거듭하는 공동각본의 붕괴에도 일정한 질서가 있음을 배웠다.

공동각본의 붕괴는 분명히 〈란〉에서 시작하였다. 그것이 〈가게무샤〉에 이르러 결정적인 실패작으로 모습을 갖춘 것이다. 패전 때부터 39년간 이어진, 23편이라는 의욕적인 구로사와 아키라의 작품을 영상의 세계로 배출해 온 공동각본도 마지막 두 작품의 누적된 실패의 비대화에 의하여, 그 존재의의를 상실하고 부활할 수 없는 영원한 종지부를 찍었다.

구로사와 아키라의 그 후

구로사와가 나에게 건넨 말 중에는 인상적이라서 잘 기억하고
있는 것이 있다.

　"하시모토 군, 작가에게는 자서전이 있지."

　"네, 있습니다."

　"어느 것을 읽어도 재미있어. 인간의 일생에는 우여곡절이 있
으니까. 그래도 나는 자서전은 더 이상 써낼 작품이 없을 때… 즉
가장 최후에 써야 한다고 생각해."

　나도 그런 생각이 들어서 끄덕이자,

　"나는 자서전이 그 사람의 유서라고 생각해."

　구로사와가 〈꿈〉을 언제부터 쓰기 시작했는지 나는 모른다. 그
러나 약 40년간 이어진 공동각본이 〈란〉, 아니 〈가게무샤〉로 끝
났을 때, 그 이후부터는 무엇을 써도 혼자서 쓰게 되었을 때, 가장
처음으로 손을 댄 것이 이 작품이 아닐까라고 생각된다.

　〈꿈〉은 구로사와가 어렸을 때부터 꾼 꿈을 여덟 개 이어 만든
옴니버스, 말하자면 구로사와의 자서전이다.[78]

---

78) 구로사와 아키라의 자서전 『두꺼비 기름—자서전과 같은 것(蝦蟇の油—

감독은 체력을 필요로 하는 직업이다. 구로사와도 당시 일흔아홉으로 여든에 가까웠다. 그러므로 이것이 마지막 작품이 될지도 모른다. 그러한 마음가짐으로 각본을 쓰고, 현장에 임하고, 마무리지었다 하여도 이상하지 않다.

완성된 〈꿈〉의 시사회가 열린 곳은, 우연히도 〈란〉의 시사회와 같은 긴자의 토호 극장이었다. 〈란〉으로부터는 5년의 세월이 흘렀다.

나는 각본을 읽었으면 영화는 보지 않는다. 각본을 읽으면 영화를 보는 것과 마찬가지로, 같은 영화를 두 번 볼 필요는 없기 때문이다. 하지만 〈꿈〉은 각본을 읽었지만 시사회에 갔다. 〈꿈〉은 구로사와의 자서전, 즉 최후의 작품으로 나에게는 구로사와의 유서이기도 했기 때문이다.

하지만 시사회가 시작하자, 그러한 나의 생각과 심정에 마치 찬물을 끼얹듯이, 작품은 아름다웠고 무겁지 않고 즐거웠다.

〈꿈〉은 여덟 개의 에피소드로 구성된다. 제1화는 「여우비」로 대문과 이어지는 검은 담 오른쪽 위에 각본에는 나와 있지 않은, '구로사와'라고 쓰인 문패가 걸려 있다. 무언가 이 작품에 거는 구로사와의 각오를 느낄 수 있다.

제1화 「여우비」도, 제2화 「복숭아밭」도 나의 어린 시절을 떠올리게 하여 마음속 깊은 곳이 달콤하면서도 쓰라린 옛 기억으로 너무나도 정겨웠다. 구로사와는 나보다 여덟 살 위지만 세대 감

自傳のようなもの)」은 1984년에 출판되었다. 이는 한국어로도 번역된 적이 있지만(오세필 역, 『감독의 길』 민음사, 1994), 영어 번역본을 중역한 것이다.

각으로는 동세대라 할 수 있다.

제3화 「눈보라」는 개운치 않다. 무시무시한 설녀(雪女)가 이래도 버티겠느냐는 식으로 집요하게 계속 공격하기에 보기 힘들다.

이 영화 〈꿈〉은 구로사와의 좋은 점과 나쁜 점이 그대로 드러나는 작품이 될 것인가. 하지만 개개의 에피소드가 독립되어 앞뒤로 연결되지 않는다. 그러므로 결점이 있어도 그뿐으로, 다른 에피소드를 새로운 기분으로 볼 수 있다. 옴니버스란 고마운 것이다.

제4화 「터널」

중무장한 군부대가 터널의 어둠속에서 나온다.

나는 강렬한 충격에 숨을 죽이고 엉겁결에 입속에서 외친다. 해냈어! 이거야, 이거! 내가 기다리고 기다리던 것은 이 장면으로, 처음으로 보는 컬러작품의 영상미이다.

'좋아요, 좋아. 이건 좋아요! 구로사와 씨!'

흑백시절의 영화는 빛과 그림자로, 그것들이 어우러지는 흑백의 미학은 수많은 작품에 등장하여 귀중하다고는 해도 그다지 진귀하지는 않다. 그러나 컬러필름은 빛과 그림자의 대비가 아니라 모든 것에 색을 입히기 때문에, 영상미라 할 수 있는 것은 어려움의 한계를 뛰어넘어 거의 불가능에 가깝다. 그만큼 제4화의 이 명암을 이용한 장면은, 컬러작품으로서는 아마도 세계에서 처음이라 할 수 있는 영상의 미학을, 구로사와의 손에 의해 달성한 귀중한 기념비이기도 하다.

나는 환희로 온몸이 떨렸다.

제5화 「까마귀」

시나리오로 읽었을 때, 200자 원고지 37~8매 정도의 짧은 것이지만, 나는 이 제5화 「까마귀」가 가장 좋았다. 근사하지만 어딘가 매우 슬픈 이야기이다.

고흐의 그림 속에 있던 도개교 위의 마차와 세탁하는 여인들이 움직이기도 하고, 움직이던 사람이 그림 속으로 들어가기도 하여, '어어, 어어' 하며 숨을 죽이는 즐거움으로 관객을 화면 속으로 빨려 들어가게 한다.

하지만 이야기 자체는 너무나도 슬프다. 화가 고흐가 얼굴에 붕대를 감고 있기에, 구로사와의 젊은 시절에 해당하는 주인공이 물어본다.

"괜찮으십니까, 다치신 것 같은데요"

"아, 이거… 어제 자화상을 그리다가 귀가 잘 그려지지 않아서… 그래서 귀를 잘라 버렸어."[79]

이런 슬픈 이야기가 이 세상에 또 있을까.

동시에 이 고흐 장면으로, 이제까지는 99% 그렇지 않을까라고 추측하였지만, 그러나 확증이 없어서 결론을 내릴 수 없었던 점이 분명하게 윤곽을 드러냈다. 즉 나에게 구로사와에 관한 최대의 관심사는, 각본의 완성도를 좌우하는 집필방법, 성공의 확률이 비교적 높은 '작가 선행형'을 왜 결함이 많은 '곧바로 최종판'으로 했느냐였는데… 그것에 대하여 구로사와 자신이 그 의도를 이 〈꿈〉의 제5화에서 시사하고 있는 것이다.

〈가게무샤〉의 각본을 다 읽고 예상외로 완성도가 떨어짐에

---

79) 고흐 역으로 영화감독 마틴 스콜세지(Martin Scorsese, 1942~)가 등장한다.

놀랐을 때, 나는 시나리오에 임하는 우리 둘의 간극, 그 괴리가 큼에 놀랐다. 이전에는 같은 길을 가고 있었지만, 어느샌가 둘은 서로 다른 길을… 그 기로는 〈7인의 사무라이〉라고밖에 생각할 수 없다.

〈7인의 사무라이〉가 끝난 후, 나는 장인으로서 시나리오를 쓰는 '자와 컴퍼스'를 얻었지만, 구로사와는 반대로 이제까지 손에 가지고 있던 배열법칙, 비약, 자유분방, 비할 수 없을 정도로 독창적인 그만의 '자와 컴퍼스'를 모두 버렸던 것이다.

그렇다면 왜? 어째서? 그 이유는 망막하고 깊은 수수께끼 같아 명확하지 않았지만, 지금은 확실히 말할 수 있다. 고흐가 잡념이 들어가는 귀를 스스로 잘라 버렸듯이, 구로사와도 감이나 요령 등의 사전준비에 가장 필요한 것들(자와 컴퍼스)을 방해가 된다고 하여 일절 잘라 버린 것이다.

구로사와는 이야기를 예견하는 것을 싫어하고 극단적으로 혐오하는 경향이 있다.

"천재가 아닌 이상, 출발점부터 마지막까지를 전부 간파할 수는 없다."

집필, 즉 마라톤 경주 도중에 턱과 얼굴을 드는 행위는, 힘들어서 무언가에 의지하여 앞을 바라보는 일이기도 하지만, 그러나 끝이 보일 리 없고 더욱 숨이 차서 발이 멈추고 만다.

"일은 하루라도 쉬어서는 안 된다."
라는 그의 시나리오 철학의 전제가 바로 철저한 예견의 금지이다.

또한 자신들은 천재가 아니니까 앞을 읽으려 해도 보일 리가 없다. 만약 앞을 읽으려고 해서 그것이 보인 경우는, 보일 리가 없는 것이 보였기 때문에 착각일지 모른다… 그 착각을 실마리로 작업을 진행시키는 것은 가장 위험하다며 모든 추측을 강하게 경계했다.

구로사와는 〈7인의 사무라이〉가 끝났을 때에 깊은 생각에 빠진 것이다.

〈7인의 사무라이〉는 세상 빛을 보지 못한 〈사무라이의 하루〉와 〈일본검객열전〉에서 우연히 파생된, 돌연변이적인 성공사례이기에… 금후 이와 마찬가지로 '작가 선행형'을 아무리 강력히 해보아도, 그러한 우연의 산물이나 돌연변이는 기대할 수 없고, 결과적으로 〈7인의 사무라이〉를 뛰어넘기는커녕, 그와 비슷한 수준도 도저히 바랄 수 없다. 바꾸어 말하면 '작가 선행형'의 종착지, 그것이 〈7인의 사무라이〉라고 할 수 있다.

그렇다면 이제부터는 어떻게 하나?

아니 그전에 '작가 선행형' 자체를 다시 생각해 볼 필요가 있지 않을까.

종래의 경험법칙(자와 컴퍼스)을 아무리 효율적으로 구사하여도, 새로운 재미있는 작품이 만들어질 가능성은 이제 없지 않을까. 즉 '자와 컴퍼스'와 같은 것은 선견이랄까 예견을 필요로 하는, 테마나 스토리, 인물 설정, 이야기의 구성 등에 있어서 가장 힘을 발휘하지만… 만들어야 하는 골격을 불확실하기 그지없는 선견이나 예견에 의지하는 것은, 작품은 아직 편린조차 만들어지지 않았는데 만들어야 할 대부분을 애매모호한 상태에서 예견하여 형성하기 때문에, 작품이 그 틀 속에 움츠러들어 왜소화되어 모양이 일그러져 버린다.

우선 이러한 종래의 사전준비 같은 것을 일절 없애지 않는 한, 새로운 작품의 가능성은 없고 따라서 최종판을 위한 준비 원고, 즉 작가가 사전협의를 통해 선행하는 초고의 필요가 없어진다. 앞으로는 테마도 없고, 스토리도 없고, 인물 설정도, 이야기의 구성도 없는, '곧바로 최종판'으로 괜찮은 것이다.

이처럼 구로사와는 이러한 사전준비와 같은 것이 작품의 진행과 더불어 자연히 조성되어, 완성된 작품 속에서 명확한 형태를 보이는 것이 가장 이상적이고, 또한 자연스럽다고 판단 내린 것이 아닐까.

두 사람의 기로, 나는 〈7인의 사무라이〉에서 간신히 자와 컴퍼스를 얻어, 이럭저럭 장인의 틈에 끼어들 수 있었지만, 반대로 구로사와는 나의 억측에 따르면, 자와 컴퍼스를 버린 것이다. 그렇다면 이제 장인임을 거부한 구로사와는 도대체 무엇이 되었는가? 고흐의 귀 자르기가 예술가의 본성이라면, 마치 그것이 암시하듯이 구로사와도 예술가가?… 그렇다. 구로사와는 최고급의 기량을 자랑하는 위대한 장인에서, 한 사람의 예술가로 변모한 것이다.

〈7인의 사무라이〉에 이은 〈산 자의 기록〉부터는 각본을 쓰는 법이 크게 바뀌었지만, 나는 그것이 장인과 예술가의 차이로부터 오는 것이라고는 전혀 눈치 채지 못했다. 하지만 눈에 보이지 않는 차이는 서서히 커져서, '곧바로 최종판'으로 크게 성공한 세 작품, 〈요진보〉〈쓰바키 산주로〉〈천국과 지옥〉에서는 확실히 눈에 보이는 커다란 차이가 되고, 지금 생각해 보면 〈도라 도라 도라〉의 불상사는 자본에 종속하는 장인이라면 절대로 일어날 사태가 아니었고, 자신이 찍으려는 쪽으로… 아니 자신의 생각대로밖에 찍을 수 없는 예술가가 되었기 때문에 일어난 비극이 아니었을까.

실의의 나락에서 촬영한 〈도데스카덴〉에서는 예산규모와 그 밖의 모든 것이 극단적으로 적었던 탓인지, 나는 구로사와의 그러한 특별한 예술가 의식은 찾아볼 수 없었다. 하지만 불사신과 같은 복귀, 붉은 나라에서의 국빈대우로 〈데루스 우잘라〉의 촬영을 끝내고 일본으로 돌아와 건곤일척으로 임한 〈란〉에서는 결정적인 형태로 나아간 것이다.

〈꿈〉의 제5화 「까마귀」에서의 고흐의 대사가 그 점을 명확히 보여 준다.

주변풍경이 평범하여 좋은 그림이 되지 않기에, 젊은 구로사와는 그리지 않는다. 그러자 고흐가 강하게 나무란다.

"왜 그리지 않지? 그림이 될 만한 것이 그림이 되는 게 아니야. 어떤 자연이라도 잘 보고 있으면 아름답게 보여. 자연은 꿈과 같은 그림이 되어 나에게 다가오는 거야."

그려야 할 것을 단지 가만히 뚫어지게 쳐다보기만 하면 된다.

영화도 첫 장면을 쳐다보기만 하면 된다.

따라서 영화는 첫 장면이 가장 중요하여, 그것만 이미지로 떠올릴 수 있다면 그 다음은 자신의 감각과 재능으로, 단지 그 이미지를 가만히 쳐다보고 있으면 영화의 각본은 자연히 완성된다. 〈란〉과 〈가게무샤〉의 첫 장면이 여실히 그것을 실증한다.

〈란〉의 첫 장면은 사냥 장면으로, 그 다음 산위에 휘장을 둘러 그 안에 필요한 인물 모두가 등장한다. 여기서 리어왕(이치몬지 히데토라)이 장남에게 자신의 자리를 물려주고 감정적으로 충돌한 삼남을 쫓아내는 이야기가 시작한다. 상징적인 휘장을 배경으로 한 강하게 밀어붙이는 한 막짜리 이야기라 할 수 있다.

〈가게무샤〉의 프롤로그는, 쓰쓰지가사키(躑躅ヶ崎)의 다케다 신겐 저택에서, 똑같이 생긴 사람이 세 명 있다고 쓰고, 다케다 신겐, 신겐의 동생 노부카도(信廉) 그리고 가게무샤, 이렇게 세 명이 나란히 앉아 있는 미스터리하고 괴이한 장면에서 시작한다.

이야기의 기승전결의 대강조차 정하지 않고, 단지 첫 장면을 지그시 쳐다보는 것으로 다음 장면을 생각해 내서 쓰고, 그리고 다음 장면으로 나아가는, 이러한 수법으로 시나리오를 끝까지 써내는 행위는 장인의 기술이나 작업범위를 뛰어넘는, 예술가의 행위라고밖에 달리 표현할 말이 없다.

그뿐만이 아니라 구로사와는 〈란〉에서 예술가로서 더욱 중대한 것을 걸었다. 소련에서 〈데루스 우잘라〉의 촬영을 마치고 일본에 돌아온 때가 이미 65세이다. 앞으로 많은 작품을 찍을 수 있다고는 생각할 수 없다. 그러니까 다음 작품 '리어왕'에서는 옳든 그르든 승부를 걸고 싶다.

하지만 작업이 시작되자 오구니 히데오와 다툼이 생겼다.

테마와 스토리를 정하지 않은 채로의 출발은 '곧바로 최종판'으로 이행한 〈산 자의 기록〉 이래의 관습이지만, 리어왕 이야기에는 테마와 스토리를 정할 필요성이 있다고 오구니가 주장하였지만 구로사와는 받아들이지 않아, 결과적으로는 오구니가 양보하였다. 이야기에 흐름이 있기 때문에 그다지 이상한 작품이 되지는 않을 것이라고 생각했을 터이다.

하지만 인물 설정에서는 정면으로 충돌하였다.

오구니도 이는 드라마의 근간에 관련된 것이라 물러서지 않았다. 통상 오구니는 세세한 점은 무시하지만, 작품의 근간에 관한 중요 사항에 대해서는 반드시 소리를 높이기 때문에, 구로사와도 이를 잘 알고 있어 그의 의견에 존중하고 따른다.

하지만 이때의 구로사와는 양보하지 않았다.

한 막짜리에 해당하는 첫 장면의 리어왕의 언동으로 성격은 이미 명확해졌고, 이후는 그것을 연장하면 되기 때문에 새삼스레 인물 묘사를 파고드는 사전준비는 필요가 없다고, 구로사와는 마음속으로 정했던 것이다.

이야기를 재미있게 하기 위해서는 인물 묘사를 보다 깊고 다채롭게 하는 종래의 수법보다도, 더욱 순수하고 힘 있는 직접법, 즉 자신이 리어왕이 된 마음으로… 자기 자신이 리어왕의 마음이 되어 쓰는 것이 이 각본을 이제까지 없던 재미있는 작품으로 만든다고 판단을 하였다. 그러니까 완고히 양보하지 않아, 구로사와 작품을 열한 편이나 쓰고 작품의 길 안내와 사령탑을 맡아 왔던 오구니가 집필을 취소해 버리는 비상사태가 발생했던 것이다.

구로사와는 오구니가 없어지고 이제 마사토만 남아서, 자신이 리어왕의 기분이 되어 작품을 쓰기 시작하였다. 이제 마사토 혼자서는 그게 아니라고 생각해도 구로사와를 억누를 힘은 없다.

통상 시나리오를 쓰는 경우, 등장인물에게 작가가 어느 정도의 감정이입을 하지 않으면 인물이 살아 움직이지 않는다. 그러나 이 감정이입에는 한계가 있어, 그것을 행하면 바로 지나치지 않았는지를 퇴고(객관시)하여 확인해야 한다. 만약 감정이입이 과다

하면, 인물이 독선적이 되고 작품은 억지로 밀어붙인다는 느낌이 강해진다.

그런데 구로사와는 감정이입의 틀 따위는 뛰어넘어, 자신이 직접 리어왕의 기분이 되었다. 즉 내가 리어왕이니까 내 일은 내가 잘 알고 있다고 하며 드라마를 진행해 나간다. 그러나 제3자에게는 리어왕의 심정을 리어왕처럼은 알 수 없기 때문에, 기구한 그의 운명에 따라갈 수 없다. 리어왕이 놀라고, 성내고, 한탄해도, 그것을 받아들이는 관객에게는 순간적인 간극이 존재한다. 놀라고 있으니까 놀라고, 성내고 있으니까 화가 나고, 한탄하고 있으니까 슬프겠구나라는, 순간적이지만 해석을 해야 하는 간극이 벌어져 있는 것이다. 이는 관객을 매우 지치게 만든다.

게다가 이야기의 구성이 엉성하니까, 각 장면이 경단을 꿴 것처럼(하나하나의 에피소드가 둥글둥글 분리된 덩어리) 병렬되어, 다음 장면으로의 유기적인 연결이나, 비약하는 스피드 감각이 없기 때문에 이야기 전체의 긴장이 풀려 버린다.

이러한 작품은 결과적으로 실패하기 마련이다.

〈란〉의 각본이 완성되자마자 즉시 영화화되었다면, 현명한 구로사와니까 그 잘못됨을 깨닫고 〈가게무샤〉 같은 작품은 만들어지지 않았을 것이다. 하지만 불행히도 〈란〉의 제작비가 커서 출자하려는 자본가가 없자, 어쩔 수 없이 〈가게무샤〉를 먼저 만들기 위해서 각본을 서둘렀기 때문에, 〈란〉과 똑같이 인물 묘사가 약하고, 이야기 구성이 제대로 갖추어지지 못한 실수가 저질러졌다.

아니 〈란〉은 리어왕 한 명이지만, 〈가게무샤〉에서 구로사와는 가게무샤와 다케다 신겐이라는 두 명의 심정이 되어 각본을 썼기 때문에, 〈란〉 이상으로 독선적인 억지가 분열하고 증폭되어, 너무나도 보아줄 수 없는 작품이 되어 버렸다.

〈란〉과 〈가게무샤〉의 실패를 장인의 눈으로 보면, 그건 집필의 사전준비 일체를 결여한, '곧바로 최종판'이 내포하고 있는 모순과 불합리가 세월과 함께 부풀어 올라 최종 단계에서 화산이 폭발하듯이 드러났을 뿐이다.

예술가는 때로는 실패하기도 하고 커다란 실수도 저지른다.

아니 구로사와는 스스로 나서서 예술가가 된 것이 아니다. 좋든 싫든 간에 새로운 작품을 모색하기 위하여, 밟지 않으면 안 되는 발걸음이었다고 생각되어 예술가의 길로 나아갔기 때문에… 장인의 작업에는 큰 성공은 없어도 실패는 극히 드물지만, 성공과 실패가 항상 종이 한 장 차이인 예술가에게는, 성패의 운명이 숙명적으로 따라다닌다. 구로사와 아키라는 예술가가 되었기 때문에 실패한 것이다.

그렇다면 〈꿈〉에서 구로사와 아키라는 다시 장인의 길로 돌아간 것일까.

아니 한 번 예술가의 본성이 몸에 붙으면, 그것은 생이 끝나는 숨이 끊어지는 순간까지 이탈할 수 없는 업보가 된다. 그에게는 〈꿈〉이든 무엇이든, 예술가로서 임하는 수밖에 없다. 하지만 〈꿈〉에서는 〈란〉과 〈가게무샤〉의 결점을 차갑고 지혜로운 눈으로 똑바로 응시하였다. 그러니까 똑같은 과오는 반복하지 않았다.

구성으로서도 〈꿈〉은 구로사와의 일생이니까, 아이, 소년, 청년, 장년, 노년 등의 순서로 나열하기만 하면 된다. 그리고 전체

영화의 시작이나 각 에피소드의 시작도, 〈란〉이나 〈가게무샤〉처럼 한 방을 노린 특이한 장면이 아니라, 기승전결이라 할 수 있는 순리적인 구성으로 이야기를 진행해도 된다. 인물 설정도, 주역은 구로사와 자신이지만 감정이입은 하지 않고, 움직임, 말, 행동은 모두 타자로 하여, 자신은 수동적인 면을 무너뜨리지 않고 관철하여, 인물 설정도 균형을 이뤄 안정되었다.

그리고 〈란〉과 〈가게무샤〉에서 양식미의 축적과, 전투장면에서의 팽팽하게 역동감 있는 커트분할 등으로 새로운 영상미를 확실히 획득하였기에, 〈꿈〉에서는 그 경험을 살려 컬러필름에서의 철저한 영상미학을 추구하였다. 일부 에피소드는 완성도가 떨어지기도 하기에 완벽한 예술품이라 할 수 없지만, 아마도 세계에서 처음으로 컬러영상과 음향에 의한 예술작품에… 한 발이라도 다가간 작품을 탄생시켰다 할 수 있다.

〈꿈〉의 성공은 어느 측면에서는 〈란〉과 〈가게무샤〉의 실패를 통한 반성과 그들 작품에서 추구한 양식미, 컬러필름을 통한 미학 달성에 대한 끈기 있는 집념에 의한다.

〈꿈〉의 제6화인 「붉은 후지산」과 제7화 「귀곡(鬼哭)」은 그다지 재미가 없다. 이 에피소드들은 긴장감이 떨어진다.

그러나 이어지는 제8화 「물레방아가 있는 마을」은 훌륭하다.

어여쁜 작은 강이 흐르는… 영화에서 이렇게 아름답게 흐르는 강을 본 적이 없다.

맑디맑은 물이 강바닥의 수초를 흔들며 계속 흐른다.

강가에는 색색의 들꽃이 흐드러지게 피어 있고, 덜컹, 덜컹하며 물레방아가 천천히 돌고 있다.

물레방앗간의 백삼세의 노인〔류 지슈(笠智衆)〕[80]의 미스터리한 긴 대사와 이어지는 화려한 장례식, 모든 것은 이 물의 아름다움이 바탕을 이룬다.

화려한 장례식은 마치 떠들썩한 축제다.

소리높이 연주되는 트럼펫과 트롬본 등의 다양한 악기, 사람들의 의상은 남자도 여자도 매우 기발하고 화려하면서도 묘하게 차분히 조화를 이룬다. 종을 울리며 물레방앗간의 노인이 선두에 서자, 화려한 장례행렬이 동양풍의 행진곡에 발을 맞추어 행진한다.

무언가 매우 느낌이 좋아 이런 장례식이라면 누구라도 죽음의 슬픔 따위는 날려 보낼 것 같다. 마치 이 세상이 아닌 극락의 풍경으로, 이 에피소드처럼 〈꿈〉이라는 제목에 딱 맞는 화면과 음향은 달리 없다.

〈꿈〉은 영상예술(영화)이 가까스로 도달한 미의 세계가 아닐까.

나는 시사회가 끝났지만 일어나지 못하고 그대로 좌석에 앉아 있었다. 왠지 아쉽기 그지없다. 내가 만약 프로듀서라면 구로사와에게 제의했을 것이다.

제3화「눈보라」와 제6화「붉은 후지산」그리고 제7화「귀곡」을 삭제해 주시오. 아니 거기까지 잘라내면 영화가 너무 짧아지니까

---

80) 류 지슈(1904~1993)는 오즈 야스지로 영화에서 아버지 역을 많이 맡은 배우로 유명하다.

「눈보라」만이라도 좋으니, 제3화 「눈보라」를 삭제해 주시오.[81]

「눈보라」가 생리적으로 받아들이기 힘들어서, 제6화 「붉은 후지산」과 제7화 「귀곡」이 되면 그 감정은 더욱 커져 정체감을 보다 강하게 한다. 영화를 만들어 왔던 사람의 감으로는, 제3화 「눈보라」만 삭제한다면 제6화도, 제7화도 받아들이기 쉬워진다. 그러니까 「눈보라」만 삭제한다면 작품은 산뜻해져 몰라볼 정도로 정돈이 잘 된다.

아니 「눈보라」의 삭제는 그렇게 쉽지만은 않다.

영화의 길이가 짧아져 영업상 계약의 문제도 있다고 생각되지만, 그보다 먼저 도의적인 책임추궁이 일제히 불을 뿜을 것이다. 출연해 준 배우에 대한 사죄, 스태프에 대한 위로와 양해도 쉽지는 않다. 「눈보라」는 솜과 소금, 발포 스티롤을 사용하여 세트에서 촬영되었다. 이곳저곳의 관계자로부터 여지없이 두들겨 맞을 것이다. 그러나 그런 문제는 전부 내가 처리하겠다. 그러니까 제3화를 삭제해 주시오.

구로사와는 어떻게 대답할까.

"하시모토 군, 그건 나도 좀 신경 쓰였거든, 자를게, 잘라… 그런 편이 산뜻해지지. 각각의 이야기가 독립되어 있기 때문에 음향에는 관계없으니까 말이야."

하지만 그건 너무나도 안이한 멋대로의 환상으로, 실제로는 안

---

81) 「눈보라」는 탐험대가 눈보라 속을 헤매다가 설녀를 만난다는 내용이고, 「붉은 후지산」은 후지산 폭발로 원자력발전소에서 방사능이 유출되어 사람들이 대피하는 내용. 「귀곡」은 방사능 오염으로 인간들이 모두 뿔이 달린 도깨비가 되었다는 내용이다.

색을 시퍼렇게 바꾸며 "장난인 줄 알아?"라며 눈썹을 치세우고 열화와 같이 화를 낼 구로사와이다.

하지만 나는 물러서지 않을 것이다. 이 작품을 위해서라면 끝까지 싸울 것이다. 내가 이상하리만치 집요하게 버티면, 구로사와도 타고난 영상에 대한 직감력으로, 조금은 다시 생각해 줄지 모른다.

아니 이럴 바에는 제6화도, 제7화도 전부 잘라내고 싶다. 그렇게 하면 제5화 「까마귀」에서 고흐의 까마귀 떼가 창공으로 날아가면, 다음은 제8화 「물레방아가 있는 마을」의 아름다운 강이 흐르는 장면으로 영화가 이어진다. 왠지 가슴이 두근두근해진다. 이처럼 적절치 못한 부분만 잘라내면, 〈꿈〉은 반신불수가 아니라 완전히 두 다리로 선 예술영화로, 세계에 자랑하는 구로사와 아키라의 새로운 대표작품으로… 하지만 마무리 단계는 이미 끝난 시사회이고, 게다가 나는 〈꿈〉과 아무런 관계도 없는 제3자이기에, 그런 가상세계를 언제까지나 헤매고 있어도 어쩔 도리가 없다.

나는 시사회 극장에서 나와, 그다지 멀지 않은 도쿄회관으로 향했다. 시사회가 끝난 후 거행되는 파티에 얼굴을 내미는 건, 영화계에 들어와서 처음 있는 일이지만 구로사와를 만나기 위해서다.

도쿄회관 연회장은 많은 사람들이 모여 성황을 이루었다. 이곳 저곳에 탁자가 있지만, 사람들은 서서 먹고 마시면서 담소를 나누고 있다.

내가 왁자지껄한 인파를 헤치며 구로사와를 찾다가, 우연히 카메라 감독인 사이토 다카오(齋藤孝雄, 1920~)를 만났다.

"다카오군, 터널에서 군인들이 나오는 장면 좋았어."

"아, 그거 렌즈를 통해 보니까, 다가오는 화면의 압박감이 매우 강해서… 이건 잘될 거라고 생각했지요."

"물레방앗간의 강물, 그거 어떻게 찍었나?"

사이토 다카오는 히죽 웃었다.

"강바닥을 청소하기도 하고, 수초를 심기도 해서요, 여하튼 힘들었어요."

"구로사와 씨는 왔나?"

"계세요, 저쪽에!"

사이토 다카오가 가리키는 방향을 보자, 키가 큰 구로사와를 한눈에 알아볼 수 있었다. 미술담당인 무라키 요시로(村木與四郎, 1924~2009)와 조감독 같은 사람과 함께, 웅성거리는 인파를 헤치며 인사하면서 이동하고 있다.

나는 구로사와가 다가오기를 기다려 앞에 나가 맞았다.

구로사와는 멈추어 서서 정면에서 나를 보았다. 순간 무언가 곤혹스러운 표정을 지었다. 내가 시사회의 파티에 얼굴을 내민다는 것은, 구로사와에게 전혀 예상치 못한 장소에서의 예기치 못한 만남이었던 것이다. 여하튼 둘이 얼굴을 마주하기는 〈가게무샤〉의 제작 이래니까 10년 만이다.

"구로사와 씨."

"… ."

나는 말했다.

"구로사와 씨의 영화 중에서 오늘 작품이 가장 좋았다고 생각합니다."

구로사와는 아무 말도 하지 않고 한두 번 고개를 끄덕였다. 그리고 싱긋 웃었다. 정말로 기뻐 보였다. 구로사와와 만난 지 45년 이상이 되지만, 이렇게 개운하게 기뻐하며 웃는 얼굴을 본 것은 처음이었다.

그 웃는 얼굴이, 내가 본 구로사와의 마지막 얼굴이다.

〈꿈〉을 실패작이라고 말하는 영화비평이 한두 개 눈에 띄었다. 영화를 보는 시각이나 느끼는 방법은 사람마다 다르지만, 좀 궁금한 점이 있다.

〈꿈〉을 실패작이라 말하는 사람은 〈가게무샤〉나 〈란〉에 대해서는 어떤 비평을 하였을까.

영화 저널리즘(신문사 등의 영화기자나 비평가들)과 제작자측은 상부상조의 관계이다. 옛날 이런 사건이 있었다. 어느 영화회사가 신문 석간에 커다랗게 개봉영화의 선전광고를 실었다. 그런데 그날 석간의 연예면에 시사회를 본 그 신문사의 영화기자가 이 영화를 호되게 때려, 실패작이라고 헐뜯었다. 영화회사의 선전부는 격노하여 이후 그 신문사에는 광고를 내지 않겠다고 알리는 등 말썽이 일어난 적이 있다.

영화회사의 선전부는 이 사건을 계기로, 작품에 대하여 나쁘게 쓴 기자나 비평가를 적대시하여, 이후는 시사회 초대장이나 입장권을 보내지 않는다. 영화의 악평은 영업방해로, 완성도가 떨어지면 지면에서 다루지 말고 쓰지 않으면 된다. 이것이 영화회사의 주장이다.

영화기자나 영화비평가들도 시사회 초대장이나 입장권이 없으면 곤란하고, 또한 선전부로부터 적대시되는 것도 싫기 때문에 웬만한 일이 있지 않으면 신랄한 비평이나 나쁜 기사는 삼가게 되었다.

5년 만에 대망의 구로사와 작품이 나왔다. 시사회에서 보았지만 재미가 없다. 하지만 오랜만의 구로사와 작품이고, 신문도 주간지도 연예란에는 무언가 쓰지 않으면 안 된다. 하지만 재미없다든가, 받아들이기 힘들다든가, 실패작이라고 쓸 수 없기 때문에, 칭찬할 점을 무리해서 찾거나 직접 그런 점을 만들어 내어 칭찬하였다. 〈가게무샤〉 때는 '영화를 본 충실감!' '정신의 심층부까지 뒤흔들렸다!' '살아 움직이는 사무라이 그림, 양식미와 영상미의 극치!' 등등으로 절찬의 폭풍이었다. 〈란〉 때에는 이를 상회하는 영화 저널리즘의 칭찬의 대합창이 있었다.

그러나 보고 있기도 힘든 〈가게무샤〉를 치켜세우고, 게다가 재미있지도 않은 〈란〉을 열광적으로 칭찬하고 나니, 기자나 비평가들도 석연치 않아 울분의 스트레스도 꽤 쌓였을 터이다. 그러니까 〈꿈〉의 에피소드 중에는 실패한 부분도 있어 그것을 나무라는 사람이 한 사람 나타나면, 즉시 동조하여 이건 실패작이라고 말하기 시작한 것이다.

"에도의 원수를 나가사키에서"라든지 "부모의 원수를 자식에게 보복하기"라는 말이 있지만, 휘황찬란한 미사여구가 동원된 〈가게무샤〉와 〈란〉의 빚을 죄 없는 〈꿈〉이 짊어졌다고 할 수 있다.

나는 언론과 영화제작자들이 상부상조하는 밀접한 관계에는 의문이 들고, 비평가들은 작품에 대하여 더욱 확실히 흑백을 가려 주었으면 한다.

예를 들면 구로사와의 〈란〉과 〈가게무샤〉 두 작품에 대하여, 가령 비평가들이 이것들을 만약 실패작으로 단정하여도, 관객은 '아 그런가'라고 납득하고, 그 정도로 수많은 뛰어난 작품을 만들어왔기 때문에 한 번이나 두 번의 실패는 당연하다고 하고 다음 작품을 기대한다.

하지만 자신이 재미없었던 작품을 재미있다고 하든가 걸작이라고 칭찬하면, 관객은 역으로 기가 질려, 그러한 비평가의 찬사는 구로사와에 대한 아부, 혹은 구로사와의 대변자처럼 느껴져, 구로사와에 대한 반감이 매우 강해진다. 구로사와 작품에 대한 언론의 영향은 크다. 〈란〉과 〈가게무샤〉 두 편과 그와 연관된 언론의 풍조가, 수많은 구로사와의 팬을 어느 정도나 안티 구로사와로 만들어 버렸을까. 내 주변에도 열렬한 구로사와 팬이 있었지만, 이 두 편 이후로 안티 구로사와로 전향해 버렸다. 정말로 안타깝고 애석한 일이다.

나는 구로사와의 영화 중에서 무엇이 가장 재미있었느냐고 질문 받으면, 아무 주저 없이 〈7인의 사무라이〉라고 대답한다. 만약 가장 좋아하는 작품은 무엇이냐고 질문 받으면, 아무 주저도 없이 〈꿈〉이라고 대답하고 이렇게 덧붙인다.

"영화감독의 유서로서는 이 이상은 없는 최고의 작품입니다."

〈7인의 사무라이〉도 개봉되었을 때는 그해의 베스트 텐의 1위가 아니었다. 하지만 20세기가 끝나고 과거 100년간의 영화 100선에서는, 개봉되었을 당시의 순위 따위와는 아무 상관없이 1위는 〈7인의 사무라이〉였다.

그러니까 이후 시간이 지나면, 구로사와의 대표작은 전반기가

⟨7인의 사무라이⟩이고, 후반기의 대표작은 ⟨꿈⟩이 되지 않을까.

⟨꿈⟩ 이후, 구로사와는 ⟨8月의 광시곡(八月の狂詩曲)⟩, ⟨마다 다요(まあだだよ)⟩ 두 작품을 만들었지만, 나는 유서라 할 자서전인 ⟨꿈⟩을 이미 보았기에 이 두 작품은 보지 않았다.

구로사와의 부고를 안 것은, 도쿄회관에서 웃는 얼굴이 인상적 이었던 그때로부터 8년 후인 1998년 9월 6일로, 도쿄의 더위를 피 해 기타카루이자와(北輕井澤)에 있는 장녀의 작업장인 산장에 가 있을 때였다.

교도통신의 취재가 끝나자, 나는 멍하니 머릿속에서 계산하였 다. 나와 여덟 살 차이니까, 구로사와는 향년 88세이다.

어떻게든 장례식에 가보려고 생각했지만, 몸 상태가 여의치 않 아 추도식에는 다음과 같은 조전(弔電)을 보냈다.

구로사와 씨, 사요나라.

히사이타 씨, 기쿠시마 씨, 우에쿠사 씨, 이데 씨, 오구니 씨―그 리고 구로사와 씨마저 떠나 버려, 작품의 집필자였던 각본가는 노쇠 하여 병원의 입퇴원을 거듭하는 나 혼자가 되었고, 추도식에도 출석 할 수가 없는 형편입니다.

리더인 구로사와에게 부탁합니다. 모두에게 "하시모토도 좀 있 으면 올 거야"라고 전해 주고, 내가 책상다리를 하고 눌러앉을 자리 를 하나 만들어 주십시오.

그럼 그때까지는 잠깐이지만, 구로사와 씨 사요나라.

겨울비가 계속되는 기타가루이자와로부터.

에필로그

기쿠시마 류조(菊島隆三)

쇼와 천황의 죽음으로 연호가 헤이세이(平成)로 바뀐 지 얼마 되지 않은 때의 일이다.

어느 날 시나리오작가협회에서 선배인 야스미 도시오로부터 말을 들었다.

"하시모토 군 기쿠시마의 상태가 그다지 좋지 않은가 봐."

"나쁘다고는 들었습니다만, 그 정도인가요?"

"응… 간암이야. 야마나시현 고후 근처의 이사와(石和) 병원에 있었는데, 좋아지지 않아서 도쿄로 돌아와, 오하시(大橋)의 도호(東邦)의과대학병원에 입원해 있어. 이제 그렇게 길지는 않다고 하네."

"예?"

"그러니까 가능한 빨리 병문안을 가 봐."

세타가야구 오하시의 도호의과대학은 집에서 그다지 멀지 않고, 전에 입원한 적도 있기에 곧장 가 보았다. 입원병동의 일인실은 좁고 긴 복도를 깊숙이 들어간 곳의 우측에 이어져 있다.

기쿠시마 류조라고 쓰여 있는 방 앞에 서서 노크를 하였지만 응답이 없다. 잠시 뒤 다시 노크를 하였지만 역시 응답이 없어, 조심조심 손잡이를 밀어 열어 보니, 기쿠시마가 침대에 누워 있다. 하지만 부인 미야코의 모습이 보이지 않는다. 물건을 사러 나간 모양이다.

나는 잠시 문 앞에 서 있었다. 기쿠시마가 혼탁한 의식 중에서 고개를 돌렸다. 무언가 고통스러워 보였다. 나는 병실에 들어가 베개 맡에 다가가 얼굴을 가까이하며 말을 걸었다.

"기쿠시마 씨! 하시모토, 하시모토입니다! 아시겠어요?"

"아아… 아아…." 기쿠시마의 얼굴이 고통으로 인해 일그러졌다. 내가 누구인지 아는지 모르는지는 확실치 않았다. 나는 왠지 매우 슬퍼졌다.

"기쿠시마 씨 건강해지셔야죠."

"아아… 아아…."

"기쿠시마 씨 죽으면 안 돼요, 건강해… 당신과 저는 차와 포에요. 시나리오작가협회뿐 아니라, 구로사와 팀에서도 기쿠시마 씨, 당신과 저는 차와 포였어요."

"아아… 아아…."

"하지만 기쿠시마 씨, 당신은 어째서 구로사와 팀을 떠났나요? 〈요진보〉와 〈쓰바키 산주로〉까지는 어쩔 수가 없다 해도 〈천국과 지옥〉부터는 오히려 깊숙이 관여해서 야스미 씨도 저도 부탁을 못 했잖아요… 영화관과 촬영소 건 말이에요. 야스미 씨가 왕이고, 기쿠시마 씨와 제가 차와 포니까 이 세상에 무서운 것 없어요. 그러나 당신이 없으니 말이 부족하여… 말 하나로는 부족했단 말이에요."

야스미와 초대 문화청 장관 곤 히데미(今日出海, 1903~1984)는 절친한 사이로, 둘 사이에서 말이 오고가 이대로는 쇠퇴와 붕괴밖에 없는 일본의 영화계(영화의 제작 상황)를 어떠한 형태로 발전시켜 이끌어갈지를 검토하여, 다음과 같은 의견일치를 보았다.

우선 무엇보다도 긴급히 필요한 것이 국립영화관과, 최신 설비를 갖춘 근대적인 국립촬영소의 건설이다. 그리고 이에 딸린 필름뱅크(영화에 투자할 은행)도 빠질 수 없다.

이러한 영화계의 미래를 전망한 개혁안은, 초대 문화청 장관 곤 히데미부터, 2대 장관인 아다치 겐지(安達健二, 1918~1988)로 이어져, 조사비 예산도 생겨 문화청 직원 두 명이 이탈리아 치네치타(Cinecittà)의 국립촬영소[82]의 견학까지 이미 마친 상태였다. 이후는 업계의 경영자나 수뇌부에게 이를 받아들이도록 설득과 양해를 구해야… 그것이 야스미와 나의 일이었다.

감독 측으로부터도 구로사와와 기노시타 게이스케의 추천으로, '사기의 회'로부터 고바야시 마사키가 위원으로 얼굴을 내밀었지만, 도중부터 전혀 나오지 않아 영화사를 돌아다니는 일은 야스미와 나 둘이 맡았다.

국립영화관에 대한 반대는 쇼치쿠의 기도 사장 한 명뿐으로, 다른 영화사는 찬성도 반대도 없는 무관심이었다(스케줄 때문에

---

82) 이탈리아 로마 교외에 있는 영화촬영소로 1937년 무솔리니 통치시절에 세워졌다. 페데리코 펠리니의 영화들과 〈벤허〉가 이곳에서 촬영되었다.

도에이는 방문치 못했다). 기도는 연극을 위한 국립극장이 설립되자 가부키 배우들의 스케줄이 빡빡해져 쇼치쿠의 부담이 가중되었다는 이유로 반대하였다.[83] 영화까지 그런 국립극장은 필요 없다는 감정적인 것으로, 다른 영화사의 수뇌부는 이미 연극을 위한 국립극장이 있으니까 영화에도 그런 것이 생긴다 하여 큰 지장은 없다는 정도의 의견밖에 없고, 국립영화관 설립에 반대하는 이는 없었다.

하지만 국립촬영소에 대한 반응은 복잡하였다. 각 영화사가 가지고 있는 촬영소와 국립촬영소가 어떠한 관계가 될지는 전혀 알 수 없기 때문이었다. 닛카쓰의 경우는 국가가 만약 촬영소를 만든다면 자사가 갖고 있는 촬영소를 그대로 사 주었으면 하는 요망도 내비추었다.

그런 시기에 토호의 모리 이와오로부터 직접 만나고 싶다고 연락이 와서, 야스미와 내가 토호 본사로 가서 모리와 대담하였다.

"문화청의 국립촬영소 건에 대한 토호의 회답을 전하겠습니다."

야스미도 나도 입을 다물었고 모리는 천천히 말을 이었다.

"그러한 촬영소가 일본 영화계의 미래에 도움이 된다면 매우 환영할 일이라고 생각합니다. 야스미 씨도 하시모토 씨도 훌륭한 일을 하셨다고 생각합니다. 하지만 토호로서는 국립촬영소에 대

---

83) 전통공연을 주로 하는 도쿄도 지요다구에 있는 국립극장은 1966년 개관하였다. 대부분의 가부키 배우는 쇼치쿠와 전속계약을 맺고 있고, 가부키 상연 또한 쇼치쿠가 독점하고 있다.

하여 의견이랄까, 조건이 있습니다."

야스미도 나도 입을 다문 채 미동도 하지 않았다.

"그러한 국립촬영소가 건설되었을 때, 이것이 원인이 되어 만약 기누타(砧)의 토호 촬영소에 노동쟁의가 발생하였을 경우에, 야스미 씨와 하시모토 씨 두 분이 대처하여 모든 것을 처리해 주기를… 아시겠습니까?"

나는 놀라서 야스미를 보았다. 야스미의 뺨에는 경련이 일었다. 토호의 모리 이와오는 다짐하였다.

"아시겠습니까? 두 분이 그걸 받아들여 주신다면 토호는 국립촬영소에 대하여 찬성입니다. 그러나 만약 두 분이 그걸 받아들여 주시지 않는 경우, 토호는 국립촬영소 설립에 대하여 반대입니다."

야스미와 나는 토호 본사를 나오자 곧장 건너편의 카페에 들어갔다. 둘 다 입을 다물었고 마음이 무거웠다.

"하시모토 군, 어떻게 하지?"

"좀 어렵게 되었습니다."

야스미의 얼굴은 고민으로 가득했다, 나는 이야기만 들었기 때문에, 노동쟁의의 내용이나 상황은 잘 모르지만, 야스미와 모리 이와오는 토호쟁의의 체험자이다. 미군의 탱크가 기누타 촬영소를 둘러싸고 불온과 살기가 가득했던 전후 최대라 불리는 토호쟁의. 그 기억은 경험자들에게는 너무나도 생생하여, 쟁의의 '쟁'자만 들어도 생리적인 혐오와 불안이 앞서, 모든 의욕을 위축시키고 도피적으로 만들어 버린다. 아니 나에게도 일말의 불안이 없지는 않았다. 일본의 영화사는 많은 극장을 갖고 있는 흥행회사로, 극장에 내거는 영화는 전 세계에서 골라서 모아 온다. 위험이 따르는 자사의 촬영소에서 제작된 영화를 상영할 필요는 없다. 따라서 각사 모두 제작부문의 축소는 당연하여, 촬영소를 없앤다는 소문도 있다. 만약 국립촬영소가 만들어질 경우에는, 이를 계기로 하여 인원 정리에 나설지도 모른다. 노동쟁의에 대한 걱정은 토호의 기누타 촬영소뿐 아니라, 쇼치쿠의 오후나 촬영소에도, 도에이의 오이즈미(大泉) 촬영소[84]에도 있다.

게다가 토호의 모리 이와오가 그러한 말을 꺼낸 이상, 영련(映連, 영화제작회사 5사 연맹)은 그의 한마디로 국립촬영소 설립반대를 통일된 견해로 하여, 영화회사의 총력을 결집시켜 완강한 반대전선을 구축할 터이다.

나는 야스미의 안색을 살폈다.

"촬영소는 어려울지 모르겠습니다."

"그럼, 하시모토 군… 국립영화관만으로 할까?"

"그러나 영화관만으로는 핵심이 빠져 버리는데요."

"어쩔 수 없네… 영화관도 포기할까."

나는 어질어질 현기증이 나는 머릿속에서 절실히 느꼈다. 만약 기쿠시마가 있었더라면… 호기 있고 끈질긴 기쿠시마라면, "토호의 모리 이와오가 위협적으로 나왔다고 해서 물러설 필요는 없어요. 영화회사에 노동쟁의가 발생하여도 그게 국립촬영소와 무슨 상관이에요. 대체로 영화회사는 너무 마음대로입니다. 자기 앞에

---

84) 도에이 오이즈미 촬영소는 현재는 도에이 도쿄 촬영소라는 이름으로 바뀌어 도쿄도 네리마구에 있다. 구로사와 아키라의 〈들개〉는 이곳에서 촬영되었다. 도에이는 교토시 우쿄구 우즈마사에도 도에이 교토 촬영소를 가지고 있어, 이곳에서는 주로 시대극을 촬영한다.

있는 파리는 자기 손으로 쫓아야죠. 게다가 영련이 결탁하여 통일 전선을 구축한다 해도 별것 아닙니다. 이쪽에는 국가가 뒤에 있다고… 야스미 씨가 앞장서고 하시모토 군이 함께해 준다면, 끝까지 버텨 영화관도 촬영소도 실현시켜, 영화회사 녀석들을 후회하게 만들어 보이겠습니다"라고 태연히 호언장담을 했을 것이다.

아니 기쿠시마가 만약 처음부터 같이 해주었다면 야스미도 나약한 소리를 내지 않는다. 오랫동안 사리사욕을 떠나 영화계의 융성만을 기원하며 고생해 왔기에, 여기서 물러설 수는 없다. 하지만 나와 둘만으로서는, 나도 기쿠시마와 함께라면 사태를 헤쳐나갈 자신이 없지도 않다.

둘이 함께라면 호흡이 맞으면서 독한 콤비로, 한쪽이 악역 또 한쪽이 이해자가 되어, 매년 영련이나 민방련(일본민간방송연맹)과의 단체교섭에도 숙달되어, 대부분은 유리하게 마무리 짓는 교섭의 전문가였다. 그러나 짝이 없는 혼자서 이 이상은 이제 무리이고 어찌할 도리가 없다.

"야스미 씨, 이번 일은 포기할 수밖에 없게 되었네요."

"그럼 문화청 쪽은 내가 처리할 테니, 하시모토 군이 딱히 처리할 일은 아무것도 없어."

"그렇군요… 아무것도 없군요."

"구로사와 군에게는 어느 정도까지 말해 놓았지?"

"영화관 건은 말하였습니다. 그러나 촬영소 건은 말하지 않았습니다."

"구로사와 군은 뭐라고 해?"

"국립영화관은 절대로 필요하고, 그게 없으면 도쿄에서 권위 있는 정식 국제영화제가 열릴 수 없으니, 어떻게 해서든 만들라고 하더군요. 촬영소에 대해서는… 크랭크가 붙은 무대나, 화면을 당겨 찍을 수 있는 지상에서 높게 설치된 무대, 세트를 접었다 펼수 있는 무대 등등, 그에게는 꿈이 너무 많습니다. 만약 이 사실을 알린다면 안색을 바꾸고 전면에 나섰다가 언론의 몰매를 맞을 우려도 있습니다… 그래서 촬영소 건은 덮어두었습니다."

"흐음."

"그러나 야스미 씨, 안타깝네요, 정말로… 저는 국립촬영소가 만들어진다면, 촬영소 소장을 구로사와 씨에게 부탁할 작정이었어요."

"응? 구로사와 군에게? 구로사와 군은 그런 거 수락하지 않을걸."

"그렇지도 않아요, 문제없습니다, 그건. 아까 말했듯이 그에게는 촬영소에 관한 이러저러한 꿈이 너무 많아요. 아니… 처음에는 내가 촬영소장이라고? 농담하지 말라고 답하겠지요. 그러나 곧바로 하시모토 시노부가 기획부장으로… 기쿠시마 류조가 제작부장… 이라고 말하면, 촬영소 소장은 내가 할 수밖에 없겠군, 하겠지요."

야스미는 쓴웃음을 지었다. 양손에서 빠져나간 큰 물고기의 행방을 찾는, 넋을 놓은 체념의 쓴웃음이었다. 완전히 '유성광저장사(流星光底長蛇)'[85]였다.

---

85) 회심의 일격으로 숙적에게 칼을 내려쳤으나 놓치고 말았다는 뜻. '유성광저'는 칼을 내려치는 모습이 유성과 같이 빛남을 표현한 어구이다.

"구로사와 아키라를 소장으로 하는 일본의 국립촬영소라… 그거 괜찮았는데 말이야."

나는 도호의과대학병원에서 위독한 상태의 기쿠시마의 머리맡에서 중얼중얼거리고 있었다. 기쿠시마는 변함없이 가쁜 호흡을 계속하고 있다.

"기쿠시마 씨… 당신이 그때 구로사와 팀에 깊이 관여하지 않았으면, 국립영화관도 국립촬영소도 꿈이 아니었을 텐데요."

"아아… 아아…."

내 중얼거림은 말이 되었다 안 되었다 하였다. 그건 마음 깊은 곳에서 꿈틀거리는 이갈이와 같은 본능의 반추라서 다른 이에게는 의미가 없지만 기쿠시마에게만 할 수 있는 말이었다. 나는 기쿠시마에게 어떻게 해서든 이를 전해 주고 싶었다.

그러나 나의 호소는 때때로 자기 자신의 긴 독백이 되었다가 다시 호소가 되기도 하여, 수습되지 않고 종잡을 수 없었다.

"국립촬영소가 완성되어… 기획부장을 제가, 프로듀서를 겸한 제작부장에 기쿠시마 씨, 감독을 겸하는 소장 구로사와 씨… 이 촬영소로부터는 나와 기쿠시마 씨를 뛰어넘는 작가, 감독으로서는 구로사와 씨를 뛰어넘는, 제2, 제3의 구로사와 아키라가 만약 나온다고 해도… 반드시 그걸로 일본 영화가 좋아질 리도, 융성해질 리는 없어요."

기쿠시마 씨, 저는 이 촬영소에 보다 다른 의미를 두고 있었어요. 목표는 영화의 자유, 자유화입니다… 기쿠시마 씨, 영화는 정말로 자유화된 상품일까요? 저는 그렇게 생각지 않습니다. 일종의 통제된 상품입니다. 뭐가 그러냐고요? 어떤 영화도 입장료는 균일하게 동일 요금이지 않습니까. 한 편 한 편 내용이 다르고 제작규모도 다르죠. 300엔짜리 영화, 500엔짜리 영화, 1,000엔짜리 영화가 각각 있어도 되고, 2,000엔, 3,000엔, 5,000엔짜리 영화가 있어도 이상한 일이 아니지 않을까요?

게다가 이 균일요금이 영화시간의 제약, 즉 1시간 반부터 2시간 전후까지의 틀을 만들어 놓아, 어떤 이야기라도 이 틀 안에서 기승전결로 끼워 넣지 않으면 안 된다.

다섯 개의 영화회사가 매주 두 편 동시상영으로 엄청난 수를 제작하던 시대에는, 기획이 부족하면 기획부는 불평을 늘어놓는다. 하지만 전성기에 비하면 제작편수가 격감하였고 밑바닥이라 할 수 있는 현재에도, 프로듀서나 기획 담당자는 변함없이 기획의 부족을 한탄하고 있다. 영화의 기획은 어느 시대라도 만성적으로 기아상태이다.

왜일까? 길이에 균일성이 있기 때문이다. 소설에는 단편, 중편, 장편의 세 종류가 있다. 하지만 영화에는 단편과 장편이 없고, 항상 중편 한 종류에 고정되어 한정되어 버렸다. 그러나 중편 길이로만 영화가 성립하는가 하면, 꼭 그렇지도 않다.

내용이 충실하고 긴박한 작품은 삼사십 분에서 한 시간 전후일 뿐이라도, 질질 끄는 보통 작품보다 긴장의 지속력이 있고, 다 보고 나서의 해방감도 쾌적하게 즐길 수 있어, 흥행에서도 강할 수 있다.

그러나 요금의 균일성 때문에 흥행회사는 이러한 짧은 작품은 관객에게 서비스를 결여한 상품으로 간주하여, 처음부터 거부하여 거들떠보지도 않는다. 그러니까 균일한 입장료를 폐지하고 적정한 입장료로 한다면, 단편물이라도 흥행은 충분히 가능하고, 상영시간이 짧고 회전이 빠른 만큼 채산성이 높을 수 있다.

그와 동시에 단편물의 해금은 제작에 활기를 가져다준다. 소설가의 단편들은 전혀 손대지 않은 채 방대한 작품들이 잠자고 있기에, 기획량이 극적으로 증대하기 때문이다.

나는 우연히 〈라쇼몬〉으로 데뷔하였기에 아쿠타가와 류노스케의 작품을 훑어본 적이 있어, 만약 단편이라도 영화화가 가능하다면 과작인 아쿠타가와에게도 2, 30편의 소재가 있다. 다른 소설가의 경우를 생각한다면 기획은 상상을 초월하는 천문학적인 수치가 된다.

그러나 단편물로 확실히 말할 수 있는 점은, 과거의 원작물의 재고 해소보다, 작가의 창작물이 급속히 증가하는 것이다. 지금까지와는 드라마의 작법이 전혀 다르게, 중편에는 필수 불가결하지만 귀찮기 짝이 없는 기승전결이 필요 없다. 서(序), 파(破), 급(急)의 3악장, 원, 투, 쓰리의 패턴으로 이야기를 만들 수 있다.

이러한 시나리오 작법의 혁명적인 변화로, 다양한 사회현상에 숨어 있는 드라마를 끄집어낼 수도 있고 착상, 즉 작품화라는 빠른 제작으로, 이제까지는 구체화될 계획을 세우지 못했던 드라마도 착착 등장하여, 영화는 완전히 새로운 활황의 시대를 맞을 것이다.

이 새로운 시스템, 균일 입장료와 상영시간의 틀 폐지는 참신하고 매력적인 단편을 만들어 낼 뿐 아니라, 장편영화의 제작도 근본부터 바꾸어 새롭게 변모시킨다.

작가의 재미있는 소설은 장편이 많다. 하지만 장편소설을 제대로 영화화한 작품은 이제까지 거의 예가 없다. 대다수는 한 편만 만들어지기 때문에, 이야기를 대폭 삭제하는 원작의 다이제스트에 불과하다. 그중에는 전·후편으로 두 편 만드는 경우도 있지만, 두 편 정도로 늘려도 대동소이하여 대폭적인 내용 삭제에 의한 변질은 변함없다.

예를 들면 영화 〈바람과 함께 사라지다(Gone with the Wind)〉는 명작으로 불린다.

"그러나 기쿠시마 씨, 그건 거짓말… 실은 제작규모만 컸지 내용은 별것 아니죠."

원작을 읽고 내용을 알고 있는 이에게는 등장인물의 성격이나 스토리의 전개도 알고 있기 때문에, 영화를 보는 재미가 아니라 영화를 보는 것으로 원작의 재미를 기억나게 하는 정도에 지나지 않는다.

만약 원작을 읽지 않고 내용을 전혀 모르는 경우, 그 영화만으로 과연 정말로 재미있을까. 장편을 재미있게 하기 위해서 필요한 이야기를 생략하지 않고 구체적으로 영상화할 수밖에 없다. 그를 위해서 〈바람과 함께 사라지다〉에는 두 시간 정도의 영화가 여섯 편에서 여덟 편 정도가 필요하다. 그러한 생략 없는 영화를 만든 경우에만, 소설의 마지막 "내일은 또 내일의 태양이 뜬다"의 감격이, 소설을 뛰어넘는 감동으로 관객의 가슴에 전달될 수 있다.

장편은 생략해서는 안 된다… 원작의 전체 분량을 바탕으로, 두 시간 정도의 영화 몇 편이 적정한지를 계산하여, 필요한 편수를 계획적으로 만든다. 이것이 균일요금과 시간틀을 폐지한 경우의 장편을 만드는 법으로… 기쿠시마 씨, 당신은 아실 겁니다. 이런 종류의 각본은 몇 편으로 나눌지가 문제로, 그것만 되면 드라마는 매우 쓰기 쉽고, 편하게 작업을 할 수 있어 재미있게 쓸 수 있다. 동시에 그러한 작법과 방법이 정착하면 장편물의 기획은 거의 무진장이라 할 정도이다.

영화의 입장료는 균일하지 않게 되고 동시에 시간 제한이 없어지면, 영화는 다양화되고 자유화되어, 단편이든 중편이든 장편이든, 기획 부족 따위는 있을 수 없고, 다종다양한 의욕작과 야심작이 넘쳐나기에 영화계는 일찍이 없는 활황을 맞게 된다.

하지만 이는, 꿈 많은 한 시나리오 작가의 미숙한 환상에 지나지 않고, 현실은 그렇게 녹록하지만은 않다.

일본의 영화회사에는 제작부문도 있지만, 그것은 미미하여 있는지 없는지 모를 제한된 한 부문에 지나지 않고, 실태는 방대한 수의 영화관을 소유하고 있는 흥행회사이다.

균일요금은 영화가 시작한 이래의 관습이고, 거기에 모순이나 불합리가 있다면 모를까, 현재로서는 아무런 지장도 장애도 없기에, 상영하는 영화에 따라 요금을 달리한다는 것은 영업상의 불안정과 새로운 리스크를 안게 되니까 도대체 말이 안 된다. 그런 이야기를 꺼내도 전혀 들어줄 리가 없고, 소귀에 경 읽기, 혹은 우주인과의 대화… 결국에는 바보 취급당하고 쫓겨나기 십상이다.

눈앞에 우뚝 솟은 장벽은 높고 거대한 산맥인 것이다.

"그러나… 국립촬영소와 국립영화관이 있다면, 기쿠시마 씨… 양상은 매우 달라집니다. 국립촬영소에서 영화회사와는 일체 관계없는 의욕적인 단편이나 장편을 연달아 기획, 제작하여… 즉 영화회사의 극장은 전혀 사용하지 않고 모두 국립영화관에서 상영하는 거지요."

"아아… 아아…."

기쿠시마는 고개를 좌우로 비틀며 헐떡이는 호흡을 계속하였다. 나를 알아보았는지 어떤지는 알 수 없지만, 그 눈동자가 점멸하듯이 때때로 힘이 들어가 나를 쳐다보기도 하였다.

"기쿠시마 씨, 이 국립영화관은 중극장과 소극장 그리고 부대시설도 가지고 있는 최신설비의 대극장으로, 시대의 각광을 받을 새로운 일본 영화의 전당입니다. 여기서 단편과 장편의 의욕작을 작품마다 요금을 설정하고 개봉하여… 그 영향은 터무니없이 커서 흥행 실적과 그 영향에 따라서는, 영화 세계의 다양화와 자유화를 가져다주는 교두보가 충분히 되리라고 생각합니다. 당신과 나, 구로사와 씨가 있는 일본의 국립촬영소로부터, 세계의 영화계를 이끌어나가는 영화 혁명… 영화의 다양화와 자유화가 시작되는 거지요."

기쿠시마가 고개를 조금 돌리며 얼굴을 일그러뜨렸다. 얼굴을 찡그리고 이를 악물며 눈을 닫았지만, 눈에는 희미하게 눈물이 맺혀 있다. 나는 그만 가슴이 뜨거워졌다. 기쿠시마는 내가 누구인지 알고 있고, 내가 말하는 이야기도 대부분이 그의 뇌리에 전달되고 있었다.

나는 복받쳐 오르는 눈물을 주먹으로 닦았다.

"그러나 꿈… 모든 것은 꿈이었습니다."

나는 계속 눈물을 닦았다.

"문화청은… 이미 영화관 부지를 확보해 놓았기에 쉽게 납득하지 않아, 국립촬영소는 어찌되었든, 국립영화관 건설만이라도 하자고 물러서지 않았습니다. 그러나 야스미 씨가 거듭하여 업계의 이해를 도저히 얻을 수 없다고 강하게 거절했기에, 문화청도 결국에는 포기하고 이전부터 건설운동을 하던 오페라단체에게… 오페라극장(현재 신주쿠구 니시신주쿠에 있는 오페라시티의 일부)이 되었습니다… 모든 것은…."

나는 아직 하고 싶은 말이 많았지만, 흘러나오는 눈물로 더 이상 말이 나오지 않았다.

기쿠시마가 타계한 것은 내가 병원을 찾은 날로부터 6일 후인, 1989년 3월 18일이다.

오구니 히데오(小國英雄)

오구니 히데오의 사망은 기쿠시마의 죽음으로부터 7년 후인 1996년 2월 5일로, 향년 91세이다.

오구니는 무샤노코지 사네아쓰(武者小路實篤)가 주관하는 '새로운 마을(新しき村)'의 주민으로,[86] 유골은 '새로운 마을'이 위치한 사이타마(埼玉)현 이루마(入間)군 모로(毛呂)산 동남쪽에 있는 묘에 무샤노코지 사네아쓰 등의 유골과 함께 안치되었다.

---

86) 무샤노코지 사네아쓰(1885~1976)는 소설가로, 문학잡지 『시라카바(白樺)』의 창간과 그 활동으로 유명하다. 1918년 계급투쟁이 없는 유토피아적인 세상을 지향하는 '새로운 마을'을 건설하였다.

오구니 히데오(왼쪽)와 기쿠시마 류조

　나는 병든 노인이지만 자동차 운전은 어찌어찌 할 수 있어, 봄이 찾아오면 사이타마현 오고세(越生)에 매화를 보러 가기도 하는데, 모로야마 마을은 조금 돌아가면 들를 수 있어, '새로운 마을'에 들어가 동남쪽의 묘 앞에 선 적이 있다.

　오구니 히데오의 유골 앞에 서면 항상 생각나는 때가 있다.

　〈7인의 사무라이〉를 준비할 때로, 작업이 끝나자 어느 날 밤 술잔을 탁자 위에 내려놓은 오구니가 갑자기,

　"하시모토… 죽은 이타미 만사쿠를 대신해서 자네에게 말하네."

　나는 놀라서 자세를 바로했다. 스승의 이름 한마디로 전기가 온몸을 흘렀다.

"시나리오 작가에는 세 종류가 있어. 연필을 손가락 사이에 끼우고 손가락으로 술술 써내려 가는 녀석, 손가락 사이에 끼운 연필을 손가락이 아니라 손바닥 전체의 힘으로 쓰는 녀석, 대부분이 이 두 종류이지만… 자네는 팔꿈치로 써. 즉 완력으로 쓰네."

"…"

"그 강한 완력이야, 자네에 견줄 사람은 일본에는 아무도 없어. 그러나 완력이 너무 강하면 무리한 상황 설정이나 부자연스러운 상황을 만들어 내게 돼. 성공하면 박수갈채를 받지만… 이는 실패할 가능성이 훨씬 커."

오구니 히데오는 틀니를 낀 아래턱을 움직이며 마무리 지었다.

"시나리오는 겨울이 있으면 봄이 오고, 여름이 오고, 가을이 온다… 이런 식으로 쓰는 법이야."

나는 오구니를 쳐다보고 있는 구로사와를 보고 놀랐다. 구로사와가 술잔을 손에 쥔 채로 오구니를 주시하며 숨을 죽이고 있었다. 충고를 받고 있는 나 자신보다도 몸을 움츠리고, 오구니 히데오를 똑바로 쳐다보고 있었다.

오구니의 말은 나뿐 아니라 구로사와를 향한 것이었을지 모른다.

이 오구니 히데오의 말을 뼈저리게 절감한 적이 있다.

하시모토 프로덕션이 첫 번째로 제작한 〈모래그릇〉은 성공하였고, 두 번째 작품인 〈핫코다산〉도 성공하였다. 그러나 세 번째 작품인 〈환상의 호수(幻の湖)〉가 실패하였다.

〈환상의 호수〉의 기획 동기는 단순하였다. 〈모래그릇〉은 아버지와 아들의 여행으로 아버지와 아들의 걷기, 〈핫코다산〉은 아오모리의 군부대와 히로마에(弘前)의 군부대의 눈 속에서 걷기―

사람이 걷는 영화가 두 편 이어졌기 때문에, 다음은 사람이 뛰는 영화를 만들고 싶었다.

뛰는 것은 여자로 한다, 이건 좋았다. 직업은 비와호 호반에 있는 안마시술소에서 일하는 직업여성으로 한다, 이것도 좋았다. 개와 함께 호반을 달린다, 이것도 화면상 나쁘지는 않다. 그런데 그 개가 죽임을 당하고, 하필이면 자신의 개를 죽인 남자가 안마시술소의 손님으로 눈앞에 나타나자 울컥하여, 개가 죽임을 당할 때 사용된 식칼로 남자를 찌르려 한다. 당황하여 도망가는 남자를 여주인공은 뒤쫓아 달린다.

비와호 둘레를 돌며 도망가는 남자를 여자가 추적한다.

남자도 평상시부터 조깅을 하여 달리기에는 자신이 있어, 여주인공이 미친 듯이 추적하지만 따라잡을 수 없다. 그러나 비와호 대교에서 결국 남자가 지쳐 더 이상 뛸 수 없게 되자, 쫓아온 여자가 식칼로 남자를 찔러 개의 복수를 한다. 드라마의 흐름이라 해도 살인에 이르기까지, 테마인 달리기가 그 한계를 넘어 명확히 부조리하다. 게다가 여주인공에게는 결혼하게 되는 연인 이외에도, 강하게 마음을 빼앗은 남자가 있는데, 그는 우주비행사이다. 그녀와 그의 인연은 역사적 배경이 있어, 영화는 전국시대로의 회상 장면으로 이어진다. 마지막 장면에서 여주인공이 개를 죽인 남자를 살해하고 뛰어들어 자살했다고 생각되는 비와호가 보이는 우주공간에서, 우주비행사가 둘을 연결해 준 전국시대부터 전해 내려오는 피리를 내려놓는다. 피리는 초승달 모양의 비와호와 교차되어 마치 십자가처럼 보인다. 지구의 자전과 함께 영원히 비와호 상공에 떠 있을 그 피리에는 흰 종이가 붙어 있고, 거기에

는 묵으로 여자의 이름이 쓰여 있다. "오고토(雄琴)의 오이치(お市)를 위하여"[87]

이야기가 뭔가 억지로 정리되고 너무 부조리하다. 그리고 상황 설정에도 부자연스러움과 무리가 중첩되어 있다.

나는 이 각본에 자신이 없었기에 노무라 요시타로에게 읽어 달라고 부탁하였다. 노무라가 괜찮다고 하면 제작하고, 각본에 무리가 많고 실패의 가능성이 크다고 하면, 다시 생각하여 제작을 중지하려고 생각했다. 그런데 노무라의 의견은 "드라마의 질감이 이제까지 없던 완전히 새로운 것으로, 종래의 영화 감각이나 이론으로는 판단의 여지가 없어, 솔직히 말해 나도 잘 모르겠네. 이 각본의 좋고 나쁨은 완성된 영화를 보지 않고는 누구도 알 수 없지 않겠나."

나는 당혹스러웠다. 그런 나에게 오구니 히데오의 말이 떠올랐다.

무리한 상황 설정이나 부자연스러운 상황이라도, 각본은 완력으로 써 낼 수 있고 제작 현장에서도 그대로 통과한다. 그러나 최후의 마무리에서 필름이 전부 이어지면, 근본적인 커다란 결함과 실패가 틀림없이 표출된다. 이 각본에는 그것들이 이중삼중으로 얽혀 있었던 것이다.

"아예 오구니 히데오에게 읽어 달라고 부탁할까."

그러나 오구니가 그 자리에서 맹렬히 제작에 반대할 것이 눈에 선하였다. 이리저리 고민하던 중에 제작준비가 진행되어, 물러설

---

87) 오고토는 비와호에 있는 온천가를 말하고, 오이치는 그곳 안마시술소에서 여주인공이 사용하는 이름이다.

수 없게 되어 제작을 시작하였지만, 결과적으로 각본의 무리 때문에 작품의 완성도도 떨어져 흥행에서 참패하였다.[88]

유골이 안치된 '새로운 마을'의 묘 앞에서 나는 언제나 오구니 히데오에게 사죄한다.

"미안해요, 오구니 씨. 당신이 말한 대로였어요. 당신의 충고를 무시해서 실패했어요… 당신이 일부러 이타미 선생님을 대신하여 주의를 주었는데 말이죠"

하지만 나는 언제나 그 순간에 문득 기묘한 광경을 연상한다.

만약 구로사와가 내가 서 있는 묘 앞에 서서, 오구니 히데오를 마주한다면 뭐라고 할까. 의외로 그건 오구니 히데오에게 하는 내 말과 비슷할지 모른다.

"오구니여… 미안… 〈란〉도 〈가게무샤〉도 좀 무리했나봐, 상황 설정이 너무 억지였어."

구로사와 아키라(黑澤明)

구로사와 아키라는 1995년 3월에 교토에 있는 여관에서 각본 〈비 그치다(雨あがる)〉[89]를 집필하던 중에 쓰러져 1998년 9월 6일에 타계

---

88) 영화의 대부분을 여주인공이 뛰는 장면이 차지하는 〈환상의 호수〉는 1982년 개봉하였으나 3주를 채우지 못하고 막을 내렸다. 하시모토 시노부는 이 영화의 실패로 실질적으로 일선에서 물러나게 된다.
89) 〈비 그치다〉는 결국 오랫동안 구로사와 아키라의 조감독을 역임했던 고이즈미 다카시(小泉堯史) 감독에 의하여 2000년에 영화화되었다.

했다. 각본 집필 중에 쓰러졌기 때문에 예술가로서 그 이상 바랄 바가 없는 최후였다.

구로사와의 타계는 오구니가 죽고 나서 2년이 지난 초가을이니까, 구로사와가 오구니의 뒤를 쫓아 저 세상으로 갔다고 할 수 있다.

그렇다면 구로사와 아키라는 나에게 무엇이었을까?

총괄해 보기 전에 우선 그의 50년간에 걸친 작품의 족적을 살펴보자.

작품명	연도	제작회사	각본	촬영
스가타 산시로	1943	토호	구로사와 아키라	미무라 아키라
가장 아름답게	1944	토호	구로사와 아키라	오바라 조지
속 스가타 산시로	1945	토호	구로사와 아키라	이토 다케오
호랑이 꼬리를 밟은 사나이	1945	토호	구로사와 아키라	이토 다케오
우리 청춘 후회 없다	1946	토호	히사이타 에지로	나카이 아사카즈
멋진 일요일	1947	토호	우에쿠사 게노스케	나카이 아사카즈
주정뱅이 천사	1948	토호	우에쿠사 게노스케/ 구로사와 아키라	이토 다케오
조용한 결투	1949	다이에	구로사와 아키라/ 다니구치 센키치	아이사카 소이치
들개	1949	영화예술 협회/ 신토호	구로사와 아키라/ 기쿠시마 류조	나카이 아사카즈
추문	1950	쇼치쿠	구로사와 아키라/ 기쿠시마 류조	우부가타 도시오
라쇼몬	1950	다이에	구로사와 아키라/ 하시모토 시노부	미야카와 가즈오
백치	1951	쇼치쿠	히사이타 에지로/ 구로사와 아키라	우부가타 도시오

			구로사와 아키라/	
살다	1952	토호	하시모토 시노부/	나카이 아사카즈
			오구니 히데오	
7인의 사무라이	1954	토호	구로사와 아키라/ 하시모토 시노부/ 오구니 히데오	나카이 아사카즈
산 자의 기록	1955	토호	구로사와 아키라/ 하시모토 시노부/ 오구니 히데오	나카이 아사카즈
거미의 성	1957	토호	오구니 히데오/ 하시모토 시노부/ 기쿠시마 류조/ 구로사와 아키라	나카이 아사카즈
밑바닥	1957	토호	구로사와 아키라/ 오구니 히데오	야마자키 이치오
숨은 요새의 세 악인	1958	토호	기쿠시마 류조/ 오구니 히데오/ 하시모토 시노부/ 구로사와 아키라	야마자키 이치오
나쁜 놈일수록 잘 잔다	1960	구로사와 프로덕션/ 토호	오구니 히데오/ 히사이타 에지로/ 구로사와 아키라/ 기쿠시마 류조/ 하시모토 시노부	아이자와 유즈루
요진보	1961	구로사와 프로덕션/ 토호	기쿠시마 류조/ 구로사와 아키라	미야카와 가즈오
쓰바키 산주로	1962	구로사와 프로덕션/ 토호	기쿠시마 류조/ 오구니 히데오/ 구로사와 아키라	고이즈미 후쿠조/ 사이토 다카오
천국과 지옥	1963	구로사와 프로덕션/ 토호	오구니 히데오/ 기쿠시마 류조/ 히사이타 에지로/ 구로사와 아키라	나카이 아사카즈/ 사이토 다카오
붉은 수염	1965	구로사와 프로덕션/	이데 마사토/ 오구니 히데오/	나카이 아사카즈/

		토호	기쿠시마 류조/ 구로사와 아키라	사이토 다카오
도데스카덴	1970	사기의 회/토호	구로사와 아키라/ 오구니 히데오/ 하시모토 시노부	사이토 다카오/ 후쿠자와 야스미치
데루스 우잘라	1975	모스필름	구로사와 아키라/ 유리 나비긴	나카이 아사카즈/ 간토만/ 도부로누라보후
가게무샤	1980	구로사와 프로덕션/ 토호영화	구로사와 아키라/ 이데 마사토	사이토 다카오/ 우에다 쇼지/ (미야카와 가즈오/ 나카이 아사카즈)
란	1985	헤럴드 에이스/ 그리니치 필름	구로사와 아키라/ 오구니 히데오/ 이데 마사토	사이토 다카오/ 우에다 쇼지/ (나카이 아사카즈)
꿈	1990	구로사와 프로덕션	구로사와 아키라	사이토 다카오/ 우에다 쇼지/ (하라 가즈타미)
8월의 광시곡	1991	구로사와 프로덕션	구로사와 아키라	사이토 다카오/ 우에다 쇼지
마다다요	1993	다이에/ 덴쓰/ 구로사와 프로덕션	구로사와 아키라	사이토 다카오/ 우에다 쇼지

※ 괄호 안은 촬영 협력

　작품은 전부 30편으로, 초기의 〈스가타 산시로〉와 속편 〈속 스가타 산시로〉를 제외하면, 각각 다르고 닮은 작품이 전혀 없다. 참 잘도 이렇게 다르게 만들었구나라고 감탄할 정도로 다채롭고, 작품 하나하나가 색, 모양, 냄새까지 달라, 전체를 부감해 보면 화려한 만화경이라 할 수 있다.

　〈우리 청춘 후회 없다〉와 〈멋진 일요일〉의 각본에 구로사와의 이름은 없지만, 이는 앞에서도 언급한 대로 각본 완성 때에 구로사와가 사양하여 자신의 이름을 뺐을 뿐, 공동각본임에는 틀림없다. 또한 각본가의 이름을 나열한 순서(순위)는 작품에 대한 공헌도가 아니라, 작품이 끝났을 때 표지를 쓰게 되는 사람의 심정을 반영한 것으로, 구로사와가 표지를 쓰면 자신의 이름을 빼든지 그렇지 않으면 가장 뒤로 돌렸고, 다른 사람이 표지를 쓰면 구로사와의 이름을 맨 앞에 놓았다··· 공헌도나 이름의 순서는 중요치 않고, 집필자 전원이 작품에 평등한 권리와 책임이 있음을 표시하는 것 이외에는 의미가 없다.

구로사와 아키라를 한마디로 말하면 작품의 다양화를 철저하게 밀어붙인 영화감독이고, 각본가였다고 할 수 있다.

그는 같아 보이는 작품, 비슷해 보이는 작품은 절대로 두 번 만들지 않았다. 이러한 작품의 다양성을 관철하기 위해서는 개성이 다른 수많은 작가가 필요했고, 수법으로서도 '작가 선행형'과 이와는 정반대라 할 수 있는 '곧바로 최종판'이 있고, 또한 그의 장인으로부터 예술가로의 이행도, 필경 작품의 다양성 추구가 가져온 결과이다.

이러한 색과 맛이 다른 각각의 작품에 모든 것을 걸고, 갖은 노력을 아끼지 않고, 해이해지지 않는 다양성 추구의 누적에 의하여, 반세기에 가까운 감독경력과 80세라는 나이에 〈꿈〉이라는 작품에 도달한 것이다.

또한 〈라쇼몬〉의 길이는 1시간 27분, 〈7인의 사무라이〉는 3시간 27분이다. 다시 말하면 〈라쇼몬〉은 1시간 반이 안 되는 단편, 〈7인의 사무라이〉는 3시간을 넘는 장편으로, 구로사와 아키라는 작품의 다양화와 동시에, 중편(기승전결의 이야기)으로부터 벗어나는 자유화도 시야에 넣고 있었던 것이다. 이 자유화 의식이 좀더 강하고 구체적으로 영화계 자체에도 있었더라면, 그의 작품경력은 더욱 화려하고 모자이크적으로, 입체적인 산맥처럼 되었을지 모른다.

내가 꿈에도 그리던 국립촬영소와 국립영화관, 그러한 목표는 단지 일관되게 영화의 다양화와 자유화로, 그것들은 이 길로 들어서 십년 이십년의 연마를 거치면서 싹튼 사색과 갈망에서 비롯되었지만, 구로사와 아키라의 작품과 삶으로부터 받은 영향도 컸다.

하지만 내가 그로부터 받은 영향에는 그러한 영화의 본질에 내재하는 문제보다도, 구체적인 시나리오의 집필에 직결되는 점이 많고, 그것들은 내 눈을 환하게 뜨게 해준 헤아릴 수 없이 소중한 것이기도 하다.

나는 오만불손한 시나리오 작가였다.

구로사와와 작업을 하던 때는, 지금은 구로사와를 목표로 하고 있지만 곧 그를 뛰어넘고 내가 시나리오 작가로서는 앞서 나간다. 그건 시간문제일 뿐 그렇게 멀지 않다고, 조금도 의심치 않았다.

하지만 〈7인의 사무라이〉의 작업 첫날, 구로사와의 책 한 권 분량의 두꺼운 대학노트에 충격을 받았다. 주인공 간베 이하 7인의 성격의 특징, 행동이 면밀히 적혀 있고, 곳곳에 효과적인 그림이 그려져 있었다. 범상치 않은 노력, 아니 집념이라 할 수 있는 인물 묘사이다.

'이건 따라잡기는커녕, 따라가기에도 힘들겠다.'

그를 뛰어넘기 위해서는 그가 하는 이상으로 꼼꼼하고 면밀하게 인물 묘사를… 그러나 그림을 그릴 수 없는 내가, 그러한 결점을 메우려면 어떻게 해야 하나? 그것이 메워지지 않는 한 그를 뛰어넘는 일은 불가능하다.

여하튼 무언가 방법을….

〈7인의 사무라이〉의 작업이 끝나고 도쿄에 돌아오자마자, 내가 과감하게 실행한 일이 '야마노테선 방식'이다.

야마노테선 전철을 타고 자리에 앉으면, 반대쪽 좌석에 쭉 앉아 있는 사람과 주변의 손잡이에 매달려 있는 사람들을 쳐다본다. 인간의 얼굴이란 재미있다… 카메라를 향할 수 있는 얼굴과 향해도 의미가 없는 얼굴이 있다. 카메라 렌즈 속에서 숨을 쉬며 빛을 발하는 얼굴과 만나면, 철저하게 관찰하여 얼굴형태의 특징뿐 아니라 몸매까지 기억해 둔다. 그리고 그 사람이 처할 수 있는 다양한 상황과 희로애락을 상정해 보고, 그 사람이 내리는 역에서 같이 내려, 뒤를 밟아서 개찰구까지 간다. 하지만 나는 개찰구를 나가지 않고, 그 사람의 뒷모습이 보이지 않을 때까지 쳐다보고는, 마음 깊은 곳에 있는 눈의 셔터를 끄고, 인물상과 역 이름을 연결시켜 뇌 속 저장고에 넣어 둔다.

그리고 타고 온 야마노테선이 내선순환이라면, 다음에는 반대쪽 외선순환에 타서 다른 사람을 물색한다.

작업 도중에 짬이 날 때마다 이를 반복하여, 약 1년 가까이 걸려 야마노테선 스물 세 개 역(도쿄, 우에노, 이케부쿠로, 신주쿠, 시부야는 환승객이 많아, 인물에게서 생활의 냄새를 잘 느낄 수 없어 이다섯 개 역은 제외하였다)에 대하여, 한 역당 평균적으로 세 명 정도로, 합쳐서 육칠십 명 정도 남녀의 인물상이 저장되었다.

이를 위하여 발품은 꽤 팔았지만, 이 저장고는 편리한 보물창고였다.

작품에 임하면 등장인물은 역 이름을 색인으로 하여, 딱 들어맞는 인물을 선발하여 역할을 배정하면 된다. 예를 들면 스물일곱, 여덟 살의 운동선수형의 청년이 필요하다면, 우구이스다니(鶯谷)역을 시작으로 하면, 닛포리(日暮里)역, 다바타(田端)역, 고마고메(駒込)역, 스가모(巢鴨)역 방향으로 더듬어 가면, 대여섯 번째 역부터 열 번째 역 정도에서 발견하여, 한 작품의 주요한 인물 설정은 야마노테선을 반 정도 돌거나 한 번 돌면 끝난다. 그리고 인물 설정은 실제 인물을 보고 이미 해놓았기 때문에 그걸 상기하면 되어, 처음부터 다시 할 필요가 없고 대부분이 그대로 그 배역에 맞아 들어가, 그림을 그릴 수 없는 나에게 이 실제 인물에 의존하는 방식은 참으로 유용하였다.

'야마노테선 방식'을 사용한 첫 작품은 〈한낮의 암흑(眞晝の暗黑)〉(1956)[90]이었다.

작품이 완성되자 안심되었다. 자립했다는 일종의 감개무량함이⋯ 혼자서 자기 작품을 한 편 한 편 완성시켜 쌓아 나가는 이정표와 같은 느낌이었다.

동시에 김이 빠지는 느낌도 들었다. 이제까지 집요하게 나에게 들러붙어 떨어지지 않던 것이 갑자기 뜯겨나간 느낌이었다. 작가로서의 구로사와 아키라를 따라잡아 추월한다⋯ 어째서 그런 바

---

90) 〈한낮의 암흑〉은 누명을 쓴 이들의 재판과정을 다룬 영화로, 1956년 일본의 영화잡지 『키네마준보』 선정 일본 영화 1위, 블루리본 작품상, 감독상 등을 수상하였다.

보 같고 의미 없는 일에… 어찌되었든 그건 일절 의미가 없음을 깨달았다.

서로의 출생과 성장, 취미나 취향, 인생관도 다르기에, 목표하는 바가 같을 리가 없다. 구로사와에게는 구로사와의 길, 나에게는 나의 길이 있고, 따라잡는다든지, 뛰어넘는다든지가 있을 리 없다. 나에게는 나 개인을 쌓아올리기 위해 한 편 한 편의 작품을 이정표로 삼는 길밖에 없다.

이정표인가… 그러나 그 대학노트는 정말로 고마웠다. 나에게는 마치 핵폭탄이었다. 그것이 야마노테선 방식을 만들게 해준 것이나 다름없다.

그 후 이 '야마노테선 방식'은 인물 교체가 두 번 있었지만, 내가 만들어 낸 '3분의 1 시스템'(작품 전체의 구성은 하지 않고, 처음부터 3분의 1까지만을 구성하여 시나리오를 쓰고, 그 지점에 도달하면 다시 다음 3분의 1을 구성하여 시나리오를 전개하여, 마지막에 남은 3분의 1을 마무리한다―요는 시작할 때 기승전결은 대충 해놓고, 이야기를 3분의 1씩 나누는 방식)과 함께, 내 작업의 두 축이 되어 매 작품의 기초를 오랫동안에 걸쳐 만들어 주었다.

〈한낮의 암흑〉과 〈잠복〉, 〈하얀 거탑(白い巨塔)〉, 〈할복〉, 〈나는 조개가 되고 싶다(私は貝になりたい)〉, 〈풍림화산(風林火山)〉, 〈인간혁명(人間革命)〉, 〈일본의 가장 긴 날(日本のいちばん長い日)〉, 〈일본침몰(日本沈没)〉, 〈모래그릇〉, 〈핫코다산〉 등… 약 여든 편에 이르는 영화각본과 약간의 텔레비전 드라마는, 그 모든 것이 이 두 시스템의 유기적인 연결 덕택에 만들어졌다.

내 지인 중에 기탄없이 의견을 말하는 이(선배 작가)가 있어,

"자네에게는 구로사와 작품 계열과 자네 본래의 작품 계열이라는 두 가지 흐름이 있기 때문인지, 존재감의 초점이 분열되어 흐릿해져… 큰 손해를 보고 있어. 자네에게는 구로사와 작품이 없는 편이 존재감이 확실해지고 더욱 크지 않았을까"라고 말을 듣기도 하였다.

그러나 그것은 죽은 자식의 나이를 세는 일 같은 것으로, 모든 것은 지난 과거일 뿐이고, 인간이 거쳐 온 인생에 '만약'이 없는 이상, 이제 와서 그런 가설은 나에게는 아무런 의미가 없다.

오히려 그와 관련하여 솔직한 내 진심을 말하자면, 이타미 만사쿠의 단 한 명의 문하생 '출신'이고, 구로사와 팀에서의 가차 없이 가혹한 수련에 의해 '성장'한 사람이, 이 정도의 작품들로 괜찮았느냐하는 것이다.

시나리오 작가를 목표로 하기에는 더할 나위 없이 혜택 받은 환경과 도정이었고, 아주 드문 엘리트코스라 할 수 있는 왕도를 거쳐 온 사람의 필모그래피로서는, 좀 더 양질의 작품들로 채울 수 있지 않았을까 하는 아쉬움이 남는다.

때때로 이타미 만사쿠 그리고 구로사와에게 조금 미안한 마음이 드는 날이 있다.

내가 구로사와 아키라의 부고를 듣고 놀란 것은 도쿄가 아니라, 기타가루이자와에 있는 장녀의 작업장(별장)에 있을 때였다.

교도통신을 시작으로 신문과 텔레비전의 계속되는 전화 취재로 녹초가 되었다. 겨우 취재가 한바탕 끝나자 조금 쉰 후에 툇마루에 나와 의자에 앉았다. 아사마산 산록에 위치한 마당에서는 단풍이 시작하고 있었다.

조금 색이 든 옻나무로 눈을 향한 채, 멍하니 몽유병자처럼 손가락을 하나씩 꼽았다.

기쿠시마 류조, 이데 마사토, 오구니 히데오, 그전에 우에쿠사 게노스케, 히사이타 에지로 그리고 이번에는 팀 리더인 구로사와 아키라… 구로사와 팀의 각본을 쓴 작가는 나 하나를 남기고 전원이 저 세상으로 가버려, 이제 이 세상에는 아무도 남지 않았다.

가을바람이 몸에 스며드는 곳에 놓인 고독한 외톨이이다.

구로사와와 함께 〈조용한 결투〉를 쓴 다니구치 센키치는 건재하지만,[91] 다니구치는 원래 감독이고 구로사와와는 조감독 시절부터의 친구로, 다니구치의 감독 작품에는 구로사와가 몇 편 각본을 써주기도 하여, 마침 〈조용한 결투〉 때 다니구치가 도와준 정도의 사이로 구로사와 팀의 작가라고는 할 수 없다.

나는 뜻밖에도 조바심이 나며 글이 쓰고 싶어졌다.

그러나 그건 무리다. 10년 전에 오른쪽 콩팥을 떼어 낸 이래, 거듭되는 담석 적출과 췌장염, 폐기종, 만성기관지염, 전립선비대 등으로 입원을 반복하여 작업은 정지된 채로 글은 써지지 않았고, 아니 10년 전부터 글을 전혀 쓸 수 없게 되었다.

조금이라도 몸 상태가 나아져, 하루에 적어도 20분 간격으로 세 번… 한 시간 정도라도 워드 프로세서 앞에 앉을 수는 없을까. 그렇게 되면 소걸음보다 느릿느릿, 그리고 단락적인 단편 같은 것일지 몰라도 구로사와 아키라에 대해서 써 보고 싶다.

---

91) 다니구치 센키치도 2007년 이 세상을 떠났다.

구로사와 작품의 가장 큰 특질은 공동각본, 구로사와가 혼자서 각본을 쓰지 않고, 다른 작가와 함께 쓴 공동각본이지만, 그 실태는 밀실에서의 특이한 작업이기 때문에, 제3자에게는 모든 것이 불분명하고 알 수 없고 추측도 불가능하다.

그러나 그것을 어느 정도 알지 못하면, 구로사와 작품에 대한 비판은 매우 표면적이고 피상적일 수밖에 없다. 또한 영화감독과 작가 지망생 중에서 이를 간절히 알고 싶어 하는 이들이 많다.

아니 그런 비평가나 영화계를 목표로 하는 많지 않은 사람들만이 아니라, 영화를 좋아하고 영화를 사랑하는 압도적으로 방대한 영화팬들에게, 영화의 본질, 즉 영화는 조작이 있는 구경거리이고, 그 조작이란 시나리오를 말하고, 그 시나리오도 또한 조작에 의해 성립되는 것이고, 그러한 영화각본의 존재양태와 작법 그리고 결과로서의 완성도가 얼마나 영화를 좌우하고 결정하는지를, 일본 최고의 영화감독 구로사와 아키라가 직접 감독하는 작품의 각본 제작에 참여했던 사람이 직접 언급함으로써, 영화에 대한 흥미와 재미가 지금보다 훨씬 입체감 있고 폭넓고 깊이 있게 될 것이 틀림없다.

그러나 이대로는 특수한 공동각본의 실태는 영원히 어둠속으로 매몰되어, 일체가 불분명하게 될 것이다. 그 개요, 아니 일부라도 써서 남기는 일이 이 세상에 오직 혼자 살아남은 구로사와 팀의 작가인 내 책무가 아닐까.

하지만 나는 쓰지 않았다. 아니 쓸 수 없었다. 글을 쓰는 일로 밥을 먹어 와놓고선, 아무리 용을 써도 몸이 따라주지 않았다.

광대한 고원 한쪽에 펼쳐지는 양배추밭이었다.

완만한 기복으로 양배추밭은 한없이 펼쳐지고, 저 멀리 시야 끝에 아즈마가와에서 경사가 끝나지만, 그 앞에는 왼쪽에 나가노현 경계의 아즈마야(四阿)산, 정면에는 바라기(バラギ) 고원의 산들, 오른쪽에는 나란히 있는 구사즈의 시라네(白根)산으로부터는 솔로 쓸어내린 듯한 하얀 구름이 광대한 하늘에 떠 있다.

쓰마고이(嬬恋) 마을과 나가노하라(長野原) 마을은 아가쓰마(吾妻)강을 따라 형성되어, 인가는 이곳에서 한 채도 보이지 않는다.

차를 내려 길가에 서자, 앞은 오른쪽을 보아도 왼쪽을 보아도 양배추밭이고, 등 뒤는 아사마(淺間)산 북쪽 산록의 양배추밭. 이 고원에 있는 것은 지나가는 바람과 양배추, 모든 것이 양배추로 가득한, 일본 최대 규모의 군마(群馬)현 쓰마고이 마을의 양배추밭이다.

아사마산에서 분출된 용암이 모인 오니오시다시(鬼押出)를 넘어, 농업용 도로에서 북사면의 산록으로 좌회전하여 언덕을 오른 곳으로, 장녀의 일터로부터는 30분 정도밖에 걸리지 않기도 하여, 기타가루이자와에서는 내가 가장 좋아하는 장소이다.

나는 매년 기타가루이자와에서 여름을 보내면서 두세 번은 이곳에 오지만, 도쿄에 돌아가기 전에는 반드시 들른다. 내년에도 몸 상태가 지금보다는 나빠지지 않아 어떻게든 차를 운전하여 기타가루이자와에 올 수 있을지 모르기에, 이번이 마지막이라고 생각하고 이 고원의 바람을 맞으며 풍경을 보기 위해 온다.

광대한 양배추밭에는 곳곳에 양배추를 모아 트럭으로 나르는 지붕만 있는 집하장이 있다. 햇빛이 강한 때는 차에서 내려 그 건물 그늘에 들어가면 선선한 바람이 불어온다. 아사마산의 산기슭을 부는 상쾌한 고원의 바람… 그건 이루 말할 수 없는 기분으로, 극락이 따로 없다.

그러나 곰곰이 생각해 본다. 인간의 수명처럼 알 수 없는 것이 없다. 이 광대한 양배추밭과 이별을 하여도, 다음해에는 또 어떻게든 찾아온다. 그러한 일이 최근 2, 3년 이어졌다. 구로사와가 죽은 지 벌써 4년이 지났다. 조금이라도 몸 상태가 나아지면, 구로사와와 나에 대하여 써 볼 작정이지만, 몸 상태는 변함없이 불안정하여 회복되지 못하고, 오히려 나이가 더 들어감에 따르는 체력의 저하를 피할 수도 없다. 이대로는 정돈된 글을 쓰는 일은 무리다.

나는 한숨을 쉬고 양배추밭을 왼쪽으로 보고 오른쪽으로 보고 정면에서 내려다보았다. 이어서 고개를 들어 하늘을 올려다보았다. 양배추밭도 넓지만 하늘은 비교할 수 없을 정도로 광대하였다.

하늘과 땅은 너무나도 유원하다. 인간은 너무나도 비소하다.

나 따위는 존재하고 있는지 어떤지 의문이 들 정도로, 매우 작은 검은 벌레에 지나지 않는다.

도쿄에 돌아가면 한 글자라도 두 글자라도 글을 쓰자. 3분이라도 5분이라도 워드 프로세서 앞에 앉자. 그것이 벌레가 사는 법, 꿈틀거림이다. 완성시키려고 생각하니까, 마무리지려고 생각하니까 시작을 못하는 것이다. 완성되든지 그렇지 못 하든지는 상관없다. 쓸 수 있으면 되는 것이다. 쓸 수 없으면 그만두면 된다. 도중에 죽는다 하여도… 만약 죽음의 직전까지 쓸 수 있다면, 벌레의 사는 법으로서는 그 정도로 바라는 바는 없다. 여하튼 도쿄에 돌아가면 한 글자라도 두 글자라도….

나는 상쾌한 고원의 바람을 가슴 가득 들이마셨다. 아사마산의 북쪽 기슭은 끝없는 기복이 펼쳐지고, 전방 오른쪽의 시라네산 위의 하얀 구름이 솔로 쓴 듯이 펼쳐져 조각조각으로, 점차 변해 가는 그것은 가을의 조개구름이었다.

갑옷을 입은 군단이 거대한 문을 통과하며 진군한다.

강해 보이는 군단이 궁전 정원에서 일제히 한쪽 무릎을 세우고 앉아 활을 쏜다.

화면 가득히 반짝반짝 빛을 내며 공중을 날아가는 엄청난 소나기 같은 화살.

내가 도쿄의 집에서 텔레비전으로 중국 영화를 보고 있자, 찾아온 장녀가 알려주었다.

"아버지, 이 영화의 감독은 중국의 구로사와 아키라라고 불리고 있어요."

"그래? 중국의 구로사와 아키라?"

그러자 등 뒤에서 둘째딸이 말을 걸었다.

나는 둘째딸 부부와 손자들과 함께 살고 있다.

"한국 영화에도 한국의 구로사와 아키라라 불리는 감독이 있어요."

"한국에도! 그럼 일본에도 제2, 제3의 구로사와 아키라가 있겠네?"

두 딸은 얼굴을 마주하며 고개를 갸우뚱하였다. "일본에? 들은 적이 있는 것 같기도 하고… 생각이 안 나네, 누구였지? 구로사와에 가장 가까운 감독이라고 불리는 사람 있었는데."

"거참, 일본에는 없는데 여기저기서 구로사와 아키라라고 하는군."

일본만이 아니라, 한국, 중국에까지 구로사와 아키라가 출현하다니, 영화계로서는 나쁘지 않은 이야기이지만, 진짜 구로사와를 아는 사람으로서는 그러한 선전문구를 구사하는 수완 좋은 프로듀서나, 구로사와라고 존칭되는 당사자 혹은 관계자에게 조언이나 충고를 해두고 싶다.

박력 있는 화면이나 좀 있어 보이는 화면은 사람들의 주목을 끌지만, 그건 카메라감독의 능력에 달린 것이기도 하여, 일부분의 화면만으로는 구로사와 아키라라고 할 수 없다.

구로사와 아키라의 조건은 우선 뛰어난 감각과 재능이 있고, 수준 높은 영화각본을 쓸 수 있는 자일 것. 동시에 주변에 같은 수준의 작가가 서너 명이 존재하여, 작품마다 팀을 꾸려 그중에 한 명 또는 두 명과 같은 책상 위에서 같은 장면을 누가 잘 썼는지 치열하게 경쟁하며 쓰는, 특수한 집필방법이 만들어 낸 '복안(複眼)의 눈'에 의한 완성도 높은 공동각본을 현장에 가져가는 것이 기본 조건이다.

말로 하면 간단하지만, 이것들을 해내는 일은 쉽지 않다. 그러나 곤란이나 장애를 뛰어넘을 수 있는, 공동작가 상호 간의 신뢰감과 연대감만 강인하다면, 이것의 달성은 가능하다. 그러나 기본 조건을 극복하였다 하더라도 아직 부족한 점이 있다.

그것은 '자신만의 노래'를 갖고 있는지 여부이다.

'자신만의 노래'는 그 사람 특유의 말투나, 억양 같은 것으로,

누구에게라도 있는 그 사람 자신이 가지고 태어난 본성과 같은 것이다. 그러나 문제는 '자신만의 노래'가 구로사와 아키라의 '자신만의 노래' 정도로, 사람을 끌어당기고, 매료시키고, 흥분시키고, 도취시킬 수 있느냐 하는 것이다.

구로사와 아키라에게는 '자신만의 노래'가 있었다.

등을 쫙 펴고 다타미 위에 정좌하여, 시선을 먼 곳에 두고 무의식적인 가벼운 손 박자에 맞추어 노래를 한다. 가사는 토착성이 강한 아키타 사투리라서 한마디도 알아들을 수 없지만, 목소리에는 윤기와 생기가 있어, 시원시원하고 다이내믹하고 쾌활하고 신바람 나면서도, 어딘가에 설국(雪國)의 옅은 슬픔이 깔리는, '자신만의 노래'는 '아키타 민요'이다.

그가 〈스가타 산시로〉부터 〈마다다요〉까지 감독한 서른 편의 형태를 만들고, 피를 통하게 하고 숨을 불어넣은 것, 그것이 바로 그의 '자신만의 노래'이다.

〔연보에는 구로사와 아키라가 태어난 곳이 1900년 3월 23일, 도쿄부 에바라(荏原)군 오오이마치 1150번지, 현재 시나가와구 히가시오이 3-24번지 부근으로 되어 있다. 하지만 나와 오구니 그리고 기쿠시마에게는 자신이 태어난 곳은 분명 아키타로, 어릴 적에 도쿄로 왔다고 하였다.〕

구로사와보다도 '아키타 민요'를 잘 부르는 사람은 이 세상에 얼마라도 있다. 하지만 그건 잘 부르고 못 부르고와는 관계없이, 그가 부르는 '아키타 민요'는 그만이 부를 수 있는 특유의 구로사와 풍인 것이다.

이 '자신만의 노래'는 그 사람 독자의 것으로, 제3자는 도저히 흉내 낼 수 없다.

뛰어난 감독은 앞으로도 계속 나타날 것이다. 그러나 구로사와 아키라는 한 명으로, 제2, 제3의 구로사와 아키라의 출현은 영원히 있을 수 없다.

그러나 제2, 제3의 구로사와 아키라는 있을 수 없다 해도, 이것만은 후세의 양식 있는 사람들이 꼭 계승하여 실행해 주었으면 하는 점이 있다. 구로사와 아키라가 행한 공동각본이다.

구로사와 작품은 일본 영화를 지탱하는 대들보였고, 그 각본의 대부분은 공동각본이다. 그런데 영화만이 아니라, 다른 분야인 가부키에서도 같은 점을 지적할 수 있다.

에도시대부터 현재에 이르기까지 여전히 대히트를 거듭하여 가부키를 지탱해 온 금자탑과 같은 거대한 작품이 있다. 〈가나데혼추신구라(假名手本忠臣藏)〉가 그것으로, 이보다 작품적으로 조금 떨어지지만 인기와 실적도 그렇게 다르지 않은 〈요시쓰네 센본자쿠라(義經千本櫻)〉, 〈스가와라덴주 데나라이카가미(菅原傳授手習鑑)〉 두 작품이 있다. 〈가나데혼추신구라〉를 포함하여 이 세 작품은 가부키 3대 명작으로, 현재에도 많은 관객동원수를 자랑한다. 세 작품 모두 다케다 이즈모(竹田出雲), 미요시 쇼라쿠(三好松洛), 나미키 센류(竝木千柳)의 공동작품이다.

이 중에는 다케다 고이즈모(竹田小出雲)가 참가한 작가 네 명의 〈스가와라덴주 데나라이카가미〉가 있지만, 이는 초대(初代) 다케다 이즈모가 아직 건재하였을 때의 작품으로, 다케다 고이즈모는 선대의 사망으로 2대 다케다 이즈모가 되어, 〈요시쓰네 센본자쿠라〉 〈가나데혼추신구라〉를 미요시 쇼라쿠, 나미키 센류와 함께 썼다.

다케다 이즈모 부자, 미요시 쇼라쿠, 나미키 센류는 지카마쓰 몬자에몬이나 쓰루야 난보쿠와 같은 대작가는 아니다. 지카마쓰 몬자에몬이 병으로 죽자, 경영위기에 빠진 오사카 다케모토좌의 좌주 다케모토 이즈모가 좌를 유지하기 위하여, 고육책으로 내놓은 방안이 공동각본으로, 이것이 생각지도 않은 대성공을 거둔 것이다.

일본의 영화도 가부키도 그 근간을 이루는 작품은 모두 공동각본이다.

우리의 감각과 재능은 뻔하다. 그러나 세 명 모이면 문수보살의 지혜로, 영화도 연극도 그 각본은 지혜와 힘을 합하여 공동각본으로 할 수 있음이 최대의 특징이기도 하다. 이제까지 상술한 구로사와 팀의 '작가 선행형'도 좋고, 소재에 따라서는 '곧바로 최종판'도… 아니 그러한 답습이 아니라, 보다 변화되고 새로운 공동각본의 제작방법도 좋다. 어쨌든 작가들의 신뢰와 연대감으로 지혜와 힘을 합칠 수 있는, 새로운 방식의 각본을 꼭 시도해 주었으면 한다.

일본의 영화도 가부키도 정체상태이다.

영화의 경우 활황을 되찾기 위해서는 앞에서 말했던 영화의 자유화 말고는 길이 없지만, 임시나마 방법이 없는 것도 아니다.

천재적인 작가의 출현을 기다려 돌연변이하려는 기대 따위는 너무나도 바보 같고, 문제해결은 어디까지나 현실을 직시하지 않으면 안 된다. 현재의 작가군(일본만이 아니라 전 세계의)에 의한 단독 각본으로는 앞길이 보이지 않는다.

그러나 만약 새로운 공동각본이라면 아직 재미있는 작품이 나올 수 있는 미지수와 가능성은 많이 있고, 독창성이 넘쳐나는 작품이 나옴으로써, 그때야말로 구로사와 아키라를 뛰어넘는, 제2, 제3의 새로운 구로사와 아키라가 비로소 출현할 것이다.

뛰어난 감독은 뛰어난 시나리오가 있는 경우에만 태어난다.

구로사와는 원래 연하장을 보내지 않았다.

그러나 크리스마스에는 꼼꼼히 크리스마스카드를 보냈다. 생일에는 스태프나 지인들을 초대하여 성대하게 파티를 열었다. 먹을 것도 생선보다는 압도적으로 고기를 좋아하였다. 이러한 그의 일상에서 습한 일본의 풍토보다 서구적인 것에 대한 선호도가 강함을 느끼지만 작품은 의외로 그렇지 않다.

그의 서른 편의 작품을 부감해 보면 매우 일본적이다.

넓은 태평양, 원주형 열도, 가늘고 긴 섬나라 일본, 아열대 기후지만 온도와 습도가 변하여 사계절이 있다. 그 사계절을… 자신이 만들고 싶은 대로 만든 작품이지만, 순서 좋게 그대로 사계절을 상징하고 있는 듯이 보이고, 동시에 구로사와의 생애를 보여주고 있는 듯하다.

시작과 끝은 단독각본 그러나 대다수는 공동각본이다. 단독작품은 싹이 트는 봄이고, 공동작품인 '작가 선행형'은 여름, 같은 공동작품이라도 '곧바로 최종판'은 가을, 그리고 다시 단독작품인 고고한 겨울이 된다.

봄(싹틈)
〈스가타 산시로〉〈가장 아름답게〉〈호랑이 꼬리를 밟은 사나이〉

여름(한창때)

〈멋진 일요일〉〈주정뱅이 천사〉〈라쇼몬〉〈살다〉〈7인의 사무라이〉

가을(결실)

〈요진보〉〈쓰바키 산주로〉〈천국과 지옥〉

겨울(초연)

〈꿈〉〈8월의 광시곡〉〈마다다요〉

간략히 정리해 보면 이런 형태가 아닐까. 작품들을 쭉 살펴보니 구로사와는 일본의 사계와 더불어, 영화의 왕도를 걸어온 가장 전형적인 일본인이 아닐까.

동시에 서른 편의 작품을 한 단계 더 높은 위치에서 부감하면, 이런 말도 할 수 있다. 서른 편 전부가 고차원에서 연결되어 있고, 테마가 일관되게 같다는 점이다.

이 세상에 선인은 없다. 그러나 악인도 없다.
누구나가 선과 악을 등지고 살아가고 있다.

일찍이 노무라 요시타로가 30년 정도 전에 나에게,
"구로사와 씨에게 하시모토 시노부는… 만나서는 안 될 사람이었어요."
라고 말하여 당황한 적이 있다.

구로사와와 나에 대한 이야기를 총괄하는 의미로, 노무라에게 던진 나의 질문,

"구로사와에게 나… 하시모토 시노부는 무엇이었는지요?"

에 대한 노무라의 예리한 반사적인 어조의 답이었다.

나는 너무나도 놀랐다. 나로서는 꿈에서도 그렇게 생각한 적이 없기에, 아연실색하여 다음 말을 이을 수 없었다. 나는 그때 노무라의 대답이 달랐으면,

"그러면 나에게 구로사와 씨 … 구로사와 아키라는 무엇이었을까요?"

라고 물어볼 참이었는데, 갑자기 귀를 의심하는 충격적인 말에 그럴 여유는 사라지고, 이후는 노무라의 논리 정연한 논지, 나와 만나지 않았어도, 〈라쇼몬〉이나 〈7인의 사무라이〉가 없어도, 세계적인 영화의 거장이 되었을 것이라는 구로사와의 입체상을 묵묵히 들었을 뿐, 결국 나는 아무 말도 하지 못하고 묻지도 못했다.

그러나 나에게 구로사와는 언젠가는 만나지 않으면 안 되었을 사람이라고… 만나서 좋았다고 생각한다. 아니 만나는 게 당연하다는 생각이 들기도 한다.

나와 구로사와 아키라, 둘의 관계는 단지 만나야 할 사람이 만나, 그때그때의 작업을 각각의 눈(복안)으로 착실하게 행하며 헤쳐 왔다는 느낌이지만, 그것들은 모든 것이 왠지 미리 정해져 있었다는 기분이 든다.

언제 어디서 누구와 만난다는 인간의 운명이 미리 정해져 있다고 한다면, 누군가와 만난다는 기대감과 두근거림이 인간을 영원히 미래지향적으로 만들지 모르나, 때로는 모든 것이 결정되어

1992년 〈마다다요〉를 촬영 중인 구로사와 아키라

운명을 고정시켜 버린 것에 대한 추억과 회귀가, 더욱 감미롭고 한없이 그리워 심금을 울리는 경우도 있다.

하시모토 프로덕션 사무소가 시부야의 사쿠라오카에 있던 시절은 매일 이노카시라선으로 통근을 하였지만, 건강을 해쳐 작업을 할 수 없게 되어 사무소를 정리하였어도, 도심의 병원으로 통원이나 쇼핑 등으로 일주일에 두세 번은 시부야에 외출한다.

사무소 시절도 그랬지만 지금도 시부야에서 집으로 돌아올 때, 전철이 이노카시라선 시모키타자와역까지 오면 습관적이랄까 반사적으로 언제나 창밖을 쳐다본다.

고가 위에 있는 이노카시라선 밑으로… 때로는 교차하여 통과하는 오다큐선 전철의 지붕이 크게 보일 때마다, 처음으로 구로사와를 만나기 위해 고마에까지 탔던 오다큐선 전동차를 생각해 낸다.

나는 시모키타자와역에 정차하면 눈을 감는다.

몇 년 후에는 오다큐선 시모키타자와역이 지하가 되어 버리기 때문에, 이노카시라선으로부터 오다큐선 전동차는 전혀 보이지 않게 된다. 하지만 그건 앞으로 몇 년 뒤로, 그때까지 내가 살아 있으리라고는 생각지 않는다. 그렇다고 하면 내가 살아 있는 동안은 이노카시라선과 오다큐선은 교차하여 달리고, 경쾌한 그 멜로디도 계속 흘러나올 것이다.

내가 내리는 신다이타역까지 시모키타자와역으로부터는 단 하나의 역이지만, 눈을 감으면 귀에서는 처음으로 구로사와를 만나러 가는 오다큐선 전동차 안에서 경쾌하게 울리던, 유쾌하고 리드미컬한 멜로디가 지금도 들린다. 7, 80년 전의 유행가 〈도쿄행진곡〉이다.

시네마를 보시겠습니까, 차를 마시겠습니까.
차라리 오다큐선을 타고 도망가시겠습니까.
변해 가는 신주쿠, 무사시노의 달도⋯

옮긴이의 글

할복을 위한 칼이 놓여 있지만 이를 마주하고 있는 사무라이는 칼에 손을 댈 생각을 하지 않고 하루의 유예를 간청한다. 하지만 주위 사람들은 도망칠지도 모른다며 이를 허용치 않는다. 가난 때문에 칼을 팔아버려 앞에 높인 칼집에는 목검이 들어 있기에 사무라이는 유예를 간청한 것이다. 과연 사무라이는 할복을 할 것인가….

이는 고바야시 마사키 감독의 영화 〈할복(切腹)〉의 한 장면이다. 이 영화는 일본 대중문화가 개방되기 이전에 내가 본 몇 편 안 되는 일본 영화 중에서, 구로사와 아키라 감독의 〈라쇼몬〉과 더불어 가장 인상 깊은 작품이었다. 본격적으로 일본 영화에 대한 공부를 하게 되면서 두 영화의 시나리오를 하시모토 시노부라는 한 사람이 썼음을 알고 놀라움을 금치 못했던 기억이 있다.

하시모토 시노부, 그는 일본 영화계를 이끌어온 대표적인 시나리오 작가이다. 이 책에서 자세히 소개되듯이 그는 구로사와 아키라의 〈라쇼몬〉으로 데뷔하여, 〈살다〉 〈7인의 사무라이〉 〈거미의 성〉 등 구로사와의 많은 작품에서 각본을 담당하였다. 구로사와와의 작품을 제외하더라도 〈한낮의 암흑〉 〈잠복〉 〈나는 조개가 되고 싶다〉〈지도가 없는 마을〉〈제로의 초점〉〈하얀 거탑〉〈일본의 가장 긴 날〉〈풍림화산〉〈모래그릇〉〈인간혁명〉〈핫코다산〉〈여덟 개 묘지 마을〉〈일본침몰〉 등 일본 영화사에 길이 남을 수많은 명작들의 각본을 쓴 장본인이기도 하다. 그가 아흔을 넘긴 나이에 영화에 대한 글을 쓴 것이 이 책이다. 그런데 여기에는 본인의 독자적인 작품 활동에 대한 기술이 거의 없고, 구로사와 아키라와의 공동작업에 대한 서술로 가득하다. 이 점이 이 책의 묘미 중의 하나이다. 구로사와 영화들의 각본이 어떻게 쓰였는지, 왜 그의 작품에는 공동각본이 많은지에 대한 궁금증을 이 책은 풀어준다. 구로사와 아키라의 영화를 전혀 보지 않은 이에게도 이 책은 시나리오가 영화제작에 있어서 얼마나 중요한지, 또한 문자를 통하여 영상을 상상해 내는 일이 얼마나 고된 작업인지를 잘 전달해 준다. 또한 책에서 풍겨 나오는, 영화에 인생을 바친 한 남자의 집념은 읽는 이에게 손에 땀을 쥐게 하는 긴장감을 가져다주기도 한다.

이 책은 출판되자마자 일본에서 큰 반향을 불러일으켰고, NHK에서는 이 책을 토대로 하시모토 시노부에 대한 다큐멘터리를 제작하기도 하였다. 따라서 책의 저작권료가 상당하였으나 저자의 배려로 이처럼 번역할 기회를 얻게 되었음을 기록해 둔다. 마지막으로 이 책을 소개할 기회를 준 한림대학교 일본학연구소와 꼼꼼히 작업을 해준 소화출판사, 번역할 시간적 여유를 제공해 준 국제교류기금에 감사드린다.

2012년 1월

지은이

하시모토 시노부(橋本 忍)

전후 일본 영화계를 대표하는 시나리오 작가이자 영화감독, 제작자이다. 1918년 효고현 간자키군 이치카와에서 태어나, 1950년 〈라쇼몬〉의 공동각본으로 영화계에 데뷔하였다. 〈살다〉〈7인의 사무라이〉 등 구로사와 아키라 감독의 많은 작품의 각본을 공동으로 썼고, 〈나는 조개가 되고 싶다〉(1959년) 등 감독을 직접 하기도 하였다. 1973년에 하시모토 프로덕션을 설립하여, 제작자로서 〈모래그릇〉〈핫코다산〉 등의 흥행작을 만들어 내었다. 그 밖의 그가 쓴 주요한 시나리오로는 〈한낮의 암흑〉〈잠복〉〈할복〉〈하얀 거탑〉〈일본침몰〉〈일본의 가장 긴 날〉 등이 있다.

옮긴이

강태웅(姜泰雄)

광운대학교 일본학과 교수로 일본영상문화론, 표상문화론을 전공하고 있다. 서울대학교 동양사학과를 졸업하고 히토쓰바시대학 사회학연구과에서 석사학위를 취득했으며, 도쿄대학 총합문화연구과 표상문화론 과정에서 박사학위를 취득했다. 저서로『제국의 교차로에서 탈제국을 꿈꾸다』(공저),『세계박람회와 지역문화』(공저),『동아시아의 오늘과 내일』(편저),『전후 일본의 보수와 표상』(공저),『교차하는 텍스트, 동아시아』(공저),『일본과 동아시아』(공저),『키워드로 읽는 동아시아』(공저) 등이 있고, 번역한 책으로는『일본영화의 래디컬한 의지』가 있다.

한림신서 일본학총서 발간에 즈음하여

　1995년은 제2차 세계대전이 끝나고 우리나라가 일본 식민지에서 해방된 지 50년이 되는 해이며, 한·일간에 국교정상화가 이루어진 지 30년을 헤아리는 해이다. 한·일 양국은 이러한 역사를 되돌아보면서 앞으로 크게 변화될 세계사 속에서 동북아시아의 평화와 번영을 추구해야 하리라고 생각한다.

　한림대학교 일본학연구소는 이러한 역사의 앞날을 전망하면서 1994년 3월에 출범하였다. 무엇보다도 일본을 바르게 알고 한국과 일본을 비교하면서 학문적·문화적 교류를 모색할 생각이다.

　본 연구소는 일본학에 관한 자료를 수집하고 제반 과제를 한·일간에 공동으로 조사·연구하며 그 결과가 실제로 한·일 관계 발전에 이바지할 수 있도록 노력하고자 한다. 그러한 사업의 일환으로 여기에 일본에 관한 기본적인 도서를 엄선하여 번역 출판하기로 했다. 아직 우리나라에는 일본에 관한 양서가 충분히 소개되지 못했다고 느껴지기 때문이다.

　본 연구소는 조사와 연구, 기타 사업이 한국 전체를 위해야 한다고 생각하며 한·일 양국만이 아니라 다른 여러 나라의 연구자나 연구 기관과 유대를 가지고 세계적인 시야에서 일을 추진해 나갈 것이다. 그러므로 누구나 열린 마음으로 본 연구소가 뜻하는 일에 참여해 주기를 바란다.

　한림신서 일본학총서가 우리 문화에 기여하고 21세기를 향한 동북아시아의 상호 이해를 더하며 평화와 번영을 증진시키는 데 보탬이 되기를 바란다. 많은 분의 성원을 기대해 마지않는다.

1995년 5월
한림대학교 일본학연구소

한림신서 일본학총서 97

복안(複眼)의 영상

—나와 구로사와 아키라(黑澤明)

초판 1쇄 발행   2012년 3월 9일

지 은 이   하시모토 시노부
옮 긴 이   강태웅

펴 낸 이   한림대학교 일본학연구소
펴 낸 곳   도서출판 소화
등   록   제13-412호
주   소   서울시 영등포구 영등포동 7가 94-97
전   화   02-2677-5890
팩   스   02-2636-6393
홈페이지   www.sowha.com

ISBN 978-89-8410-435-8   94080
ISBN 978-89-8410-105-0   (세트)

잘못된 책은 언제나 바꾸어 드립니다.

값 9,000원